JN336939

国内シンポジウム報告書

変わる専門職教育

シミュレーション教育の有効性

関西学院大学法科大学院
形成支援プログラム推進委員会［編］

関西学院大学出版会

変わる専門職教育

シミュレーション教育の有効性

目　次

はじめに ……………………………………………… 豊川義明・松井幸夫　5

第一部　シンポジウムと討議 ……………………………………………　9
◇あいさつ ……………………………………………………… 加藤　徹　11
◇基調報告
　　関西学院大学ロースクールにおけるシミュレーション教育の実践　池田直樹　13
◇パネリスト報告
　1　模擬患者SPを使った医療面接
　　　　——神戸大学医学部でのシミュレーション教育の現状　秋田穂束　23
　2　模擬患者の立場から見たシミュレーション教育　前田純子　33
　3　ビジネスゲームの理論と実践　　　　　　　　　許斐義信　39
　4　ローヤリングとシミュレーション教育　　　　　藤田　哲　51
◇パネルディスカッション　　　　　　　　　　　　　　　　　　67

第二部　報告論集　模擬法律事務所への調査と実践 ……………　97
　1　関学ロースクールの目指す教育プロジェクト
　　　　——平成16年度「法科大学院等専門職大学院形成支援プログラム」申請書より抜粋　99
　2　専門職教育とシミュレーション　　　　　　　　細川歓子　113
　3　ローヤリングにおける試み（1）
　　　　——模擬交渉ロールプレイを振り返って　　亀井尚也　145
　4　ローヤリングにおける試み（2）
　　　　——模擬調停ロールプレイを振り返って　　池田直樹　195
　5　ロースクールにおけるシミュレーション教育と臨床（クリニック）教育　池田直樹　209
　6　ロールプレイングを用いた実践的刑事実務教育の一事例
　　　　——神山啓史弁護士（第二東京弁護士会）の授業方法に学ぶ　川崎英明　223
　7　授業科目への取り入れ
　　　　——刑事模擬裁判におけるシミュレーション教育の試み
　　　　　　　　　　　　　　小倉哲浩／巽　昌章／黒田一弘　247

編集後記 ……………………………………………………… 西尾幸夫　253

はじめに

第 1 回国内シンポジウム成果報告書の刊行にあたって

　文部科学省の法科大学院等専門職大学院形成支援プログラムの教育高度化推進プログラムとして採択された関西学院大学大学院司法研究科（以下、関学ロースクールという）のプロジェクト「模擬法律事務所による独創的教育方法の展開」(The Development of Innovative Professional Education Through Virtual Law Firm)（2005 年度から 3 年間）の第 2 年目を迎えた 2005 年 10 月 1 日、私たちは、「変わる専門職教育〜シミュレーション教育の有効性〜」というテーマでの国内シンポジウムを開催しました。

　このシンポジウムは、2005 年 3 月に開催した第 1 回国際シンポジウム「正義は教えられるか——法律家の社会的責任とロースクール教育」（第 1 回国際シンポジウムの成果報告書は、同じタイトルで 2006 年 3 月に関西学院大学出版会から公刊されています）での成果を引き継ぐとともに、上記プロジェクトにおいて関学ロースクールが取り組んできた種々の試みの成果を踏まえて、ロースクール教育におけるシミュレーション教育の意義を再確認するとともに、その充実発展のための課題を明らかにすることを目的として開催されました。すなわち、本シンポジウム「変わる専門職教育——シミュレーション教育の有効性」は、2005 年 10 月までの関学ロースクールの取り組みを踏まえて、そこから得られた成果と課題を報告するとともに、医学、ビジネス、法学の分野でのシミュレーション教育の経験からの教示と教訓を得て、シミュレーション教育についての専門分野を超えた共通性と有効性、そして私たち法学分野における課題とそこから考えられる今後の方向等を議論し明らかにするためのものでした。

　シンポジウムではまず、関学ロースクールの池田直樹教授から、同ロースクールにおけるシミュレーション教育の試行的実践の経験と、その成果および課題が報告されました。関学ロースクールでは、上記プロジェクト

の初年度であり日本においてロースクールがスタートした年である 2004 年から、池田教授をはじめとする実務家教員が担当するローヤリングの授業で、交渉事案についてプロの俳優を「模擬依頼者」とするシミュレーション教育を試みてきました。報告は、その内容を紹介するとともに、そこにおける工夫と、その意義や成果、そして実務系科目をシミュレーション教育に統合していく展望と課題が報告されました。

　シンポジウムでは、引き続いて、日本において理論と実務の融合・統合を目指して既にシミュレーション教育を積み重ねてきている分野として、医学分野から神戸大学医学部の秋田穂束教授から、医学部附属病院その他の医学教育の場で市民の側からボランティアとして参加・協力してきた岡山 SP 研究会（SP は Simulated Patient の略）の前田純子さんから、そして、ビジネスの分野から慶應義塾大学ビジネススクールの許斐義信教授から、それぞれ報告をいただきました。関学ロースクールでシミュレーション教育を試みるにあたり、私たちは、神戸大学医学部の臨床医学教育におけるシミュレーション教育を積極的に参観・調査し、また研究会を開いて岡山 SP 研究会の活動と役割を学びました。同研究会には関学ロースクールにおけるその後のシミュレーション教育への協力もいただいています。さらに、長年の経験をもつ慶應義塾大学ビジネススクールについては、その教育実践を見学するとともに、その経験を学ぶ研究会を開催してきました。そして、本シンポジウムでは、上記の講師の方々から、それぞれのシミュレーションという教育実践の取り組みや工夫、その役割や意義、課題や将来展望などについての報告をいただきました。また、法学分野におけるシミュレーション教育に造詣の深い名古屋大学大学院法学研究科の藤田哲教授からは、教授のローヤリングの授業における実践の経験とそこから得られた教訓や課題について報告をいただきました。

　報告に引き続いて行われたパネルディスカッションでは、シミュレーション教育の意義や有効性、実際に教育を行う上での諸問題や、フィードバックの重要性とその方法、市民参加の意義、カリキュラム編成上の諸課題などが議論されました。また、シミュレーション教育の各分野に共通する意義と課題が議論され確認されるとともに、法学分野と医学分野におけ

る共通性なども認識されたと考えられます。

　これらの報告と議論を通して、今回シンポジウムでは、専門職としての高い職業倫理を涵養し、理論と実務、知識とスキルを統合させるべき専門職教育におけるシミュレーション教育の意義と有効性が改めて確認されるとともに、新しい法曹養成教育において関学ロースクールがその内容をさらに発展させていく上で、シミュレーションという教育手法の位置付けや、その内容を充実していくための課題を学ぶことができたと考えます。そして、このことは、ひとり関学ロースクールだけではなく、新しくスタートした日本の法曹養成教育においても意味をもちうるものであったと考えます。

　本報告書が、先の第1回国際シンポジウムの報告書とともに、新たなロースクール教育の充実と発展のために寄与することを期待して本書を上梓いたします。

　なお、本シンポジウムのコーディネーターは本司法研究科教授の亀井尚也が、総合司会は同教授の西尾幸夫が務めました。

関西学院大学法科大学院
形成支援プログラム推進委員会 実施責任者

豊 川 義 明（司法研究科教授）
松 井 幸 夫（司法研究科教授）

第一部

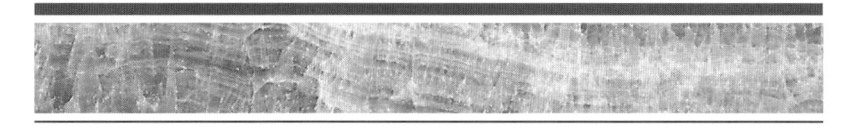

シンポジウム
と
討　議

あいさつ

　関西学院大学ロースクールは、日本の司法制度改革の中で21世紀を担う、新しい法曹養成のための教育機関として、昨年4月に設置されました。私たちは、関西学院のスクールモットーであるマスタリーフォアサービス、奉仕のための練達と訳されておりますが、これを体験・体現するために高度の専門知識を持ち、かつ豊かな人間性と責任感、高度な倫理観を持った、人権感覚豊かな市民法曹、さらに、国際的に活躍できる法曹、企業法務に強い法曹の育成を理念・目標として、学生の教育等、その充実のための努力を積み重ねております。その中で、本学ロースクールは、昨年度から3カ年にわたる文部科学省の法科大学院専門職大学院形成支援プログラムの教育高度化推進プログラムの採択を受けることができました。本日のシンポジウムは、このプログラムに基づいた企画の一つとして開催されるものであります。

　私たち関西学院ロースクールの形成支援プログラムは、「模擬法律事務所による独創的教育方法の展開」というテーマを掲げております。それは、ロースクール内に学生と教員とからなる模擬法律事務所を設置し、仮想の事件を素材にして、理論と実務、知識とスキルを統合した新しい独創的な法曹教育の方法を開発しようとするものであります。

　私たちは、このプログラムの目標に向かって、すでに昨年度からロースクールにおける正規の授業科目のいくつかにおいて、シミュレーション教育の実践にも取り組んでまいりました。その取り組み方と、そこでの成果や課題につきましては、このシンポジウムの基調報告で述べられると思います。また、これと並行して私たちは、医学やビジネス、社会福祉などシミュレーション教育の先進分野の実践と成果の蓄積を学ぶために、その授業を見学させていただき御意見を伺い、また、それらに携わる方々を研究会にお招きするなどの企画にも取り組んでまいりました。これらの取り組みにも御協力いただき、本日ご参加頂きましたパネリストの先生方には、この場をお借りして厚くお礼を申し上げたいと思います。

本日は、「変わる専門職教育～シミュレーション教育の有効性～」というテーマでこのシンポジウムを設定いたしました。その目的は、これまで私たちが取り組んできたシミュレーションの教育の試みと、その検討から得られた成果と課題について、すでにシミュレーション教育を実施し、あるいはそれに参加されてきた先進分野の方々の経験とアドバイスをお聞きし、これらに基づいた議論を通して今後の私たちの取り組み等、その課題を一層明確にしようとするものであります。また、シミュレーション教育の意義と課題、そしてその方法を検討していくことは、もとより私たち関西学院大学ロースクールだけの教育の充実・発展に資するにとどまらず、新しい法曹養成教育を担うことになったすべてのロースクールにも、有益かつ必要なことであると確信いたしております。

　本日は、すでにシミュレーション教育を本格的に実施されてきている医学とビジネスの分野、またそれに参加されている市民団体、そして私たちと同じ法学の分野から4名のパネリストの先生方に御参加いただいております。神戸大学の医学部からは秋田先生、慶応義塾大学大学院経営管理研究科からの許斐先生、岡山SP研究会の代表の前田氏、それから名古屋大学の大学院法学研究科からは藤田先生の4名のパネリストに御参加をいただいております。お忙しい中を御参加くださいましたことに、心から厚くお礼を申し上げます。

　なお、私たちはこの新しい法曹養成教育の基礎理念を深めて認識していくことが重要であると考え、この形成支援プログラムの一環として、今年3月には国際シンポジウム「正義は教えられるか――法律家の社会的責任とロースクール教育」を開催いたしました。その報告書も取りまとめる予定であります。また、来年2月には第2回目の国際シンポジウムを予定しております。今後とも皆様方の御支援、御協力を心からお願い申し上げる次第であります。

関西学院大学大学院司法研究科長

加　藤　　　徹

基調報告

関西学院大学ロースクールにおける
シミュレーション教育の実践

池田直樹
Ikeda Naoki

[略歴]
関西学院大学大学院司法研究科教授・弁護士。
東京大学法学部卒業後、米ミシガン大学ロースクール卒業（LL.M）。ミシガン州弁護士。大阪弁護士会公害環境委員会副委員長、日本環境法律家連盟理事。本学ではローヤリング、環境法等を担当。著書は『ケースメソッド公法』（日本評論社、2004年、共著）等。

　皆さん、ようこそいらっしゃいました。遠くは沖縄から来られた方もおられます。本当にありがとうございます。当学院の司法研究科の教員で弁護士の池田です。
　ロースクールの基本的な役割は司法改革審議会報告書にありましたとおり、社会生活における医師たる法曹を養成していくことです。その重い責任を負って、少しでも良い教育をしていきたいと考え、当学院では、新しい教育手法として Virtual Law Firm を用いたシミュレーション教育を重視するという新しい試みを行っております。

Virtual Law Firm のねらい

　Virtual Law Firm と申しますと、何だかコンピューターの上で仮想法律事務所を作るようにお思いになるかもしれません。しかし実際は、学生を10なら10のクラスに分けまして、池田法律事務所、亀井法律事務所と名前もつけて、各クラスごとに実際の法律事務所が活動していく場合と同様に、仮想の事件をカリキュラムに沿って処理をしていく、というイメージです。そういった新しいやり方が実践できないか、現在模索をしております。

この「模擬法律事務所への調査と実践」という報告論集に、主要な実務系の科目を含むカリキュラムの略図があります（本書217頁）。現在、未修者が2年に進級し、既習生が2年に編入した春に、最初の実務系科目として、法文書作成・法情報調査を履修します。その後、秋にローヤリングというシミュレーション科目とエクスターンという外部の法律事務所で実際の経験をしてみる科目があります。さらに学内での法律事務所に実際に本当の依頼者がやってくるクリニックAと、環境、税務などの専門分野を持つ法律事務所に行って専門分野事件の経験をするクリニックBがあります。加えて、刑事・民事の模擬裁判があります。

こういった実務系科目を数年かけてもっと統合的に組みなおせないかが一つの課題です。例えば法文書作成のクラスを改組して、それを模擬法律事務所とみなして、面談から受任といった模擬体験を通じて勉強していくイメージを持っております。そのねらいは、まず学生の能動的な学習を促そうということです。また、リアルな状況のもとで緊張感を持って事件に取り組むことで、法曹倫理や弁護士の基本的役割をより深く学ぶことができるのではないかとも考えております。

皆さんにお配りしたパンフレットでは、研究者の教員をアドバイザーとしながら、実務家教員が中心になって、2年生を主体とした形でクラスを構成して、面談、事件の受任、方針決定、交渉、訴状作成などを行わせた後に、調停または模擬裁判でその解決を図るという一連の手続を、模擬法律事務所を中心として運営することを考えています。ただし、まだこれから議論して詰めるべきことはたくさんあります。

シミュレーション教育の意義づけと実際

シミュレーション教育の意義づけとして、教育効果がより高められるのではないかと考えています。人は経験を通じて、あるいは失敗をして成長をするのではないか。その失敗ができる環境があることにシミュレーション教育の最も重要な意義が存在すると思っています。現実の問題を扱うクリニック等では外部に対して責任がありますし、事件のあたりはずれがあります。クリニックでは失敗を促してはならないのです。この点、模擬法

律事務所では、失敗をする自由が保障できます。
　それでは当学院のプログラムを紹介いたします。
　最初に、学生に法律相談のモデルを考えさせます。現在、医師の世界と同じように、患者さんあるいは依頼者を中心にするクライアント・センタード・モデルということを一つの目指すべきモデルと考えています。それに対応するモデルとして、従来型の「先生対依頼者」という権威主義的なモデルを、やや戯画的に悪いモデルとして取り上げ、それをまだ市民感覚がある学生に見てもらって分析させます。その後に、自分で実際に法律相談の弁護士役をプレイしてみて、うまくいくかどうかを自己反省する、そういう流れです。
　それではビデオで、今の流れを確認したいと思います。
　まず、これは悪い権威主義的なモデルですが、俳優さんを使っています。

> 遺産分割相談の事例ビデオの上映。
> 俳優が弁護士、依頼者役を務めている。

　———ビデオ事例を見た後に、学生にその続きをやってみなさいという設定で、学生同士でロールプレイを行いました。

> 学生が依頼者役になって弁護士役の学生に相談し、回答しているビデオシーンとその後の教員による質疑応答、コメントのシーン。

　———教員が「遺言書が作成されたときの具体的状況について、依頼者にきちんと聞けましたか」と問いかけているシーンです。

　———このように、実技後に、簡単なフィードバックをしていますが、今、反省すると、聞く態度やコミュニケーションのあり方といったカウンセリング的な分析よりも、法的論点をどこまで把握し、法的情報をどう収集できたかということをフィードバックの中心にしていました。この点は反省材料の一つです。

次いで、学生に法律相談を一からやってもらいました。依頼者は俳優さんです。

> 貸金が返ってこないという設例において、学生が「返すという約束はあったか」という質問をかなり最初の段階で依頼者に対して行うシーン。

───学生には要件事実的発想が強くて、「返還約束」があったかということを聞いています。

> 学生弁護士が依頼者の話の流れを切って、消滅時効の説明を始めるシーン。

───ロールプレイに入る前に、自由な回答ができるオープンクエスチョンから入って、まずできるかぎり依頼者に語らせなさいということを指導しています。しかし、実際に実技に入ると、学生はどのような法的請求権があるかという法的な分析から入ってしまいがちです。そのために、法律相談の初期段階で自分が考えた法的構成の枠を絞ってしまって、重要な事実を聞き落としてしまうことが起こります。理論、実践、反省という手順で学習を深めることが理想的な流れです。しかし、時間の制約によって、フィードバックが十分できなかったことが、私の反省点です。

さて、医師の場合、医療面接に続いて検査をして診断をすると、次は治療方針を立てるでしょう。弁護士の場合も、面談後に事件の受任をするということになると方針を立てないといけません。お医者さんのときもそうですが、私たちはすべての情報がそろわず、しかも事実が今後流動しうるという、不確実性の中で、一定の方針を立てざるを得ません。そのとき、きわめて重要な要素として、弁護士倫理があります。依頼者にそういった不確実な状況のもとで選択肢を示して、十分な意思確認をして方針を立てましょうというインフォームド・コンセントもそのひとつです。

それでは弁護士倫理が別の角度から問題になったシーンを見てくださ

い。

> 賃貸物件を共有する姉と弟が依頼者となり、賃借人に明渡を求めている事案で、明渡終了後の当該物件に対する思惑の違いと、弁護士費用の負担をめぐって、姉と弟が弁護士役の学生の面前で口論となって、弟は怒って席を立って出て行ってしまうシーン。

―――明渡という依頼事項については双方の利益が一致していますが、潜在的には共有者同士として共有物への権利に関しては利害相反がある複数の依頼者を一つの法律事務所で受任した結果のトラブルです。このように、俳優さんに実際に依頼者を演じていただくとリアルなんですね。このシーンはシナリオにあったわけではなく、流れの中でのハプニングですが、この姉・弟の性格と状況設定からすれば、こうった展開は現実にあり得る話でした。受任時および方針を樹立するとき、弁護士としてどこまで何ができるのかを明確化し、同意を取る必要があるという弁護士倫理の問題を、模擬事例を通じて学んでもらうことができるわけです。

交渉

受任後、今度は実際に交渉することになります。まず交渉総論ですが、ここでもモデルを幾つか提案して、できるだけウィン・ウィン型、要するにどちらかが有利だと他方は不利になるというゼロサム型ではなく、両方にそれぞれメリットが生まれ、双方が満足できる解決方法を考えてみましょうというモデルを提示します。そして事例について、交渉のプランニングをした上で、俳優さんを使った模擬依頼者に来ていただいて、方針についての打ち合わせをします。

交渉事案は、不動産の仲介の事例です。お客さんが不動産屋さんに行って、購入用マンションの紹介を受けました。お客さんはその後一旦購入を断ったと言っています。ところが断った後に、たまたま友達から、もしマンションを探しているのならあるマンションの家主さん知ってるから紹介するよと言われてそこへ行ったら、以前にたまたま仲介業者から紹介を受

けたマンションと全く同じだった。それで、その友人もいるし、家主さんから事情を聞き、気に入ったので、そのマンションを買ったという言い分です。ところが、これを不動産屋さんから見ると、お客さんが仲介業者をとばして、黙って紹介物件を買ってしまったということになります。そこで、たまたまお客さんがその物件を後で購入したことを知った業者がお客さんに仲介手数料を請求したという事案です。

　授業では、学生を仲介業者とお客さん側の弁護士事務所の二つに分け、それぞれの依頼者と何度も打ち合わせをしながら、代理人として交渉を行って、最終的に交渉が成立するグループと、決裂するグループとが出てきました。

> 学生弁護士による交渉シーン。

　───お客さん側の弁護士は1割なら支払うといい、仲介業者は正規の仲介手数料の9割だとして対立しています。

> 最終の交渉において、双方が決裂するシーン。

　───ということで、満額で100万円の紛争について、和解案として80万円にするか20万円にするかで歩み寄れずに決裂してしまいました。

> 決裂後の教師のフィードバックシーンと訴訟にかわる仲裁提案。

　───この案件で訴訟をするというのは双方コストがあわない面があるので、それぞれが仲裁合意をし、その方式として、各チーム3分以内で、自分たちの最終提案を仲裁委員の前でプレゼンする。そして、仲裁委員は、その間を取るといった仲裁案ではなく、仲裁委員がより合理的だと判断した提案を全面的に採用するというルールとするわけです。そうする提案する側とすれば、自分の提案が不合理だと見られると全面的に相手方の提案が通ってしまうというリスクを負います。そのために、最終的に、いずれ

もどうすれば最も仲裁員にアピールできるだろうかということを相手方の立場に配慮して考えるため、非常に似通ったような提案になることが起こります。「紛争解決学」で廣田尚久先生が紹介していますが、こういった面白い解決方法があるということも授業で取り上げました。

家事調停

　続いて家事調停をやってみました。交渉だけではうまくいかないときに、いきなり訴訟ということではなく、ADRという選択肢も重要であることを総論で学びます。裁断的解決よりも調整的な解決が適切な事例もある。それを体験的に理解させようとした事例です。

　事例は熟年離婚の事案です。夫がいわゆる髪結いの亭主で、奥さんがお店を切り盛りして一家の家計を支えてきて、夫はその間ずっと遊んできたくせに、老後を前にして、奥さんが離婚してくれと言ったところ、今さらなぜだとすがりつく事案です。

　その際に、男のプライドも障害になります。夫婦の共有名義の土地があるのですが、奥さんは、この土地のローン代は自分が全部働いて払ったのだから、離婚に伴う財産分与として、すべて自分に渡してほしいと主張しています。ところが、夫には夫のプライドがあり、自分も自宅の購入には貢献した、何言うてんねんや、と言って離婚そのものに応じないし、仮に応じるとして財産分与において法外な主張をしています。事案のポイントとして、夫の妻に対する軽い暴力があったこと、妻が主として生計を支えてきたこと、しかし夫も一部店を手伝ったりはしたこと、夫は年金の受給までまだ時間があるので、老後の経済的不安からも今、離婚はできないという問題がありました。

　実際の授業では、模擬依頼者と方針の打ち合わせを経て、模擬調停を繰り返しましたが、その際に、両方が同席する同席調停と交互調停とを交えるという試みをしてみました。学生弁護士、特に夫側にとっては、依頼者を説得をしながら方針を変えていくという難しいチャレンジがありました。

> 同席調停での夫婦の感情的やりとりと交互調停での条件の調整、最終的な同席調停での調停の成立の流れ。

───最終的には、両者がそれぞれ譲歩し、離婚が成立し、夫にも一定割合の財産分与がなされます。それぞれの決断のきっかけとして、父親に対しては母を自由にしてあげてほしい、母親に対しては父の生き方と貢献を認めて上げてほしいという長男からのメッセージがありました。法的な論点のみならず、依頼者の不安や本当の要求は何かといった総合的な分析と、社会資源も用いた紛争の調整的解決を学んでもらうことを狙った事例でした。

刑事模擬陪審裁判
───最後に、刑事事件について、模擬接見として、学生の弁護人が接見禁止指定をめぐって検察官と交渉する事案を取り上げます。

> 検察官が違法な捜査の違法性を主張する弁護人に対して反論し、諭すシーン。

───これは龍谷大学で教えておられる神山啓史弁護士に当学院に来ていただいて、共同で実施した刑事実務教育の事例です。このように、ローヤリングのみならず、さまざまな授業でこういったシミュレーションを取り入れようと考えています。原告側と被告側に分かれてディベートをするといった形式を取り入れる授業もあります。

また、丸田教授の指導のもと、ロースクールのスタッフと法学部学生との共同で、市民から募った陪審員と裁判員を同じ模擬裁判に同席させて、夕方までに結論をだしてもらう、こういった新しい社会実験的な模擬裁判も試みられております。追って丸田教授から研究発表がなされる予定です。

シミュレーション教育の課題

　最後に、シミュレーション教育の今後の課題について述べておきます。

　まず何よりもこういった新しい教育手法が研究者教員、実務家教員という二つのグループを超えて全体的に理解が得られるかどうかという点です。正直申し上げて、教育手法についての全学的な理解は、まだまだこれからではなかろうかというふうに思っております。

　次に現実的な問題ですが、とにかく、お金と時間がかかるということです。シミュレーション教育の効果を挙げるためには、少人数教育を徹底する必要があります。しかも、チームごとに分けて、そのチームに対して補助をする人も場合によっては必要になってきます。さらに、模擬法律事務所の存続基盤として、模擬依頼者をどうやって確保するかという難問があります。昨年は研究プロジェクトということで俳優の方に来ていただくことができましたけれども、毎年こういうことはできません。そういう意味では、今日御発表いただく模擬患者さんの試み、医学部での試みというものをぜひ参考にさせていただいて、模擬依頼者を組織していくことが、ロースクールでのシミュレーション教育実践上の大きな課題だと思っています。

　また、教材開発も行う必要があります。先ほどの事案のシナリオについては、すべて学生には立場が違えばそれぞれ別々の情報を与えております。原告側の言い分は原告側のみの資料ですし、被告側には被告側の言い分の資料だけを渡す。しかも、各法律事務所には厳格な守秘義務を課して、事務所外のメンバーと絶対情報交換することを禁じます。ある学生は、今まで仲よかった学生同士が対立事務所に配属されていると、この事件の進行中は、昼御飯も一緒に食べられなくなり、互いの雰囲気が悪くなった、それぐらい必死になって取り組んだと言っていました。

　このようなリアルで、かつ複雑すぎない適切な教材をきっちり開発するというのは非常に大変なことです。実務家教員、あるいは研究者教員が全国的に協力して情報交換しながら、共通の教材を開発していくことが大事ではないかと思います。

　なお、俳優さんにはマニュアルを渡しまして、この人物像に沿った言動

をとってほしい、あるいは当初は強気の方針だが2回目以後はやや妥協してほしいというように、大きな流れは指示をします。しかし、学生とのやり取りや質問への回答の細かい点については、シナリオの事実を曲げない限りは、アドリブで柔軟に対応してくださいとお願いをしています。それを観察しながら、教師が適宜、もう少し態度を変えてくださいと打ち合わせの中で指示するのです。したがって教材は単に法的論点をちりばめた決まったシナリオではなく、模擬依頼者が役柄をイメージできて、その立場の依頼者であればこのような言動を行うだろうという具体性を持ったものであるとともに、模擬依頼者への指示や方針の変更も見据えた、柔軟性を備えたものでなければなりません。

　シミュレーション教育の具体的手法については反省点があります。何よりも、学生に対して、実習をやらせるだけで大部分が終わってしまったのです。実習の直後に、法理論的、カウンセリング的、あるいは紛争をどうやったら解決できるのかという紛争解決学的な観点から、自分たちのパフォーマンスを分析をする。場合によっては記録されたビデオを見て分析する。それによって新たな発見をし、あるいは理論についてより深い理解を得ていく。こういったらせん状のプロセスが、時間の制約もあって十分にできなかったと思います。

　最後に、シミュレーション教育では、学生のパフォーマンスをどう評価するのかというテストや成績評価のあり方が、非常に難しい課題であることを率直に述べておきます。多数の学生が同時進行でしかもグループ単位で実習を行っているとき、公平、公正にどうやってそれを評価するか、それが大きな課題として残っています。そもそも、パス・フェイル以外の段階評価をする必要があるのかという議論もあろうかと思います。

　本日は、以上の問題提起をいたしまして、各専門教育課程において、どのようなシミュレーション教育が行われているのか、私たちも本当にまだ赤ん坊の段階ですので、そこから多くのことを学ばせていただきたいと思っております。

パネリスト報告 1

模擬患者 SP を使った医療面接
―― 神戸大学医学部でのシミュレーション教育の現状

秋田穂束
Akita Hozuka

[略歴]
神戸大学医学部附属病院総合診療部教授。
神戸大学医学部卒業。医学博士。医学教育学会、総合診療学会会員。神戸大学医学部附属病院患者支援センター長。関連論文は「神戸大学医学部における教育改革―― OSCE の経験」(『動き出した医学教育改革―― 良き臨床医を育てるために』ライフサイエンス出版、2001 年）等。

　神戸大学医学部では、この5年間シミュレーション教育に力を入れてまいりました。今日は、特にシミュレーション教育のひとつであります、"模擬患者（SP）を使った医療面接"に関してお話をしたいと思います。先ほどの池田先生のお話を伺っていると、ロースクールでの教育と医学教育には本当に共通点が多いことを改めて実感いたしました。私たちの行なっているシミュレーション教育が、ロースクールでの教育に幾分かでも役立てば幸いです。また、この機会にロースクールの教育についていろいろ聞かせていただいて、我々の今後の医学教育にもぜひ役立てたいと思っております。

医学教育の改革のニーズ

　先ほど5年前からシミュレーション教育を導入してというお話をしましたけれども、なぜ今、医学教育の改革を行なう必要があるのかということからまずお話したいと思います。医学部を卒業して医師国家試験の免許を取っても、医師としての実務ができるレベルの臨床能力に達していない現状がわが国にはあります。実際に研修医の人たちをたくさん見てきましたが、患者さんとのコミュニケーションをはじめとする、診療実務のレベル

が低いわけです。研修医は、実務をする上で本当にフラストレーションを感じていると思います。これは教育者である我々の重大な責任であると、今、認識しています。

　もう一つ、患者さんや社会のニーズにあった"患者中心の医療"を実践できる医師が育っているかということになると、これも疑問です。

　さらに、今の研修医のレベルは、先ほど言いましたように診断能力なり、診察能力なり、臨床能力がグローバル・スタンダードに比べると遥かに劣っています。御承知のように米国ではメディカルスクールは、ロースクールと同じく4年制です。米国の医学部では徹底した臨床教育を行っています。米国の3年の学生とわが国の研修医を比較すると、米国の3年の学生の方が臨床能力はすぐれているというのは、米国での臨床経験のある多くの医師たちの評価です。今の日本における医学部の教育は、まだまだ改善すべきところが多いということで、医学教育を改革していこうという機運が高まっているわけです。

医学教育の問題点と神戸大学での現状

　ウイリアム・オスラー先生は"医学というのはサイエンスとアートである"と言われました。今までは知識の部分、サイエンスの部分を重点的に教育してきたわけですけれども、アートの部分、これが今までの教育では不十分でした。実際問題、その技能としましては、今日お話しします医療面接とか身体診察、診断的技能、治療的技能、症例提示、診療録の記録、その他コミュニケーション技能があります。また単に病気を診断治療するだけではなくて、精神的、社会的、経済的なことまで考えて、総合的に判断する能力というのが非常に大事なわけです。あと態度の教育、これらの教育が今まで不足していたと思っています。このなかで、医療面接、身体診察、治療的技能、コミュニケーション技能、態度の部分はシミュレーション教育ができるところではないかと思います。

　簡単に神戸大学の2005年度の医学部の教育カリキュラムを御紹介します。1年次は一般教養ですが、ここに early exposure を入れております。これについて簡単に説明します。医師を目指して、一生懸命受験勉強をし

神戸大学医学部のカリキュラム（2005）

- 1年次：一般教養（人文、社会、外国語）、数学、物理、化学、生命科学、early exposure
- 2年次：基礎医学（解剖、生理、生化）、医学英語
- 3年次：基礎医学（病理、法医、薬理、微生物、放射線基礎、医動物）、診断学
- 4年次：チュートリアル（MRT）、衛生、公衆衛生
- 5年次：臨床医学基礎実習、共用試験（CBT, OSCE）、臨床実習配属（BSL）、advanced OSCE
- 6年次：学外選択BSL　　　　<u>OSCE：客観的臨床能力試験</u>

て医学部に入ってきたあと、医学と関わることなく、一般教養の教育のみでは勉強する気力を失くしてしまう学生も多々出てくるわけです。実際この時期に、将来の自分たちのロールモデルを見てもらい、モチベーションを高めてもらうのがearly exposureの目的です。我々のところにも一週間、1年次の学生が来ますけれども、臨床医がどういうふうに患者さんを診療しているのか、またどの様な日常業務を行なっているのかということを、先輩医師に終日くっついて観察するわけです。私にもくっついて、先輩の医者の診療を見てもらい、また医師として一般教養の大切さを話ししたりして、モチベーションを上げてもらうわけです。9月が一番バーンアウトしやすい時期ということで、9月にearly exposureを実施しています。

2年、3年次は今までどおりの基礎医学を学びます。ここに、最後のところに1カ月間の診断学というのが入っています。臨床医学のうち、医療面接とか身体診察法とかいうことをここで教えるわけです。ここでは、座学で実習は行いません。

2000年から導入したチュートリアル教育を4年次に行っています。4年次には、今までは臨床系の系統講義を行なっていたわけですけれども、それをやめて、チュートリアル教育を導入しました。これもシミュレーショ

ン教育の一つですけれども、患者さんのケースに沿って、自らが問題点を抽出し勉強をする（case-based learning）。これは、教師が教えるのではなくて、教師（チューター）が、方向性を正しく導きながら、スモールグループで学生たちがみずから学ぶシステムです。8名から9名の学生に1人のチューターがついて、学生たちが学習課題となる点を挙げていきます。それを学生が自分たちで調べて、スモールグループでディスカッションしながら発表するという形式です。講義もこの期間中に入っていますけれども、講義時間数は今までの3分の1に減っています。それゆえ、知識量としては極めて減少していますが、みずから問題点を探し出し、それをいかに解決するかということ学んでいく。これは実際の医師になった場合に非常に大切なことで、学生の時に十分訓練しておく必要があります。そのような教育を目的に、チュートリアル教育を行っております。このチュートリアルの場合は、特に症例をいろいろ各臓器別の診療科が用意するわけですけれども、シナリオのうまい下手が問題となります。それでは困るので、ワーキンググループがシナリオの内容をすべてチェックします。学ぶ項目の重複がないかというところもチェックします。

　あと、5年次は2週間ずつ1年間にわたり、ベッドサイドで、実際患者さんから学ぶわけです（BSL；bed-side learning）。BSLで実際の患者さんを診療する前に、2週間かけて臨床医学基本実習を行います。これは医療面接とか身体診察の実際のシミュレーションで行います。ここでは医療面接はロールプレイで、学生同士で患者役、医者役で行っております。共用試験というのは、本年度から正式に始まった全国規模の試験です。これは臨床に上がるために、学生が知識と技能（スキル）が基準に達しているかを判定するものです。知識を問うものとしてCBT（computer based testing）があり、国家試験のミニ版のようなものです。OSCE（objective structured clinical examination）というのは客観的な臨床能力試験です。臨床医学基本実習で教えた医療面接、身体診察がしっかりできているか評価します。先ほどから話がありました、どういうふうな評価法を使うかということですけれども、医学部ではスキルに関してはOSCEを使って評価しています。それで十分臨床に上がれるということを評価した上で、初

めてベッドサイドで、実際の患者さんと接するという形になります。もう一つ、この1年間に各臓器別病床を回っていくわけですけれども、最後にadvanced OSCEで、このBSLでの成果をもう一度評価します。共用試験OSCEは基本的な診察作法の試験ですが、advanced OSCEでは、実際に患者さんから所見をとるなど、そういうところまで踏み込んだ試験になります。ここで一つ我々が採用したのは、6年次になると9週間学外の病院に出て実習を行ないます。外病院で学生を指導してもらうわけですけれども、外病院の先生にこのadvanced OSCEの評価者に入っていただきます。実際に大学病院でどのような教育を行っているかということ知っていただき、またOSCEの評価を実際にしていただくことによって、診察の基準を知っていただいております。

SP参加の医療面接実習

さて、医療面接の話に入ります。これは2000年の朝日新聞に報告されたデータです。20歳以上の3,000人を対象にして70％の回収率で、回答者数は2,147名でした。「今、あなたは医療に対して最も不満を感じていることは何ですか」と聞きますと、医者の説明が不十分であると答えた人が24％、尋ねたいことを聞けないと答えた人が16％です。トータル40％の人がコミュニケーションの不足を訴えています。あと、診断と治療に納得できないと答えた人が13％、もってのほかですけども、医者とか看護婦の態度が悪いと答えた人が13％もいます。この結果は、社会のニーズに合った医師が育っていないということ、特に信頼関係の樹立に最も大切なコミュニケーション技能の教育に不足があるということを物語っているものかと思います。

問診と以前は言っていましたが、今は医療面接という言葉を使います。問診と医療面接の違いですけども、問診は診断に必要な病歴を詳しくとることを目的にします。これは病気を診断するための医学的な質問です。一方、医療面接とは、まず患者さんの気持ちを楽にして、そこで協力関係を築き上げて、次に病気に関する質問をして、さらに大事なのは心理的、社会的な問題の情報を知るようにする。患者さんがなぜ病院や診療所に来ら

れたかということの期待にもできるだけこたえるようにする。これは病気ではなくて病人を診ること、患者中心の医療のことを示しているわけです。コミュニケーションを十分にとることで、良好な医師患者関係の構築を図ることになります。

この医療面接のシミュレーション教育のお話をしたいと思います。総合診療部が中心となり、5年次の学生に行っています。この実習の前に、3年次の診断学のところで座学としての講義を行っています。また臨床に上がる前の2週間の臨床基本実習というところで約半日を使って、最初はビデオ教育、その後ロールプレイで医療面接を教えています。その後共用試験OSCEで評価しています。5年次のBSLでは、総合診療部に1週間、6名から7名の学生が回ってまいります。その人たちを対象に、技能教育をやっています。これは実際の外来の診察室のところでの実習風景ですけども、医師役の学生、SP、周りを教官と5名から6名の学生が取り囲んで観察しています。SPというのは、実際の患者と同じような症状や気持ちを言葉や態度で表現できるように訓練を受けた模擬患者を言います。SPとして求められる能力ですが、フィードバックのために一旦役柄から離れて物が見えるということが必要です。セッションの中で起きた出来事、自分の心の動きをしっかり記憶しているという能力も必要です。SPとしての気持ちの変化を客観的に言語化できる。自分はSPとしてどういうふうに感じたかということを、客観的に言葉としてあらわせること。もう一つ大事なのは、医学教育に理解があり、学生に対して愛情を持ち、攻撃性を持っていないこと、攻撃性を持ったSPがいると、学生はトラウマになってしまうことがありますので、こういう条件が必要かと思います。

SPによるシミュレーション教育の利点ですが、我々のところには2週間に一度、岡山と神戸から4名のSPが来ています。SPによるシミュレーション教育では、反復性、信頼性があることが大いなる利点です。一定の条件で対応できると、これが非常に大事なことになります。患者に対する危険がないこと、学生は、患者さんを傷つけないかという不安が実際ないわけです。だから失敗してもいいという状況で行えるということ、この二つが非常に大事です。もう一つ、このSPからのフィードバックというの

は学生に非常にインパクトがあります。SPが学生のどういう言葉にどのように感じたのか、SPからのフィードバックで学生たちは行動変容が起こってきます。このことは、SPを用いたシミュレーション教育の最も効果的な点かと思います。現在おこなっているSP参加型の医療面接の手順をお話しますと、3時間にわたって行うセッションです。まず簡単に説明すると、先ほどデモにありましたけども、まず教官が悪い医師の例を示します。権威的なパターナリズムの典型例を示したりします。そういう悪い例を示したあと、その例に対して学生たちがグループでディスカッションをする。あと引き続いて、学生による医療面接を7分間行ないます。医師役の学生の感想、それが終わって見学学生のコメント、これは非常に大事です。なぜ大事かというと、この見学学生はコメントするということになると、一生懸命観察します。active participationというか、自分たちも積極的にこの実習に参加している。これがないと、自分が医師役の番になったらどう聞こうというふうになってしまうわけですけれども、そうではなくて、見学者としてのコメントが必要となれば必死になってほかの人の医療面接を観察します。そのあとSPのフィードバックが2分間、教官のフィードバック、医師役のコメントが1分です。あとSPと教官がよい例を示します。それに対してディスカッションする。最後にアンケートを出して修了です。

　去年の106名の学生にアンケート調査を行いました。この医療面接の実習はいかがでしたかと聞くと、5段階評価ですけども、とてもよいという人が82人です、よいという人が24名、トータル106名。全員がよい以上という評価です。

　教官・SPの役割はいかがでしたかという質問に対しても、とてもよいが84人、よいが20人、普通が2人でした。非常にこれも高い評価を受けております。実習全体の進め方はどうですかという質問に対しても、悪かったという人はだれもいなくて、非常にいいという評価が出ています。

　実際SPを用いた医療面接実習で良かった内容に関しては、実践が大事だということを感じたということ。本当の患者さんと同じ状況で練習ができて勉強になったこと。他人を見ていて、そのよい点・悪い点を見ること

ができて勉強になったこと。あと学生同士でフィードバックが非常に有効であるというふうな評価もあります。SP からのフィードバックは非常によかったこと。ロールモデル、ロールプレイでの学生同士の練習では余り緊張感はないが、SP 相手では緊張感、臨場感がありとても参考になったこと。これも大事なことですけども、知識がないとよい医療面接ができないということを感じたと。このように感じてくれると、勉強してくれるわけです。もっと勉強しないといけないというふうなことで、行動変容が起こってきます。

改善すべき点に関する質問では、ほとんどなくて、長くてしんどかったという人が 1 人いました。むしろ時間をふやし、回数をふやしてほしいという意見もありました。この実習は 1 回だけしか実際していません。このシミュレーションの教育を終えた後に入院患者さんとか外来の初診の患者さんのインタビューを実際させています。

医学教育のあるべき姿 SPICES

医学教育のあるべき姿を最後にお話させていただきます。OSCE を始められたハーデン先生は SPICES 教育というものを強調されています。SPICES は教育に大切な項目の頭文字です。

Student-centered, Problem-based, Integrated, Community-based, Elective, Systematic な教育が大切であることを述べています。今までは、教師が自分の興味の中心で学生を教えていたわけです。そうではなくて、学生にとって何が大事かということを考えて教える。あと、知識としての情報をいろいろ教えていたわけです。そうではなくて、問題は何なのか。この患者さんの問題は一体何なのか、それを解決するためにはどうすれば良いのか。プログラムベースであるべきであること。今までは各学科、循環器科とか消化器科とかいろんな科があるわけですけども、それが独立して教えていたわけですけども、そうではなくて、やっぱり一体になって教えるべきです。例えば循環器と放射線科とか、生理とかも入ってきて、基礎も入ってきていいわけです、そういうふうに一体化して教育すべきです。もう一つ大学病院を今までベースにしてきて教えているわけですけども、

そうではなくて神戸大学でも地域の病院に出たり、あと、6年生が地域の病院に出たりとか、5年生の学生さんは地域の診療所に出るようにしています。我々のところに来た場合は1日間地域の診療所に行って、開業医の先生から教えてもらう。そういう形もとっております。また、画一的なものではなくて、選択制であるべきです。全部をやるのではなくて必要なところを押さえていく。あと場当たり的ではなくて計画的、特に大事なのは学部教育だけではなくて、その後に続いてくる研修医の教育とうまくリンクした教育を考えていくことが必要だと思います。

パネリスト報告 2

模擬患者の立場から見たシミュレーション教育

前田 純子
Maeda Junko

[略歴]
岡山 SP 研究会代表、模擬患者歴 18 年。
大阪芸術大学舞台芸術学科卒業。1988 年より川崎医科大学総合診療部にて津田司氏（現三重大学教授）の指導を受け模擬患者として活動を始める。2001 年より岡山にて SP 養成講座を開く。豊の国（大分）SP 研究会アドバイザー。

模擬患者養成講座

　まず、岡山 SP 研究会のことについてお話しさせてください。20 年ぐらい前に、私が本物の患者として倉敷の川崎医大を診察しました。そこで診てくださったのが今は三重大学の総合診療部におられる津田司先生でした。津田先生が模擬患者を導入した医学教育を始めようとされていたのです。実際、私は学生時代に演劇をしていたので、津田先生にスカウトされたわけです。それが私の模擬患者としての始まりでした。それから模擬患者に興味を持った人々が集まって、仲間がふえ、1998 年に岡山 SP 研究会を設立しました。活動は十数年前からしていましたが、模擬患者の必要性が急に高まったのは、この四、五年だと思います。模擬患者は、医学生、医療者の方に"感情"を伝えるという大事な働きを担っています。そういった点でもやはり相手にトラウマを与えるという危険性をはらんでもいるということを感じています。一般市民の方から簡単に募るという意味では危ないのではないだろうか。やはりプロフェッショナルな働きとして訓練が必要なのではないかと思い、協力してくださる先生方と一緒に模擬患者養成講座を始めるに至りました。

　模擬患者養成講座の募集方法はホームページ、またはミニコミ誌に掲載

しています。2001年、4年前より始めました。5月から10月、1年のうちに8回シリーズで、今行なっています。1回の時間は大体2.5時間ほどです。

「わくわく！どきどき！コミュニケーション」というタイトルでの募集です。第1回目のテーマですが、「ようこそ岡山SP研究会へ」。目的は、模擬患者、SPということを知ってもらう。そして岡山SP研究会としての活動と役割を知ってもらいます。神戸大の秋田先生と御一緒に実習ができて、特に思いますが、模擬患者というのは私たちを理解してくださる医療者の方と協働しなければ模擬患者の働きは生かされません。このことなどを第1回目にお伝えしています。

2回目は、「聴いてみよう！」というテーマです。目的は、模擬患者になるには、まず自分のコミュニケーションのとり方を自覚する。自分の感情の変化に気づく。その感情の変化が、相手のどのような態度や行動からなのかを思い起こす。これはフィードバックするときにとても大切な要素となってきます。

そのことを、絵を見て伝言していく伝言ゲームなど、幾つかのゲームを用意して、実際に楽しく体験しながら、実感していただくのがこの2回目です。

3回目は「レッツ　ロールプレイ！」です。3回目にやっと皆さんにロールプレイ用症例というのを配りまして、患者役を実際にやっていただきます。池田先生がおっしゃいました役者さんに渡すマニュアルのようなものです。でも、この症例にはせりふはありません。イメージを膨らませていただくためのものです。

次は、「見てみよう！」で実際私たちが医学生の医療面接の実習をしている場面を見学していただきます。

次に、「標準模擬患者」です。秋田先生のお話にありましたOSCEというテストにも参加します。その場合は演技の統一が求められます。それが標準ということです。

次は、「模擬患者」です。実習でトレーニングに使われますので、自由に演技ができます。私たちはこの二側面の模擬患者があるということを伝え、どちらにも対応できるように学んでいただきます。

そして最後は「フィードバック」です。やはりこれがとても大事ですので、これをくり返し勉強します。

参加者の方に、修了証をお渡しして、この講座を終えています。

ではここで少しビデオを流しますので、養成講座の様子を見てください。

①養成講座3回目「レッツロールプレイ歯学部編」の中で、SPが歯科医とデモンストレーションをしている場面。

───この方も協力者の一人である岡大歯学部の吉田さんという方です。参加者の方に医療者の方とのロールプレイを体験していただいています。合図があって、このロールプレイを終えました。そして、これはグループミーティングをしている場面です。楽しくやるということをモットーとしています。そして毎回必ずロールプレイのデモンストレーションをします。ロールプレイの時間は大体7分から15分をとっています。感情をしっかりと見ながら演技しなければいけません。余り長くなると、わからなくなってしまうかもしれませんので、このぐらいの時間をとっています。表情がお見せできないのが残念ですが、時間が来たらタイマーという音で、ぱっと場面を変えることが大事です。拍手をして、場の雰囲気を和ませます。このとき模擬患者も、役割から一たん離れるきっかけにしています。

②養成講座3回目「レッツロールプレイ医学部編」で奈義ファミリークリニック所長の松下先生がSPの必要性を話してくださっている場面。

───この方は岡山県の奈義ファミリークリニック所長の松下先生です。毎回協力してくださっていて、私たちにとてもうれしいお話をしてくださいます。

───ありがとうございました。このような協力者を得て、私たちは養

成講座を続けています。

役作りのポイント

　私たち模擬患者として大事にしてる点をまとめました。まず、役づくりのポイントをお伝えしたいと思います。『症状の変化を時系列で覚える』。やはり症状を持っていますので、おなかの痛みでしたらいつから始まって、それがどんなふうになったのかというような時系列で覚えるということです。そして二つ目ですが、『患者役の人物像のイメージを膨らませる』。結婚していたら主人はどんな顔だろう、家はどんな家に住んでいるのか、また自分はどんな生活、時には家のにおいなど、具体的にイメージを膨らませます。先ほど池田先生のお話にもありましたが、医療者の方から求められましたら、その実習の目的によって演じわけます。「今度怒る患者をやってください」と求められるとします。怒るには怒るわけがありますから、そういうイメージも膨らませていくわけです。そして三つ目です。模擬患者として何より大事にしているのがここです。"患者役を演じる上でのキーワードとなる言葉をつくる"。例えば、「私はきっとがんに違いない、だれも私の心配などわかってくれない」というような言葉をつくっていつも意識しています。これはフィードバックをかけるときに、とても大事になってきます。これは後ほどもう少し説明したいと思います。

　何より大事にしてるのはこのフィードバックですが、そのとき大切にしていることです。"相手、医療者のよいところを引き出すきっかけになりたいという心構え"です。これは秋田先生もおっしゃいましたように愛情を持って接する。ここを一番大事にしたいと養成講座でもお伝えしています。二つ目です。"ロールプレイの役の中で相手の言葉や態度で感じたことだけをフィードバックする"。これは何げない文章ですが、これもとても大事です。それは、模擬患者は患者と名前がつくだけに、患者の代表とも思われがちです。でも決してそうではありません。一般論を伝えるわけでもありません。ロールプレイの中で感じたことだけを伝える。これがフィードバックです。そして次ですが、先ほど言いましたキーワードとなる言葉です。演技をするときにキーワードの言葉が言えたのか言えないか

を意識化して、それを言葉にして伝える。これが私たちのフィードバックです。例えて言うなら、「私はがんに違いない」という言葉を心の中に持っていたとします。先生のあの表情でこの言葉が言えた、あの態度で言えた、また反対に最後まで言えなかった。じゃあ、なぜ言えなかったのかを意識化するわけです。がんに違いないと言おうと思ったんだけど、先生がメモをとられて、言えなくなったというように意識化するわけです。ですからキーワードとなる言葉というのは、感情を意識化するために、そして、明確にするために必要なものです。最後は方法論ですが、まずよいところを伝え、そして次にこうなったらもっとよかったという改善点を簡潔に伝えるということを大事にしています。ロールプレイというのは役割を演じるのにとどまらず、一人一人の存在があいまいではなく明確に存在することだと思います。その中で見えなかったものが見えてきます。それは模擬だけではない人間の悲しみや喜びがあるドラマが、そこにあるように私は思います。その中で相手の方が何か気づかれるんです。私はそれを今まで体験してまいりました。

養成講座の参加者からは「状況にのめり込んで相手が見えなかったのはショックだった」というような感想がありました。これは、とても大事なショック体験です。なぜなら模擬患者は役にのめり込み過ぎると、一たん役から離れてフィードバックをかけるというのが難しくなるからです。

では、まとめたいと思います。シミュレーション教育の中には、つくられたものにとどまらず真実のドラマがあると私は思います。一方的に教えるのではなくて、シミュレーションの中で学習者の気づきを引き出すきっかけになる、これが模擬患者の何よりの願いです。そしてその気づきは現場ですぐにでも生かすことができます。自分自身で気づくものは、血が通っていてとってもあったかいものだと思います。だからこそすぐ実践できると感じています。

パネリスト報告 3

ビジネスゲームの理論と実践

許斐義信
Konomo Yoshinobu

[略歴]
慶應義塾大学大学院経営管理研究科教授。
慶應義塾大学機械工学科卒業。慶應義塾大学大学院工学研究科博士課程修了。専攻分野は、経営シミュレーション、技術と経営、経営再建論。会社再建など40社前後の経営再建に貢献。著書は『MBAのビジネスシミュレーション』(総合法令出版、1999年、共著)、『構造変革－成功の秘訣』(日本放送出版協会、2002年)、『ケースブック企業再生』(中央経済社、2005年)等。

今、お三方の先生方のお話をお伺いしながら、少し話すストーリーを変えてみようと思いました。最初にお話ししようと思ったことは、「ビジネスゲーム」という経営のシミュレーションのお話です。もちろんそれはお話させていただきますが、その前にお話をしたいことは、ビジネススクールで学ぶ"経営"とは一体何かという大きな問題です。

経営者とは何か

私が学生の頃だった、1950年代に、日本の研究者や教員が「アメリカでビジネススクールで何か新しいことが行われている」ということを聞きつけて当時盛んに議論したのは「経営者とは一体何をするべきなのか」ということでした。これが私にとって経営という言葉に触れた最初の機会でした。たまたま私の教師に当たる先生が機械科だったのですが、その先生が非常に興味を持って、ビジネススクールを立ち上げるといって、経営者とは何かという議論を盛んにやっていたのですが、私はそれを横で聞いておりました。

では、どういうスキルがあれば良い経営者になれるのだろうか。その経営スキルというのは育てることができるだろうか。要するに天賦の才、あ

るいは個々人の特性なのか、それとも育てることができるか、育てることができるとすればどのような方法があるのか、といった類の問題を巡って盛んにディスカッションし、いろいろな世界のその種の研究成果を調べ、議論をしておりました。

その種の議論を経て合意に至った結論だけを申し上げますけれども、経営には"態度"も重要だし、人間としての"信頼感"も要るだろうし、ストレス耐性といった"性格"も必要な条件だと思うのですが、同時に"経営スキル"も必要です。その経営スキルは何かについてもさまざまな議論がありますが、いわゆる意思決定過程というか、物事の状況を判断して何らかの決断をして動かすというプロセスその個々のステップで必要とされる"力"だといえます。その力をそれぞれの場で涵養する、あるいは育てるにはどうしたら良いのだろうかということが問題となっていたわけです。その結論はもちろん後で申しますけど、私は経営学という学問の実務への適応性については、今日に至っても疑問をもっています。いわゆる現場の社会現象の方がはるかに進化していてしかも複雑で、学問でその全てを把握し切れないというのが多分今日の状況だと思います。

会社あるいは役所でさまざまな実務経験を踏むことで、いわゆるマネジメントスキルなるものを体得していくのですが、その経験を積む過程とは一体何だろうか。似たような場を設定できないか、実務経験を積む前に何を学んでもらえば良いのか。このような問題意識から、多様なシミュレーション研修、要するに模擬の経験場を設定して、それぞれのスキルに適合した経営スキル涵養の手法を考えようということになりました。

情報選択力を刺激する

情報を収集するには、いろんな会社、いろいろな現場に行ってみるとか、いろんな現場の人とお話しすることが必要ですが、たとえば破綻した会社のフィールドスタディでもって、組織的にも人間的にも実にさまざまな経営上の問題がありながら問題解決の優先順位が決められていなかったといった問題が浮かび上がってきます。

ケーススタディの一つなのですが、個人個人必要な情報をリクエストし

てもらい、それをもとに経営の実態をディスカッションします。例えば破綻しそうな会社があったとすれば、各人がその会社に関連する情報として必要だと考えるものを集めるのですが、それをもとに、例えば会社の人間関係が問題なのではないかといった認識をもつわけです。それぞれの認識に基づいて議論して、人間関係には思い至らなかったとか、会社の借金だけを考えていたとかがお互いに気がつくわけです。この方法をもって、情報選択力に刺激を与えることになります。これは主要な教育のメソッドロジーで、ケーススタディでもってその力を培うことになります。

次に、後でも触れるビジネスゲームは、先に本シンポジウムでお話しいただいた三人の先生の話から判断して我々のいうロールプレイングだと思いました。学校でときどきやるのは、例えば組合と経営者の交渉の場だとか、財務にかかわる企業の買収ゲームです。売る方、買う方とに分かれまして、会社のバリューイングというか、価値づけ、どのように交渉するかという交渉論も含めて、カットオンプロセスというふうなものをやって、結局幾らで合意するかしないかといった類のシミュレーションをやったりします。そういう授業は財務などの専門領域のフィールドと交渉論というフィールドの教員が一緒になって、ロールプレイングを行ないます。

それから、モチベーションに関連しますが、私どもでは大学から直接入学する学生は少数です。実務の経営者や、管理者といった、いろいろな方がいます。例えば会社の部長さんで次役員になる方が、役員としてどう振る舞ったら良いかというときに、みずからの経営姿勢を明らかにしたうえで経営者と闘ってもらい「私ならこうします」と主張するようなことも行っています。

ビジネススクールとは

話は少し戻りまして、ビジネススクールとは一体何をやっているかということなんですが、私どもは1950年代ぐらいからアメリカのハーバードビジネススクールが最初だったのですが、先生をお呼びして、前述しました経営学の教授法を勉強しながら一緒にセミナーをやっておりました。1962年にビジネススクールを開校して、それが定例化するわけですけれ

ども、1969年に一年制のコースを始めたのです。その場に来ている方はどんな方かというと、1年間会社から派遣された方が多くおられました。例えば、部長になる前1年間とか、子会社の社長になる前1年間とか、中には30歳ぐらいの若い方もおられ経営について将来その立場に立つ可能性があるから勉強させようといって1年間来ているような人も、結構多かったわけです。昨今は、もちろんそういう方もいらっしゃいますし、最高年齢は一昨年の方で64歳の方がいらっしゃいました。この方は、東証一部上場会社のある会社の役付役員さんで、いわゆる役が終わってから若手を教育してほしいといわれ、ビジネススクールにお越しになった方もいらっしゃいます。それから中には弁護士さんとか会計士さんとか、それからお医者さんもいらっしゃいます。そのお医者さんは、ビジネススクールで勉強中は、赤字の法人が多い病院をどう立て直すかという大問題に取り組んでいました。医療法人では一般にお医者さんでなければ理事長になれないらしく、その先生は、病院再建の方法とか、病院の買収方法とかを学び、再生に関する研究論文を書きながら、ファンドと交渉して、終わったらすぐさまその種の会社をつくって、いろんな赤字法人の買収にかかるといったことをしていました。その他、みずから会社を興すとか、親父の会社を継ぐというような方です。会社をやめて職務を替わる人もいます。それは全く異業種もあれば、同業種もあります。中には例えば某銀行を辞めまして、ある資格を取って、ほかの同じような同業種にマネジメントで雇えということで売り込んでいたりします。このように、学生がビジネススクールに求めているニーズは非常に多様です。

　時には経営者その当人が学生として参加する場合もあります。その方がなぜ勉強をしなければならないのかは、やはり経営には限りがないということになるのかもしれませんが、学生のビジネススクールへの期待度は高く、しかもそれぞれが違った目標を持っています。そこで少しカリキュラムの話をいたしますが、慶應のビジネススクールではバラエティに富む学生に照らして、どこかに焦点を絞るのではなく、基礎的な科目は必修で学修してもらい、各科目はケーススタディで実務のケースに近いものを勉強することになっています。ケーススタディとして、例えば○○法科大学院

の活性化が取り上げられるのであれば、みずからその科長としてどういうふうにマネジメントするかといった問題を一生懸命考えて、一グループ7,8名で意見を闘わせることになります。自分の考え方や理論を提示し、相互の違いを明らかにしながら、どのように考えるべきかを、1時間半か2時間かけて、教師と一緒になって自己の考え方をまとめることになります。講義はゼロとは言いませんが、知識はみずから予習でやってほしいということで事前学習に期待する講座も多いのです。したがって、一つのケースをやるのに多分3時間以上も予習時間を使っております。1日大体二ケースとか三ケースとかで、1年間はケースだけですね。月曜日から金曜日まで毎日、しかも休みは余り長くはなく、夏が一月半ぐらいと冬休み2週間、春も1週間ぐらいしかないのですが、そればっかり1年間やりっ放しという状況です。それがこのカリキュラムなのです。その中にビジネスゲームというのがあり、これがもう少しハードルが高くなると思いますので、短時間でございますが、その話を今からさせていただこうと思います。

ビジネスゲームの運営

　なぜ、ビジネスゲームの話かというと、それはいわゆるこういう講座にあるように、マーケティングとか、財務とか、各種の経営のコンポーネントを超える、総合経営の場でみずから経営者としてどのように振る舞えば良い経営ができるかを考えてシミュレーションをするためです。

　ビジネスゲームでは、もちろん事前に勉強してもらっていますが、説明会を半日くらいやります。その後3日間くらい、朝8時半から夜の11時頃までなのですが、参加者は朝2時とか3時とか4時ごろまで議論することもあります。3日間休みなく、ずっと意思決定ばかりやらされるんです。それに周りの経営環境がどんどん変わりますから、その中で経営の成果が現れてくるというやり方をしております。最後に、いろんなコメントをつけて若干議論した後、一カ月ぐらいたって、フィードバックし、整理したものをもう1回討議し直すというやり方をしています。

　参加者は（模擬）経営者そのものですが、我々教員は運営者と呼んでいますが、企業以外の経営環境を造り出します。例えばマスターコースの学

生だと約1チームを十数名にして、我々も相当数サポートチームをつけ、いろんなファンクションを分担して場をつくり出すようにします。モデルは何種類もありますが、比較的単純なモデルの場合には5、6人でチームを構成し、もちろんコンピューターで意思決定させるのもあるし、あえてコンピューターを使わないでやらせるモデルもあります。我々は各種環境を造ることになりますが、例えば新聞を発行し、各社の情報とか経営環境とか経営問題を出して、刺激して、議論させます。また銀行の機能も分担します。実際に交渉に勝たないとお金借りてくれないとか、市場に上場できないとか、全く模擬だけなのですが、ロールプレイと違って、いわゆるn対nの交渉の場になります。幾ら金貸せとか、この設備投資これだけだから、これで回収できるからいいじゃないかとか、それはリスクが高いよとか、そのプロジェクトはいいんだけど過去のポジション見て、こうなったりするんですけど、これどうするんですかとか。参加者はいわゆる模擬の経営者になって活動しているということになります。

　最初に、事業計画書を作成して、その事業計画に基づいて経営するのですが、これは非常に難しいのです。経営の転換点においては、経営者は必ず何かしなければならないわけで、それはまた経営者の最低限の役割なのですが、経営者であれば、その転換点を認識したときにそのときにどういう経営の手を打つのか、経営の構造を変えるのか、いったことを考えてくださいということになります。ただ、その転換点は、重要な講習、演習の課題ではあっても、必ずしもこういう問題が起きるということではありません。例えば、資金繰りがショートしました、さあ、どうしましょうというのではなく、通常は、グレーゾーンのなかで経営上の判断が求められます。

ゲームの進め方

　挑戦してもらう経営課題にはいろいろな種類のものがあります。例えば、組織に関するテーマでは、チームメンバーの人たちにいかに仕事を分担させるか、コミュニケーションしてもらうか。ルーティンでない課題のとき組織をどうやって変えるか。マーケティングとか競争といった機能的課題、

これをどういうふうに解析し体系立て、今まで学んだいろんなマーケティングのセオリーとか何かと適合させながら、どう手を打つか。それと今度はフィードバックをかけるために立てたアカウンティング情報がある、セグメント会計がある。セグメント会計があって、差別化マーケティングがあって、それにどういうふうに対応するのか、情報システムはだれがつくるのか。それはマーケティングの役割なのか、だれの役割なのかという、経営の総合的な場をマネジメントしなければいけない場に立たされることになります。普通の場合、よほどの経営者でもそこまで幅の広いマネジメント力を持っている方は、一般的な言い方で申しわけありませんが、ほとんどいらっしゃいません。どんな立派な経営者も自分ができること、できないことがおありになるわけで、いかに自分ができるところとできないところを認知し、課題の難しさとチームとしてのスキルの分布を適合化させて、チーム再構成できて、課題解決できるかということを知っていただくということは非常に重要です。

　ビジネスゲームでは如何に巧く仕組みを用意しても全ての経営問題を参加者全員が触れるわけではありません。例えばこの場合ですと、ほとんどの会社は赤字でつぶれそうだが、一社だけ大変儲かったという例です。お金をどう使ったかというと、このチームだけ前向きに資金繰りをして、リスクをとって、資金を調達して収益で返済した。ほかのチームは、ショートサイトで前向きな経営していたが業績が悪く後ろ向きで、赤字資金でつぶれそうでした。非常に儲かった会社に係わったチームはほかのチームと何が違うかというと、このチームは赤字でも構わないと思って長い物差しで投資をし、回収したのではないか。あなた方は毎日利益を出そうと一生懸命やったのはわかるけれど、要するに経営基盤を考えずに競争し、結局ここで規模の競争に負けた。では、このときにどう手を打てば規模の競争に勝てたのかというようにフィードバックをかけながら、議論をして、議論に勝利があるわけではないので、コメントも難しいのですが、ガイドをして、かじ取りの様子、すなわち転換点においてどのような意思決定をしていくのか、転換点はどうして認知すべきなのかということを体得し、同時に自らのマネジメントスキルに刺激を加えていただくということになり

ます。

ビジネスゲームの発展

　ビジネスゲームの歴史的発展の話を少ししたいと思いますが、経営教育というのは世界的に戦後始まった教育です。先進のアメリカでもゲームが教育に導入されたのは戦後です。ゲームは、最初は意思決定訓練ということに執着していました。例えば、設備投資の決断をどうすべきかといった特定したテーマを扱うといった類でした。その後、再現する経営スキルをヒューマンスキルを付加するということで経営の領域を少しずつ広げてきました。例えば、申し上げたような場をつくって、参加者に意思決定のプレッシャーをかけていくことを行いました。ところが、運営上の問題も多く、民主的にみんなで議論してマネジメントしようと思っても、その議論がコンセンサスを得るに至らない、といった問題もありました。そこで、いろいろな条件を押しつけて、それぞれチーム毎に経営的決断を迫ることを求めるようにいたしました。このように、リーダーシップというか、物事に対する対処の仕方を学んでもらうために、先ほど申し上げたように合宿形式にして、朝から晩まで、時には次の朝まで詰めて議論するということを今、やっております。モデルも増やしていろいろな種類があるのですが、このモデルよりも、教育的に如何に巧く運営するか、という方がより重要です。

　もう一つのゲームの発展ですが、実務の経営者も参加されることもあるので、アセスメントとの融合化というのをやっています。アセスメントとは、人材能力の事前評価ですね。例えば経営者になる前に、マネジメントの能力があるかないかということを評価することです。例えば会社では、営業の担当だと営業という仕事を通じてその人の能力を評価することになりますが、経営者というのは全く別な役割が必要だし、別のスキルが必要なので、ゲーム場を利用して総合的経営スキルを評価することもやっております。

　また、経営管理制度を変えるときに、例えば従来売り上げだけでしたが、キャッシュフロー経営に変えたい、ということがあります。言葉で言って

も社員に十分に制度変更の意義が伝わらないので、そのようなシミュレーションもあえて行い、キャッシュフローを重視しなければいけないような場を体得していただいて、その場で使った経営計画表に非常に近い実務計画を実際に書いていただくということをしたり、工夫を積み重ねてきています。一言で言うと経営への接近度をどんどん高めていると言ってよいかと思います。

さて、経営スキル・マネジメントスキルには、いろいろなスキル要素があります。情報収集力、問題分析力、構想力、コミュニケーション力、意思決定力などですが、これを総合化して分類するとテクニカルな能力、コンセプシャルな能力、そしてヒューマンな能力です。それらを融合化して総合的にスキルを評点する場合もあります。会社でも人事考課評点を用いていますが、その点数とゲームという総合経営の場での点数とを比較するわけです。その結果として、たとえば、この人は現場では非常に高く評価されているが経営能力がだめだとか、財務的に非常にすぐれているが人間的な能力がちょっと欠落しているとか、この人を財務能力が高いからマネジメントの方に持っていってしまうと大失敗するといったことになります。その能力を変えるのは非常に難しいということになるだろうし、それからスキルはあるが人事考課ではマイナスに評価されている人もいるんですね。いろんな会社の、評価をしていますが、15％ぐらいは、職務とスキルが不適合の方がいます。要するに、アセスメント点で非常に高いが評価されてない人がいます。例えば、上司と人間関係が悪いとか、でき過ぎて嫌だから悪い点数つけろというケースもあります。そういう組織診断にもビジネスゲームは使えることが判って参りました。これに今、挑戦をしています。

ビジネスゲームの発展というのは今、申し上げたように、いろいろな実務への接近があるわけですが、学校の授業の話しに戻りますが、個別科目ごとに演習的にシミュレーションをするということで、例えば買収ゲームのようなものを取り上げておりますし、今申し上げましたビジネスゲームは基礎科目を終わった段階でその統合化をするという意味で、基礎科目の真ん中位のタイミングでやることが学校の今のプログラムです。学校は

MBAのマスターコースなのですが、社会人に対する教育も重要な役割だと、慶應ビジネススクールは考えておりまして、セミナーを盛んにやっております。3カ月のコースもありますし、2週間のコースも何回かあります。そういう場で、ゲームをやる場合には、一連の授業科目の仕上げとして最後にゲームをやるという場合もあります。モデルは機能とかかわりがありますから、ここに書いてあるカリキュラムと切り離せない面もあります。総合系のモデルもありますが、いろいろな部門に特化した少し場を変えたモデルもつくったりもしています。ゲームの運営という問題は、今、申し上げたように、非常に多様なやり方をしていますが、必要であれば、ディスカッションの折りに御説明をさせていただきたいと思っております。

叡智は教えられぬが故に

つぎに、教育的意義についてお話しさせていただきます。知識は力です。しかし叡智は教えられない。学んでいただくのは皆様です。と、言っています。先生は何も教えない。自分で考えてください。でなければマネジメントできません、と。あなたには能力が乏しいと言ったって何も役立たないじゃないか、と。自分で人の使い方が下手なんだと思っても、社会に出て行かなければならないのですから、全ては自分でする以外にない、と言っています。だからフィードバックをかけるのはあなたです、と我々は言っているのです。経営学と総合経営の実務のつなぎをどうするのかは従って大きな課題です。経営スキルを自己評価するには、その評価の物差しが要るのですが、実際に自己評価することは何等かの理論を持ち込めば可能ということではありませんから、一般に相対的な評価をすることになります。すなわち、他人との行動と比較しながら評価するのです。したがって、できる人同士が集まればより高度な評価ができるということになりますので、できるだけ刺激があって活性化して、互いに研鑽できる者同士が刺激し合う場をつくること。これもまた重要です。じゃあ、できない人はどうするかというと、脱落していくということになります。ちょっと教師としては自己矛盾になり残念ですが、そうなっているかもしれません。強ければ強い人はもっと強くという、ちょっと理念のない話で申しわけございま

せん。

　それから、多面的に経営をするというのは非常に難しいのです。学問がまだ未完成で特に総合的経営について理論的に追究できていませんので、できるだけ総合的な経営問題の場をつくって、現実経営の場に接近してもらおうとしています。

　〈写真を見ながら〉

　・私が皆さん方の経営の評価を分析をして、機能的なフィードバックをかけている場です。

　・その次は、株主総会という場をモディファイして、模擬の経営者に自分の経営を発表してもらい、株主の役割をする参加者とああでもない、こうでもないと格闘する場です。

　最後になりますが一点だけ簡単に触れたいと思いますが、時々、実際の経営者を対象にしてゲームをやる場合の例を、紹介させていただきます。企業人には実務の経営とゲームの場がなぜ違うのかというフィードバックをかけます。例えば、実際の経営では職務基準を明確にして、その基準にあったような仕事をしているが、ゲームはそんなことはしなかったじゃないかと。実務において、これ私の仕事、これあなたの仕事、この仕事は忙しくても私の仕事じゃないから手伝わない、というようなことがなぜ起こるのか。そんなことをするから組織のパフォーマンスが劣化するのではないか、ゲームでは他人の職務を自然に手伝ったのに、会社では一つの組織のはずなのに、なぜ自分の場を決めて、その場に閉じこもっているのだろうか、といったフィードバックをかけます。

　また、新しいマネジメントに関係しますが、それには新しい経営ツールが必要になります。財務的な経営ツールも昨今株式市場を重視し、株主価値を高める方向に変わってきていますが、そのようなツールやメソッドロジーを体得してもらうために、ゲームの中で新しい経営手法を再現するよう工夫する場合もあります。

　さらに、自己の評価・機能に関係しますが、日本の企業はほとんど経営管理的対応で現象対応、しかも組織に乗っかって予算とか管理部門の人の言うことを聞いてただ動いているだけという部分が散見されるのですが、

もっと事業家的に変身するにはどうしたらいいのか。現象対応的にその場その場で答えを出すだけでは真の答えにならない、戦略的対応というか、将来を見据えて経営計画をたてるのはどういうことなのかといった実務の経営のやり方そのものに関してフィードバックをかけたりもします。

　ビジネスゲームの教育的効果を高める為に、ゲーム終了後に行う分析作業と総括についてお話しさせていただきます。まず分析の内容ですが、財務的な分析や科学的・機能的分析は当然要求します。もう一つは、組織活動を評価してもらいます。情報活動は組織の意思決定スタイルを決めることになりますから、専制的であれば専制的情報システムからなっているし、民主的であれば民主的なシステムからなっており、それによってコンフリクトの解消の仕方や、組織におけるコンフリクトが顕在化する程度だとか、リーダーシップとか、コミュニケーションスタイルなど、組織を横断的に意思決定問題や情報システムからリーダーシップから個人のスキルまで及ぶ全経営機能を、横軸で評価してもらいます。

　ビジネスゲームは経営を体験し、経営スキルを涵養する場として、個々の学習科目を総合化し、横断的にその相互の関係を知り、その中で同時に自らの経営スキルの長所や短所を自己認識してもらう場として重要な教育的役割を果たしていると自負しておりますことを申し添えておきたいと思います。

パネリスト報告 4

ローヤリングとシミュレーション教育

藤田　哲
Fujita Satoshi

[略歴]
名古屋大学大学院法学研究科教授、弁護士。
名古屋大学法学部卒業。元名古屋弁護士会副会長、日本弁護士連合会法科大学院設立・運営協力センター副委員長。法科大学院ではローヤリング、民事模擬裁判等を担当。著書は『不良債権の処理・回収の手引』(新日本法規出版、1999年、共著) 等。

ローヤリング（ロイヤリング）の授業の基本的な考え方

　私は、日本における弁護士の養成と同じような考え方を、ロイヤリングの授業に取り入れてみました。

　我々弁護士は、弁護士として実際の事件を体験する中で、いろいろ学び、経験し、成長してきました。法科大学院の学生にも、実際と同じような事件を模擬体験させることによって、弁護士と同じように考え、そして同じように行動してもらって、実務家としての考える力がついてくるのではないかと考えたわけです。

　そこで、実際に発生した事案を使って学生に考えさせたいと思いました。これまで私が弁護士をやってきた中で、これはちょっとおもしろいな、これは大変だったなという事件をモデルにいたしました。モデルにしたと言いましても、そっくりそのままというわけにはいきませんので、名前を変えたり、場所を変えたり、日時を変えたりしまして、あたかも本当にその事件があるような事例を作りました。

　ただし、実際の事案を作り替える際に気をつけなければならないことがあります。例えば、事件が発生した日を授業の直前の日にずらすものですから、油断をすると時効にかかってしまう事例をつくってしまうこともあ

ります。また、銀行に借り入れに行った日が日曜日だった、などということにもなりかねません。学生は配布された資料を一生懸命見て考えますから、ちょっとした矛盾にも目が向いてしまうわけです。こちらも学生からそういうことを指摘されないように、細部にまで注意しながら、実際の事案に近い形の事例をつくっていくことになります。

学生に配布する資料の工夫
　学生に配付する資料も、実際の生の資料に手を加えて使っています。スキャナーで生の資料を取り込み、名前とか時間とか場所を変え、新しい資料に作り替えて配付しています。しかも、資料をこちらから一方的に学生に配るのではなくて、学生から要求のあったものだけを配るということにしています。例えば、こういう事案で相談者が相談にみえますので、どういう資料を相談者に持ってきてもらえばいいかという課題を事前に出しておきます。学生の回答を見て、学生がこういう資料を持参させると指摘したものだけを授業で学生に配付します。ですから、学生が気がつかない資料は配付しないということにしています。学生は事前の課題の段階からじっくり考えないと、重要な資料が手に入らないわけです。
　実際の資料をいくつか見て頂きます。
　（OHPで授業に使った資料を見ながら説明）
　これは、交渉事例で使った資料です。食器乾燥機からの出火事例です。立菱電機という日本には存在しないメーカーを作りまして、そのメーカーが作った食器乾燥機から火が出て、家が燃えたという事例です。その家の主婦は食器乾燥機から火が出たと主張しているのですが、メーカーはどうやって調査しましても食器乾燥機から火が出たとは考えられないという、そういう事例で学生に交渉をしてもらいました。
　この事例でも、学生に、どういう資料を依頼者に持参させればよいかという課題を事前に出しました。学生は、どういう食器乾燥機か分かりませんし、また、どのような警告を消費者にしていたかわかりませんから、その食器乾燥機の取扱説明書をメーカーの担当者に持参させようとします。そこで、本物の食器乾燥機の取扱説明書をスキャナーで取り込み、立菱電

機という存在しないメーカーのものに作り替えて、学生に配布しました。
　また、出火原因について消防署が調査した報告書も、実際の物に手を加えて配布しました。報告書に添付した写真も本物の写真を使いました。食器乾燥機の燃え残りのゴチャゴチャのものがそのまま写っていまして、迫力満点です。学生はこの写真を見て、実際の事件をやっているかのような気がしてくるわけです。
　また、燃えた家の写真も本物配布しました。建物の外観はきれいだけれど、建物の内部は家具や内装が黒こげになっていて、色々な物が燃えてしまった事が分かります。被害者役の俳優が、この写真を見せながら、弁護士役の学生に必死に訴えるわけです。私の大事な服が燃えたんです。家族の大事なアルバムもなくなってしまったんです。どうすればよいでしょうかということを一生懸命学生に訴える。学生もその思いをなんとか受け止めようとするわけです。
　学生の中には、よく考えている学生もいて、「こういうトラブルがあると、必ずメーカーが通産省に報告することになっているはずだ、通産省への報告書が必ずあるはずだから、メーカーの担当者に持参させたい」といってくるものもいます。確かにこのような報告書があるものですから、本物の報告書に手を加えて、学生に配布しました。
　また、土地や建物の登記簿謄本等なども、実際のものをスキャナーで取り込んで加工をし、配布しました。燃えた家財道具一覧表も配布しました。服が燃えたとか、家財道具が燃えたとか、アルバムが燃えたとか、結婚式でもらった記念品が燃えたとか、被害品の一切が書いてある書類です。この被害品一覧表も、本物を加工して作りましたので、家族の生活状況が手に取るように分かる、とても生々しいものでした。
　こういう資料を学生に渡して、食器乾燥機からの出火で被害を受けたという主婦の方からの相談を受けるチームと、メーカーの担当者の方から相談を受けるチームとに分けて、両チームの学生に弁護士役になってもらって交渉してもらいました。実際の資料を加工して使ったことで、本当の事案で交渉しているかのような体験ができたのではないかと考えています。

相談者に俳優を使うことのメリット

　実際の事例に近い事案を使う以上、一般の市民の方に相談者になってもらおうと思いました。しかし、実際には一般の市民の方にお願いするのは難しいものですから、俳優の方を使いました。名古屋の地元の劇団の方にお願いをいたしまして、相談者役をやってもらいました。

　相談者役に俳優を使ったメリットの一つとしては、学生が緊張して本番さながらの臨場体験を積んだということがいえると思います。学生は、相談前は、スーツを着て、弁護士になったような格好をして、人前でパフォーマンスをやってやるというような雰囲気でいるわけです。ところが実際ドアを開けて入ってくるのが、50代くらいの自分のお父さんみたいな方で、スーツをきちんと着こなし、「先生、実はこんなことがあったんです」なんて言われてしまうと、学生は舞い上がってしまって、満足に話せなくなってしまったということもありました。しかも、初対面の人と話をするわけですから、事前の想定にはないことがいっぱい出てきて、多くの学生が見ている前で何回も立ち往生するわけです。こんな経験はこれまでしたことがないわけですから、弁護士役の学生は非常に強烈な印象を受けたようです。

　このようにして、相談者役に俳優を使うことによって、実際の事例を実際にやってもらうのと極めて近い形で学生に体験してもらうことができました。

ロールプレイのフィードバックの仕方

　弁護士役以外の学生にも積極的に参加してもらうために、弁護士役の学生のロールプレイの様子を評価してもらうことにしました。学生に評価すべき項目を書いたチェックシートを配って、ロールプレイで気付いた点をチェックしてもらいました。私のレジュメにそのチェックシートの資料がついております。チェックシートには、項目ごとに良かった点と工夫を要する点を記入するようになっていて、学生のロールプレイを20分くらいやった後に、5分くらいこのチェックシートを書く時間を作って書いてもらいました。その後に、学生からの意見を聞いたり、相談者役の俳優さん

にも意見を聞いたりして、ロールプレイのフィードバックを致しました。チェックシートに書かれた学生の意見の中には非常に厳しいものもありました。我々教師は、例えば全然話が出来ない人のロールプレイでも、しっかりと落ち着いていましたね、などと言って、ちょっと褒めてやるわけです。ところが、学生が書くチェックシートの評価は我々より手厳しいものもありました。仲間の学生から厳しく評価され、弁護士役の学生は、我々教師が指摘するよりも強い印象を受けたようです。

　私は、学生のやった法律相談や交渉の様子をビデオで全部撮影し、最終日の講義の時に学生たちとビデオを見て、この授業の中でどのようなことを学んだのかをおさらいしました。

　これから、法律相談の様子を撮影したビデオを見ながらお話したいと思います。この事例は、私が実際に体験した事案で、交通事故でご長男を亡くしたお父さんからの相談の事例です。直進道路を走っていた息子さんの車に、わき道から大型トラックが進入してきて、大型トラックに乗用車がぶつかって息子さんが死んでしまった事案です。普通に考えれば、大型トラックの方が悪い事案なんですが、トラックの運転手は不起訴になってしまいました。トラックの方の保険会社も息子の方がスピードを出しすぎたのが原因だと主張して、示談交渉にも応じない。そういう事案で相談にみえたと言うことで、学生にロールプレイしてもらいました。相談者の方が俳優です。

> 円卓（裁判所のラウンド法廷を模した机）をはさんで、弁護士役の学生一人（20代の女性）と相者談役の俳優（50代の男性）が座っている。学生は、相談者に実況見分調書を示しながら、脇道から車が進入して直進車と衝突した事故の過失割合を説明し、亡くなった息子側にも一定の過失があることは避けられないことを説明している。これに対し、相談者は、それでは「死人に口なし」ということではないか、実際には大型トラックが一旦停止せずに侵入したのではないか、警察の実況見分調書は信用できないのではないか、などと質問し、学生が一生懸命説明している。

こんな感じで、要は1対1でやってもらったんですね。実際に弁護士が相談を受けるのは一人ですので、すべて1対1で相談をしてもらいました。学生にとっては初めての人と話をするのは大変なようで、弁護士役になった学生は、前の晩は眠れないとか言ってました。やっぱりそれぐらい緊張するようです。

　このようにして撮影されたビデオを、まとめの授業の際に学生たちと見て、ロールプレイの様子を検証しました。留意点などを後からもう一度反芻することができ、ビデオ撮影はとても効果があったと思います。

シミュレーション教育の効果
　このように実際の事件処理に近い体験を、シミュレーションを使って実際に学生にやってもらって、非常に教育効果があったと思っています。学生の評価も高かったようです。

　シミュレーションの効用について、私は学生にはこういうふうに説明しています。「君たちピアノを弾くのに、どうやって勉強した。ピアノの弾き方の本、教習本なんか何回読んだってピアノはうまくならないだろう、実際にピアノを自分で弾いてみなければ、ピアノはうまく弾けないだろう」などといってやったんですが、そうすると学生の中には、「私、ピアノ弾けません」とか「ピアノを弾いたことがありません」とかいろんなことを言う学生が出てきまして、これはまずいと思って、自転車に乗る例にかえました。「君たちが自転車の乗り方をどうやって覚えたか考えてごらん。自転車の乗り方という本を読んだのだろうか。実際に自転車に乗ってみて、何回もこけながら、自分の体で覚えたんじゃないか。それと同じことなんだ。法律は、実際に使ってみなければよく分からないし、体験しなければ法律をうまく使いこなせないんだ。それで、こういうシミュレーションの体験をやってもらうんだ」。学生たちはシミュレーションの意義を結構理解してくれたようです。特に、自分の言葉で話したり説明してみると、これまで法科大学院で学んできた法律知識がいかに身についていないかを実感した学生も多かったようです。

シミュレーションのいいところは、都合の悪いところはカットできる点です。要するに、我々が教えたいことだけ、エッセンスだけピックアップして提供できるわけです。これは非常にやりやすいということが言えると思います。

しかも、模擬相談者を俳優さんにやってもらって非常によかった点は、やはりプロですから、いろんなことを臨機応変にやってもらえます。例えば、俳優さんとの事前の打ち合わせの際で、ちょっとここで泣いてくださいとか、非常に冷静な学生がいた場合には、泣いて抗議をしてくださいなどと主婦役の俳優にお願いをしたり、あるいはここら辺で事件の見通しを聞いてください、負けた場合にどうすればよいかを聞いてください、弁護士の費用を聞いてください、などとお願いしておくと、本番の法律相談の時に、いいタイミングで質問に盛り込んで頂けました。俳優さんならではの名演技で、学生も戸惑ったり、面食らったりして、実際の相談が自分の思い通りにはいかないことがよく分かったと思います。

実は、私、法学部の方でも、これと同じようなことを学生同士でやらせたことがありました。その時は、相談者役も学生で、学生同士で法律相談をしてもらったのですが、やはり緊張感がありませんでした。自分のよく知っている人と堅苦しい話をするので、照れながら、にこにこしながら話しをすることが多く、なかなか本気になって相談をすることができなかったように思います。それに比べれば、見ず知らずの俳優さんを使うと、緊張感があって、臨場感があったと思います。

シミュレーション教育の問題点

第1に、シミュレーション教育は大変費用がかかる点です。例えば、教員も一人では出来ません。交渉をやるにしても、原告側と被告側と、必ず二人の指導教員がいります。模擬相談者に俳優さんを使うことになると、またお金がかかります。

第2に、準備にかなりの時間と労力がかかる点です。教材の作成も大変です。まず、いい事案を自分の経験した事件の中から探してきて、それを加工し、しかも、曜日や干支などの細部にまで注意をしながら手を入れま

すから、大変な手間がかかりました。しかも実際にそれを教材として使うためには、関係者との打ち合わせも必要です。例えば、俳優さんに相談者役をやってもらう場合でも、事案の概要や関係者の人間関係や職業、収入、趣味に至るまでの情報を事前に渡して勉強してもらい、何回も打ち合わせをして、授業の前の日には模擬練習もしました。私は弁護士ですから、私が弁護士として俳優さんから法律相談を受けました。このように事前の準備に大変手間暇がかかりましたが、手間暇を十分かけたために、授業で本物の法律相談らしく出来たのではないかと思います。

　第3に、成績評価が大変難しい点です。今回初めて成績評価をしたのですが、大変悩みました。私のロイヤリングの授業は、合否ではなくて、5段階評価をつけることになっていますので一層困りました。といいますのは、どんどん学生はうまくなります。1回目よりも2回目、2回目よりも3回目とうまくなってきますから、最初にやった学生が評価面で損をすることにもなりかねません。技能の評価をするということは大変難しいことだと思いました。

　先々週、アメリカのウィスコンシン大学に行ってまいりました。名古屋大学と提携をしていまして、そこで我々教員が教え方を教えてもらったわけですが、ウィスコンシン大学でも実技科目の成績評価の難しさが言われておりまして、教授たちは基本的には合否だけで評価すると言っていました。どうしても5段階評価をする場合には、課題に対する回答を文書で提出させて行うということでした。

　第4に、自分の授業で悩んだのは、模範演技をどうするかという点です。学生に模擬交渉や模擬相談をやらせる前に、自分が手本をやってみせるべきかどうかということを悩みました。学生が下手くそな私をみて、もっと下手くそな私のコピーができてもしょうがないと思って、やらなかったんですが、どっかでやるべきじゃなかったかと今でも迷っています。

　実は、ウィスコンシン大学と一緒に、アメリカのデンバーにあるNITAという教育機関も視察してきました。アメリカでは弁護士の継続研修が義務づけられていまして、その弁護士に対する継続教育機関としてNITAという組織があるというので、そこで弁護士に対してどういう研修をして

いるかということを見てまいりました。私たちが見せてもらったのは、陪審員に対する最終弁論をするところでした。研修時間の一番最初に教師が模範演技をしました。当然、受講生は全員弁護士です。初心者から経験豊富な弁護士まで、多種多彩な弁護士を前にして、教師が模範演技を見せてくれました。声も大きくて張りがあり、映画の中の法廷の場面を見るようで、すばらしいパフォーマンスでした。こんな模範演技なら見せる価値があると思いました。ところが、NITAでは、本当は研修の前に模範演技をやるのは良くないと言うんです。どうしても模範演技のイメージが先行して受講生がとらわれてしまうというのです。しかし、最初に模範演技をやらないと、受講生から、最初にお手本をやって見せてくれ、お手本を見せてくれればそういうふうにできるという苦情が出るので、やむを得ず、模範演技を前にやっているということでした。ただし、模範演技を研修の前にやる場合でも、受講生と同じ事例は使わない、違う事案で後から受講生に研修させるということでした。NITAの話を聞いて、来年はどうするか悩んでいます。学生のロールプレイが全部終わった後で、模範演技じゃないですけれども、一つのサンプルとしてやってみてはどうかなと思っています。

ロールプレイにおけるフィードバックの重要性

シミュレーション教育においては、フィードバックがとても重要であると思います。NITAでもビデオを使っていました。NITAの基本的なフィードバックの考え方は、受講生がやったその場で、すぐフィードバックすることです。例えば受講生がパフォーマンスをすると、そばで見ている教員が、終わった後にすぐコメントをする。例えば手の組み方がどうだとか、動きすぎるとか、今の話はまずいとか、すぐコメントをする。そして、その後に、撮影したビデオを持って別室に行って、別室で違う教員がその弁護士と1対1でさらに詳細なコメントや質疑応答をしていました。フィードバックで大切なことは、持ち越さないこと、その場ですぐやることだというのです。しかも、ビデオを使ってやることが重要だというのです。ビデオを使わないと、教師の指摘に対して、受講生が、おれはそんなおかし

な事は言ってないとかクレームをつけるらしいんです。そこでビデオを見せて、やはりこうじゃないかと説明すると受講生が納得するといっていました。

私どもは、NITAへ、教師の教え方、教師のフィードバックの仕方の勉強をしに行きましたので、NITAの教師に、教師が学生にフィードバックする際にどういう点に注意すればよいかを聞いてみました。その教師は五つ大事なことがあるといっていました。

第一は、ちゃんと聞けと言うことです。当たり前だと思います。ところが実際自分がやってみると、学生のやりとりを、聞き漏らしたり、注意が散漫になって、その学生のやっているパフォーマンスをしっかり見たり聞いたりしていなかったことが確かにあったと思います。ですから、ちゃんと聞け、そして聞いたことをノートしろ、そしてちゃんと伝えろということです。

第二は、学生に明確な指示をしろということです。これはまずい、こうすればもっと良くなるということを具体的に指示しなさいということです。

第三は、例えばこういうことなんだというふうに、具体的に分かりやすく例示して指摘するということです。

第四は、ヘッドノートが大切だということです。自分の話したいことを最初に言う。これからこういうことを言うぞということを言ってからコメントをするということです。

第五は、なぜこの点をどうして改善しなければいけないのかということを説明することです。

私も、ロイヤリングというシミュレーション授業を法科大学院で経験してみて、このようなフィードバックのポイントがなるほど重要だと実感しています。

資料—1

平成 17 年 4 月 26 日（第 3 回用）

平成 17 年度名古屋大学法科大学院ロイヤリング

［課題 C］

（平成 17 年 4 月 19 日配布）

1. 第 3 回講義において、以下のような相談内容［ケース 2］の相談者（一般市民）が来訪する予定である。どのような質問をすればよいか、考えなさい。質問事項を A4 －1 枚にまとめて提出しなさい。

    提出期限　　平成 17 年 4 月 23 日（土）午後 6 時 00 分
    提 出 先　　fujita@nomolog.nagoya-u.ac.jp

2. 相談概要［ケース 2］　相談者　山田 一郎
    「昨年（平成 16 年）12 月 27 日、長男の運転する乗用車が、脇道から進入してきた大型トラック（14t）の右横に衝突して、長男が即死した。長男のスピード違反が原因だとして、トラックの運転手は不起訴になった。トラックの運転手や運送会社からは、お詫びの言葉ひとつもない。また、運送会社は、任意保険に加入しているようだが、保険金の話も全くない。一体、どうしてこんな事故が起きたのか分からない。このままでは息子は殺され損になってしまう。何とかしてほしい。」

3. 留意点
    指名された学生は、相談者と法律相談のロールプレイをしてもらいます。ロールプレイはビデオ撮影されます。

資料―2

平成18年4月25日

<h2>ロイヤリング第3回 ［ケース2］
～模擬相談チェックシート①～</h2>

プレーヤー＿＿＿＿＿＿＿＿＿＿
観察者＿＿＿＿＿＿＿＿＿＿

※ 模擬相談を聞いて、⊕良かった点、⊖工夫すべき点があれば、それぞれ具体的に書いてください。相談終了後、5分間記入時間があります。

1. 態度。相談者に対する接し方が横柄ではなかったか。話しやすい雰囲気を心がけていたか。
   ⊕ ＿＿＿＿＿＿＿＿＿＿＿＿＿＿＿＿＿＿＿＿＿＿＿＿＿＿＿＿＿＿＿＿＿＿＿
   ⊖ ＿＿＿＿＿＿＿＿＿＿＿＿＿＿＿＿＿＿＿＿＿＿＿＿＿＿＿＿＿＿＿＿＿＿＿

2. 話し方。分かりやすかったか。相談者の理解に合わせて話を進められたか。
   ⊕ ＿＿＿＿＿＿＿＿＿＿＿＿＿＿＿＿＿＿＿＿＿＿＿＿＿＿＿＿＿＿＿＿＿＿＿
   ⊖ ＿＿＿＿＿＿＿＿＿＿＿＿＿＿＿＿＿＿＿＿＿＿＿＿＿＿＿＿＿＿＿＿＿＿＿

3. 質問の仕方。重要な事項を漏らさず聞けたか。問題を徐々に絞っていけたか。
   ⊕ ＿＿＿＿＿＿＿＿＿＿＿＿＿＿＿＿＿＿＿＿＿＿＿＿＿＿＿＿＿＿＿＿＿＿＿
   ⊖ ＿＿＿＿＿＿＿＿＿＿＿＿＿＿＿＿＿＿＿＿＿＿＿＿＿＿＿＿＿＿＿＿＿＿＿

4. 進め方。共に悩み考えることができたか。選択肢を示して相談者の自己決定を支援できたか。
   ⊕ ＿＿＿＿＿＿＿＿＿＿＿＿＿＿＿＿＿＿＿＿＿＿＿＿＿＿＿＿＿＿＿＿＿＿＿
   ⊖ ＿＿＿＿＿＿＿＿＿＿＿＿＿＿＿＿＿＿＿＿＿＿＿＿＿＿＿＿＿＿＿＿＿＿＿

5. まとめ方。今後の見直しについて明確に説明できたか。言い残したことはないか。確認できたか。
   ⊕ ＿＿＿＿＿＿＿＿＿＿＿＿＿＿＿＿＿＿＿＿＿＿＿＿＿＿＿＿＿＿＿＿＿＿＿
   ⊖ ＿＿＿＿＿＿＿＿＿＿＿＿＿＿＿＿＿＿＿＿＿＿＿＿＿＿＿＿＿＿＿＿＿＿＿

6. 信頼できる弁護士と感じたか。どの点が信頼できると思ったか。どの点に問題があると思ったか。
   ⊕ ＿＿＿＿＿＿＿＿＿＿＿＿＿＿＿＿＿＿＿＿＿＿＿＿＿＿＿＿＿＿＿＿＿＿＿
   ⊖ ＿＿＿＿＿＿＿＿＿＿＿＿＿＿＿＿＿＿＿＿＿＿＿＿＿＿＿＿＿＿＿＿＿＿＿

※当日のものではなく、最新の内容のものを掲載した

ローヤリングとシミュレーション教育　63

資料―3

平成17年　名古屋大学ロイヤリング　授業計画

	日程	テーマ	授業内容	事前配付資料と課題	備考　その他
第1回	4/12	ロイヤリングとは何か	弁護士はどのようなことをするか、弁護士にとって必要な能力、資質は何か、を考える。	1. 課題A…… ①教科書のP.2～P.19を読む ②これからの弁護士に必要とされる能力を考える。 2. 21世紀弁護士論　P.430～436	
第2回	4/19	法律相談(1) 初回相談の際の心構えと留意点(1)	法律相談を行う際にどのようなことに気を付けなければならないかを具体的、実践的に考える。事前に撮影されたビデオを見て、全員で討議する。	1. 課題B…… ①教科書のP.34～P.60を読む ②法律相談の目的と留意点を考える。	ビデオA [ケース1] 離婚したい妻
第3回	4/26	法律相談(2) ―模擬相談―	学生が弁護士役となり、初回相談のローループレイングを行う。模擬相談をビデオ撮影し、コメントを決める。相談者(俳優)が行う。法律相談は、相談内容をメモし、良かった点と課題をチェックする。 [ケース2]交通事故の被害死亡者の遺族	1. 課題C……　法律相談の質問事項を考える。	ビデオ撮影 模擬相談者(栗木) チェックシート配布
第4回	5/10	証拠収集と調査	正確な事実認定と方針決定のためには客観的な証拠資料と調査が必要であることを理解する。	1. 課題D……　①教科書P.97～P.136を読む。 2. [ケース2]で、どのような証拠資料の収集と調査が必要かを考える。 2. 証拠資料(甲1～14)、参考資料(参1～3)　当日配布	判コピー(過失割合) T字路 タコグラフ 事故報告書 運行記録
第5回	5/17	法律相談(3) ―受任の際の心構えと留意点―	[ケース2]の事例で、模擬相談者から受任した事件を継続受任する前提として、依頼者から事件を受任するに際し、どのようなことに留意しなければならないかに気を付けなければならないかを、具体的、実践的に考える。	1. 課題E……　①「受任の際の留意点をまとめる。 ②教科書P.61～P96を読む。 2. (旧)日弁連報酬基準+委任契約書	ビデオ撮影(栗木) 模擬相談者(栗木) チェックシート配布

日程	テーマ	授業内容	事前配付資料と課題	備考 その他
第6回 5/24	紛争処理手続の選択	各ADRの手続の概要と長短を理解する。示談交渉をするのか、訴えを提起するのか、ADRを利用するのか、その利害得失を具体的に考える。	1.課題F ①教科書P.137〜P.161を読む。②[ケース2]で、どのような紛争処理手続がふさわしいか、どのような手続を利用した場合の申立書を作成する。2.参考訴状（講義終了後配布）	ADR活用ハンドブック 目次コピー 青木 慰謝料・逸失利益コピー
第7回 5/31	面接、事情聴取と解決方針の決定（法律相談まとめ）	模擬相談者（俳優）から相談を受ける。依頼者や関係者からの正確で緊密な事情聴取と客観的証拠資料、そして判例調査、方針決定の為に必要であることを理解する。[ケース3]（借家の火事と火災保険請求）	1.課題G 資料収集、判例調査、聴取事項の検討、方針の樹立、受任の決定	チーム分け ビデオ撮影 模擬相談者（沢田） チェックシート配布
第8回 6/7	交渉(1) 交渉の際の心構えと留意点(1)	相手方と交渉を行なう際に、どのようなことに留意し、どのようなことに気を付けなければならないかを具体的、実践的に考える。	1.課題H ①教科書P.162〜P.213を読む。②交渉における留意点をまとめる。	ビデオB用意 [ケース4] 賃金請求
第9回 6/14	交渉(2) —模擬交渉①—	学生が弁護士役となり、模擬依頼者（企業社員と俳優）の事情聴取を行い、交渉の方針を考える。[ケース5] PL事故のメーカーと消費者	1.課題I ①相談者からどのような証拠資料を持参させるかを考える。②判例調査し、報告書を作成する。③聴取事項を検討する。2.証拠資料（当日配布）	☆ チーム分け 模擬依頼者（2人） 内田・加藤
第10回 6/21	交渉(3) —模擬交渉②—	[ケース5]で実際に相手方と模擬交渉をする。（ビデオ撮影）	1.課題J ①交渉戦略、着地点、BATNAを検討する。②陳述書を作成する。	☆ チーム分け ビデオ撮影 チェックシート配布
第11回 6/28	交渉(4) —模擬交渉③—	前回での交渉結果を踏まえ、再度、依頼者と打ち合わせを行い、従前の交渉経過を報告すると共に、今後の方針を見通した上で問題点を報告し、最終方針を決定する。	1.課題K 依頼者に対する経過報告書を作成する。	☆ チーム分け 模擬依頼者（2人） 内田・加藤

ローヤリングとシミュレーション教育　65

日程	テーマ	授業内容	事前配付資料と課題	備考	その他
第12回 7/5	交渉(5) —模擬交渉(4)—	[ケース5]で学生が双方の弁護士役となり、実際に交渉する。最後の交渉の機会。合意書を作成するのであれば、まとめる。まとまらないのであれば今後の見通しについても検討する。	1.課題L ……①教科書P.214〜P.243を読む。②最終合意書案を作成する。	☆	チーム分け ビデオ撮影 チェックシート配布
第13回 7/6	交渉(6) —交渉まとめ—	模擬交渉の際のビデオを見ながら、交渉の際の心構えと留意点をまとめる。特に、解決方針の決定と交渉戦略の重要性を考える。	1.課題M …… 交渉(2)〜(5)までの経験を踏まえ、交渉における留意点をまとめる。		☆
第14回 7/12	依頼者の説得と報告	紛争を的確に処理するためには、依頼者へのすみやかな報告が必要であること、そして時には依頼者を説得することが必要であることを理解させる。依頼者に対する説明をロールプレインクする。	1.課題N ……①教科書P.277〜P.304を読み、依頼者への報告する際の留意点を考える。②[ケース2]の判決後の控訴の可否についての打ち合わせにおいて、依頼者に対する説明の仕方を考える。		ビデオ撮影 模擬依頼者(栗木) チェックシート配布
第15回 7/19	まとめ	弁護士が紛争を的確に解決するためには、どのような能力が必要であるのか、そしてその能力が身につけられるようにするためのあり方、必要かを考える。弁護士のあり方、弁護士としての考え方についても考える。	1.課題O …… 弁護士としての必要な資質・能力とは何か、どのようにすれば、それが身につけられるかを考える。		

* ロールプレイをさせる時は、傍聴の学生にさせる作業を指示すること。Ex. メモ作成、チェックリスト作成、陳述書作成等
* 課題は、原則として前回の講義終了時までに、ゴーイングシラバス上に掲示される。
* 試験は行わない。レポート提出。
* ☆内弁護士参加。
* 教室は905号教室を使用する。但し、第9回から第12回までは、906号教室(ラウンド法廷)も使用する。

パネルディスカッション

パネリスト　秋田穂束（神戸大学医学部附属病院総合診療部教授）
　　　　　　前田純子（岡山 SP 研究会代表）
　　　　　　許斐義信（慶應義塾大学大学院経営管理研究科教授）
　　　　　　藤田　哲（名古屋大学大学院法学研究科教授・弁護士）
コーディネーター　亀井尚也（関西学院大学大学院司法研究科教授・弁護士）
司会　　　　松井幸夫（関西学院大学大学院司法研究科教授）

2005年10月1日（土）13：15～17：00
於：関西学院大学西宮上ケ原キャンパス
　　B号館103教室

1　シミュレーション教育の意義

亀井　関西学院大学の教授で弁護士をしております亀井と申します。
　時間が押しておりまして、1時間余りしかパネルディスカッションができそうにございません。それで、質問を何人かの方からいただいていますが、これに全部答えていただきながらディスカッションをするのは難しいところもございます。若干省略いたしますが、その点はご容赦いただきたいと思います。
　まず最初に根本的な部分です。見ていただいたのでおわかりになるかと思いますが、大変手間をかけて教育をしているということですね。教育というのは、主に講義をして知識を与えるのも大事です。専門家ですから知識という部分は非常に多い。ただでさえ教えなければいけないことがたくさんある、そういうカリキュラムの中で、シミュレーションという時間と手間のかかることを、なぜわざわざかなりの部分を割いてするのかという、意義についての議論をいただきたいと思います。

質問をいただいた中でも幾つかそれに関するものがございます。大阪大学の門様より、「シミュレーション教育は教育効果があると思いますが、教育効率という点で問題が多いのではないでしょうか。時間、労力、準備など。効率化のためにどのようなことが重要でしょうか」まさに私が今申し上げたようなご質問ですね。

それから、秋田さんに対して、いいドクターの養成という辺りについての質問があるようです。前神戸大学法学研究科の冨士山様より、「医療面接の核心は医師の知識と人間性の豊かさを融合させ、病人を診る。裏返せば"よく診るドクター"の養成と考えてよいのでしょうか。将来、診察診断学の一分野・一部分として医療面接が入る余地はあるのでしょうか」と。"よく診るドクター"の養成というようなのが、一つのイメージでしょうかということかと思います。

それから、関学ロースクールの高田さんからですが、ちょっと長いので全部はお読みできませんが、「そもそも医療技術というのが非常に大事である。病院が間違いを犯さないために……」というふうな、具体的な指摘をされた上で、「医療技術とは直接関係のないコミュニケーション力の養成は、どのようにしようとされているのか」という、コミュニケーション力というものの位置づけに関する質問だと思います。そういったことを織り込んでいただきながらお話をしていただければと思いますが、秋田さんからお願いします。

秋田　基本的に医学部の教育は、何を目指していくのかというご質問かと思うのですが、やはりほとんどの医学部の学生は臨床医になります。95％以上の方は臨床医になっていきます。我々の主な目的は、やはりよい医者になってほしい。よい医者の定義ですが、今までの社会のニーズとか、患者さんのニーズは、やはり病気ではなく病人として診てほしい。先ほど挙げましたように、単に自分の体を診るのではなくて、社会的、心理的な問題や経済的なこと、すべてを考えて診ていただく、もちろん見立てがいい医者になってほしい。それは当たり前のことだと思うのですが、我々が目指しているのは、まず、患者さんを病気ではなくて病人で診る。プラス、

先ほどの医療技術ですね、そういうものも培っていく。今までは逆に医療技術ばかりが全面に出ていたという現実があります。それではだめで、全人的な医療ができるよい医者を育てていきたい。

その一つのキーワードになるのは、やはりコミュニケーション能力があると思います。コミュニケーションの教育というのは、先ほどお見せしました、一つの代表としまして医療面接をしっかりすると。医療面接は、今まで口ではいろいろ講義していましたが、やってみないとわかってもらえないということから、やはりシミュレーションを使って教えることの意義は非常に大きい。

もう一つ、技術の問題で診察法、例えば聴診器をどのように使うかとか、そういうことを、シミュレーターを使って行っています。患者さんに負担をかけないように、モデル人形ができていまして、心臓の音を聞かせたりとか、呼吸器の音を聞かせたりとか、そういうことまでできるようになっています。技術的な注射をうまくする方法とか、人形とか、そういうものまで開発されています。それを置いているスキルス・ラボというのがあります。興味ある方は、ぜひ神戸大学のホームページを見ていただきたいのですが、「校医からの風」というところだったと思いますが、そこに私が医学部教育でスキルス・ラボのところを紹介しておりますので、ぜひご参考にしていただけたらと思います。

それと、最初の教育効率ですね、これがなかなか実際は難しいというふうに思います。ただ、間違いなくシミュレーション教育の教育効果は大きいと、それは実感として思っています。手間がかかるのは間違いないです。最初の導入時期は確かに手間がかかります。それからバージョンアップしていくのは、それほどの手間はかからないと。人も慣れてきますし、それほどの手間はかからないのではないかというふうに私自身は思っております。

亀井 どうもありがとうございました。今日のシンポジウムはロースクール関係であるということで、コミュニケーションに焦点を当てていただくスタンスでしたが、シミュレーションといえば医学ではもう少し技術

的な面も含めて対応されているということですね。
　今、教育効果、効率はどうかという話がありましたが、藤田さん、先ほどの授業でも効率はどうだったのかという辺りも含めてお話しいただけますか。

教育効果と教育効率

藤田　私、新米の教師でして、去年の4月から大学で教えています。よくわかったのは、教育は時間がかかるということですね。逆に言えば、これまでの法学部などの教育は、教授の方の効率性ばかり考えていて、学生、受ける方の教育を考えてなかったのではないかと僕は実感しました。だから手間はかかる、効率は悪い、仕方がないと僕は思っていますが、実際には学生の人数ですね。医学部がどのぐらいでやっているのかわかりませんが、私ども15人でやっております。限界でしたね。それ以上ふえると多分シミュレーション教育は難しいと思います。とすれば、それ以上の希望者があった場合どうするかということですが、一つは、最近の学生さんは、新司法試験のことばかり考えて、こういうことにあまり重点を置かない学生さんも増えているのですね。ですから全員が全員志望するわけではないです。つまり私は非常にいい弁護士になりたいという志の高い学生に、すばらしい教育をしようというふうに割り切ってやろうと思っています。

亀井　会場からも、それで本当にいけるかという疑問があるのかもしれませんが、私たちもそのつもりでこういうシンポジウムをやっているつもりなのです。
　許斐さんも、先ほどのビジネスゲームは、3日間合宿形式でやる。非常に時間もかけているし、教材とか、いろいろな情報を与えるということも準備がかかるのかなと。それからチームを幾つかに分けて会社を経営させるということなので、それぞれのチームに何らかのサポートをするアシスタント的な教員も含めて、かなり手間がかかるかと思いますが、やはりそれだけの労力をかけて、学生がつかんでいくものは、それだけ大きいとい

うふうにいえるのか。その辺りをもう少し具体的にお話しいただけますか。

許斐　テーマが経営と法律、医学と少し違うかなと思いますね。ということは、経営の場合、組織的にやることが多いので、自分の能力がどれだけあるかどうかというのと、課題がどれだけ難しいかというのと、対比ができることがすごく重要だと思っておりまして、何でも勉強して自分ができると思うのは最悪であると私は思っています。したがって、他人との関係において、自分の能力のなさや欠点をいかに自己認識できるかがマネジメントの必須条件だと思っております。学生も、最初のオリエンテーションとフィードバックは学校でやるのですが、あとは泊り込んでホテルでやるのです。例えば7、8人単位で百何十人収容できる部屋を予約します。3日間です。その他にも銀行だとか、交渉の場所とかが必要になり、物すごくお金かかります。参加者に負担をしていただいてやっているのですが、もう1回やりたいという希望が非常に強いのです。すなわち自分は学習したことで何がどこまでわかっていて、どこまで応用力があるかを認識できるようになるのです。他人との関係で、組織的にうまくどうやって動かせるかということをフィードバックできるのはこの機会しかないという反応が強いのです。

　必須科目になかなかなりにくいのは、文科省でいう総合経営というのが一つの科目なのかという定義が難しいので、自由科目としているのですね。しかし、全員必須にしていると言えまして、必ず今までのご討議をかけることと、他人との関係においてみずからの力を認知していただく。次の勉強のターゲットを決めてもらうというためにも、必須条件だということで、百何十人いたら、たまに1人、2人は出たくないというのも時々正直言っていますけれど、90％以上はそのプログラムに賛成して参加していただいています。

亀井　非常にシビアな中身だと思いますけれども、学生は最初こういう経営方針を立ててください等と、ぽんと投げ出されるわけですね。その辺の戸惑いというか、学生にできるのだろうかという気もしたのですが。

許斐　これも少しご説明申し上げましたが、学生といっても30歳ぐらいが平均年齢なのですね。23歳ぐらいから60歳後半から専門の経営者になるべくして、経営の訓練をするというケースもあるし、経営者の人がもっと自分の力を高めるという人も混在しているんです。だから、そのレベルをずうっと上の方に上げていかないと、できる人のモチベーションを落としてはいけないので、あとは引きずられながら、とにかく追いついていく、高目高目に設定をした方がいいのではないかと私どもは思っております。学生の分布はそれでやむを得ないという思いもあるのかもしれません。

亀井　先ほど秋田さんの報告にもあったのですが、実際の患者さんを扱う臨床の場の研修というのは、それはそれであるわけですね。法律の関係でも、我々もクリニックという、市民の方が法律相談に来られて学生が具体的に対応するという実習もあるのですが、シミュレーションというのは少しそれとは違いますね。そこの関係はどうなのでしょうか。

シミュレーションと実際

秋田　基本的に先ほどもお話ししましたが、SPさんを使ったシミュレーション、医療面接は、患者さんのところに行く前にやっています。1週間、私どもの総合診療部に5年の学生が来るわけですが、その来た月曜日に前田さんとかに来ていただいて、ご紹介したようなインタビューの仕方を教えるわけですね。その後、ベッドサイドに行って、担当患者さんに直接話を聞いたりなどし、もちろんそのときには指導医がつきます。それ以外に、外来に週2回学生に出てもらいますが、そのときに初診患者さんに1対1でやってもらいます。シミュレーションをやっているという形のもとに初めてやるわけですよね。彼らには何もなしにぱっと患者さんを見に行きなさいというと、フラストレーションがすごく強いのですが、一たんシミュレーションをやっているとスムーズに入っていけるというふうに。僕はいつも金曜日の最後に、どうだったかということを聞くのですが、そのとき

にいつもそのように言ってくれますね。それは非常にいいことだというふうに思います。

亀井 実際の臨床で、生の患者さんに対して学生が医療面接を行って、それが実際にカルテに書き込まれるのでしょうか。要するに医療行為自体を学生ができるのですか。

秋田 それは最初に聞いて、指導医が必ずいますので、その後に指導医がもう一度確認して、指導医というのは外来医ですが、評価委員の人がもう一度聞き直す。逆にまたそこでフィードバックをかけるということをやっております。カルテには書いてもらったりしています。それに追記をしていくと。サインは学生だれだれ、指導医はまた指導医でサインをします。

亀井 今のお話ですと、シミュレーションというのは、実地研修の前段階の位置づけというお話でした。しかし、必ずしも、実際の実習ではできないことも含めて、シミュレーションでもっと中身を勉強するという部分も結構あるのかなと思って、さきほどのご報告も聞いていたのです。例えば、機械を使ったものですと余計にそうですね。治療行為を実際にやってみるのは、患者さんがいた場合に学生はできませんよね。

秋田 5年の学生には、注射とかはまだやらせていないのです。学外実習に出た病院によっては、指導医がきっちり見て、採血をさせたり、注射をさせたりという病院はあります。うちでは大学では5年生にはそこまではまださせておりません。

藤田 例えば、シミュレーションの方がいいと思うときもあります。例えば心臓弁膜症の患者を診てもらおうと思っても、いない場合はできないわけですよね。そうしたらむしろそういう機械を使った方がうまくできる。

秋田　そうです。言われたとおりで、今、弁膜症の患者さんの機械が、イチロー君という機械があるのですが（ちなみに動脈採血をするのは新庄君というのもあるのですが）、心音を聞かすということは、シミュレーターを使うのが一番実際はいいと思います。我々は今までテープで聞かせていたのですね。売っているのですが、そういうものをCDとかで聞かせていたのですが、典型的なある場所で聞こえる音しか聞かせないのですね。シミュレーターを使うと何が違うかというと、一番よく聞こえる場所を自分で聴診器で探していかないといけないのです。だから限りなく人体に近い、病気の患者さんに近いと。だから二つ比べてみたことがあるのですが、テープによる心音の聴取とシミュレーターによる心音の聴取で正答率がどれぐらい違うかというと、明らかにテープの方が高いです。そういうのは典型的なところだけを聞かせていますから。自分で実地にやらないといけない操作を学生にさせると、正答率はぐんと落ちます。

　もう一つ我々が、雑音が聞こえる患者さんの診察を外来でするときは、無線の聴診器を使います。私が聞いた音を無線で、後ろで聞いている2人ないし3人の学生が聞くわけですね。今、こういう音が聞こえますでしょうということを言う。それで彼らも聞こえますと、そういうこともやっています。だから我々、総合診療部の方では、いろいろなシミュレーターを使って協力をするということで、学生たちに非常に人気が高いです。

亀井　藤田さんにもお聞きしたいのですが、ローヤリングという科目が3年生ですね。名古屋大学では実地のクリニックのようなものはないのですか。

藤田　クリニックはやっておりません。恐らくはどこも難しいのではないでしょうか。いろいろな問題があります。ただ、効果は高いとは思っていまして、私は勝手にやっていまして。例えば出張相談をやらせたことがあります。ローヤリングの人が全部終わってから、僕が顧問をしている自治体にお願いをして、学生に相談させてくださいと。愛知県に過疎地が実はあるのですね、山奥に。そこへ学生を連れていって、学生に相談をさせ

て、私が同席をしてアドバイスをするということがあります。非常に効果がありましたね。だからシミュレーションをやったうえで、実際にやってみる方がよいのではないでしょうか。

亀井　やはり緊張感というのは全然違いますよね。

藤田　そういう感じですね。大変緊張があると思います。

2　模擬患者・模擬依頼者とフィードバック、教員のコントロールなど

亀井　前田さんにもお話しいただきたいのですが、違う角度からの質問です。早稲田大学の椛嶋様からですが、「SPにはどのような方がなるのでしょうか。どういう動機からSPをやってみようと思われるのでしょうか」。ローヤリングにおいて模擬依頼者をどう確保すればよいのかとの問題意識からの質問です。私もちょうど聞きたいと思っていたところです。

SPの方が非常に一生懸命やっていただいているというのは、非常に意義の多いことと思うので、私は、市民の方が授業に参加することが社会的意義があるというふうに最初とらえていたのです。しかし、さきほどのお話ですと、もっとプロ的な感じの意識ですね。そういうプロ的な意識を、皆さんどういうふうに持つに至ってるのかをお話しいただきたいなと。

模擬患者になる動機

前田　SPはどのような人がというのは、いろいろな研究会がありますが、私たち岡山SP研究会は大体主婦の集まりです。時間が自由であり、また模擬患者だけでは生活がまだ成り立ちませんので、そういう意味では、そういう自由がきく人たちが集まっていますが、動機はやはりいい医療者を育てたいという意識を持っておられる方々が集まります。

ただ危険なのは、いい医療者を育てたいということで、やはり批判的な意識を持った方も少なくありません。そういう意味で、やはり少しずつ意

識を改革していただくためには、フィードバックというのは、本当に相手の方の気づきを、自分のコミュニケーションの癖を気づいていただくための模擬患者です。ということは、その前に必要なのは、模擬患者自身が自分のコミュニケーションの取り方を知らなければいけません。自分を知るというところを体験していきますと、やはりみんなにあると思うのですが、医療現場での痛みの体験、あの医者で嫌な思いをしたなとか、そういうのがだんだん意識化してきますと、それが重なって、模擬患者をして、フィードバックになると、おのずと批判的になってしまう可能性があります。だからそうではないのですよ、目の前にいる医療者は、あなたが痛みを受けた医療者ではないのです。そういう意識をだんだん持ちながら、ではなぜ私たちが今この場で教育に参入できるのかというと、やはりいいお医者さんとかは正解があるのではなくて、本来持っているいい部分を引き出していたわけです。そういうところを引き出すきっかけになりたいというところをだんだん気づいていただく。市民の意識というのは、やはりどこか自分の体験を重ねてしまうかもしれません。

亀井　そうすると、医療を受けて嫌な思いをしたから、そういう方向に進んだということではないのですね。

前田　ずばりそうは思っておられないのですが、やはり自分の体験からいいお医者さんを育てたいというのは潜在的にあるのではないかと、私は今までは思っていました。

亀井　つかぬことをうかがいますが、模擬患者でなくて法律相談などの模擬依頼者ですね、SPではなくてSクライアント、SCですね。SCにもなれるのでしょうか、あるいはそのような要請はできるのですか。

前田　個人的ですが、なり得ます。

亀井　簡単にいくものかなと思いますが。

前田 簡単には言えないのですが、人間のコミュニケーションであり、感情の動きはやはり同じだと思います。患者なり依頼者なり、そういう訓練を模擬患者はしっかり受けていますので、SCにもなり得ると私は思います。

フィードバックの方法

亀井 フィードバックというのが先ほどの議論でありました。フィードバックが非常に重要だという話だと思うので、そのあたりを少し議論したいのですが、質問が何人かの方から出ています。琉球大学の宮城様から、フィードバックで工夫した点、注意点などがあれば教えてほしいと、可能であれば学生の意見を。これは皆さんにその辺りも含めてお話しいただければと思います。

　それから、中央大学で弁護士の小名様から、「相談役を法律の素人が演じることで、授業目的との関係で何か問題はないのでしょうか」と。これは藤田さんですか。名古屋大学では俳優にやってもらうということでしたが、だれにやってもらうのが一番いいのだろうかというのも含めてお話しいただけますか。

藤田 難しいですね、普通の市民の方にやってもらったことはないものですから、わからないですが、俳優に市民の方の代表のような形でやってもらって、同じ時間に2人やってもらいました。最初20分でやってもらって、みんなのコメントを聞いて、僕たちもコメントをして、それからまたやってもらう。同じ題材で2人やってもらったのですが、俳優さんですから同じようにやってくれますから。それは大変ありがたかったと思いますが。しかも適当な流れの中で、その学生に合った俳優でないとだめかもしれません。

亀井 俳優の方は必ずしもフィードバックの訓練はされていないですよ

ね。

藤田　非常に適切なご意見をいただきましたので、多分、専門的な教育は必要だと思いますが、むしろ、自分の感じたことをそのまま表現できる能力があれば十分できるのではないかと思います。

亀井　それから、フィードバックの工夫についてはどうでしょうか。前田さん、あるいは秋田さんでも結構ですが。

前田　工夫ですか。工夫というとすごく単純なことですが、ロールプレイが終わった瞬間には、相手の方にお疲れさまでしたというふうに、お互いがコミュニケーションをとりやすい場をつくり、さっきもビデオに流していただいたんですが、表情を使ったり、愛情を持って豊かに表現するとか、そういう工夫はしています。私の発表の中にもありましたように、やはりまず最初によいところを伝えて、その後で改善点を伝えるというのが、絶対外してはいけない工夫というより方法だと思います。

亀井　ポジティブにやるというのは大事ですね。

前田　希望を持っていただくためのフィードバックでありたいと思います。

亀井　フィードバックは、その直後にやるというのも先ほどご紹介いただいたのですが、何段階かいろいろな段階があるのかなという気もしたので、その辺はどうでしょうか。

秋田　基本的には、アメリカの弁護士のフィードバックのところで言われたと思いますが、すぐにやるというのが一番の大事なところだというふうに思います。もちろん、私自身はこちらから学生に対してフィードバックをかけるのも大事ですが、もう一つのフィードバックは、学生からこっ

ちに向かってもらうという、双方向性のフィードバックがすごく大事だといつも思います。スモールグループでずっと6名から7名の学生が来ます。その人たちにこちらはもちろん教えるわけで、シミュレーションで、そのときに学生たちに、こういうところがいいね、ここを改善しようねということを言うわけですが、逆にいつも聞くのは、学生たちから僕のシミュレーション授業で何を改善すべきか教えてくれないかということを常に聞きます。それでバージョンを上げていこうと。フィードバックはやはり双方向性が一番必要ではないかというふうに感じております。

亀井 すばらしい。秋田さんにもう1点お聞きしたいのですが、先ほど藤田さんのご報告の中で、模範演技をやる、やらないというのがありましたね。その辺はどうでしょうか。

秋田 実は、うちの助教授は非常に優秀でして、実際、シミュレーションのご紹介したものを、うちの橋本助教授がずっとやっています。彼はそれこそ俳優みたいにプロなのです。極めて性格のいい医者なのですが、逆にパターナリズムになって権威主義的なことも非常に上手にするのです。だから彼はだんだんうまくなってきています。悪い医者役も上手になり、いい医者役も非常に上手になり……。

最近、うちの病院はいろいろ投書が入ってくるようなシステムになっています。彼は、外来診察の患者さんから、こんないい先生は今まで会ったことがないという投書が返ってきたほどですが、それは恐らく学生に悪い見本を教え、いい見本を教え、彼がまたスキルアップしていったのだと。

だから、本当に上手なんですね。僕にうまいのをしろと言われるとなかなかできないかもしれないですが、まず悪い例を見せると。そうすると学生たちは入りやすいと。最初からうまい例を示すと学生たちはなかなか入りにくい。こんな悪い例があるのなら、もっと自分たちはうまくできるはずだというふうな形で入っていく。だからそういうやり方を今やっています。

藤田　悪い例はつくりやすいと思うのですよ。さきほどの弁護士さんの例でも笑ってしまいますが、よくありそうな例ですけれども、いい例は難しいです。いいという例は誰がスタンダードをつくっていくのですか。

前田　橋本先生の行動は地というか、演技されていません。でも、悪い例が物すごくいやらしいのですよ。本来僕の持ってるものだと言いながら、すごく嫌な役をされるのですが、それが明確であればあるほど、いい例はすごく自然になります。

藤田　ただ、いい例として学生に示すわけですから、一定の客観的スタンダードが要ると思うのですね。どこでも学内で演技でもして、これでいいというお墨つきをもらわなくてはいけない。

秋田　学内でスタンダードというのは、基本的に OSCE というのを先ほどご紹介しましたが、医療面接のベッドサイドに上がる前に、医療面接の実際の主義を教えるわけですね。それを OSCE で評価するわけです。その OSCE の評価項目というのがあります。きっちりあいさつができるかとか、身だしなみはどうかとか、立って患者さんを迎え入れたかどうかとか、厳しいチェックシートがあるのです。それのスタンダードは、ある程度全国的なスタンダードがあります。それプラス学内で少しずつ変更したり、趣旨を変えたりしています。そのチェックシートというのが基本的なスタンダードになります。

亀井　藤田さんの報告でもチェックシートの例がありましたが、もっとたくさんあるのですか、チェック項目が。

秋田　チェック項目だけではなくて、評価をどのようにするかの細かいことも書いてあります。単なるチェックシートだけではなくて、評価者用のこともあります。

亀井　許斐さんにもフィードバックの関係でご発言いただきたかったのですが、ビジネスゲームですと結果がどんどん出ていくということだから、経営が途中でうまくいかなくなったり、うまくいくところが出たりして、それはやはり最後までやらせて、その上でどこがどうだったのかを振り返るというふうに、されているのでしょうか。それとも、やりながらコミュニケーションがうまくいかないとか、こういう結果が途中で出ているとか、そういうふうな段階で、何かの気づきをさせるようなことをされているのか、そのあたりはどうでしょうか。

許斐　まさにそれは重要なところだと思いますが、自分で自己評価できるようになるべくしたいというのをターゲットにしていますが、自分で評価するには物差しが要りますので、その物差しをどうつくるかはなかなか難しいです。ですが、相対的な尺度があれば、相対位置として自分のポジションがわかる。だから、一緒に議論していても非常に科学的なことをおっしゃると、こちらは言えないではないかと、それではどうしてこんな科学的なことを言えるのかというところもあるし、先ほどごらんいただいたように、いいチームも悪いチームもありますので、なぜ自分が失敗したかというのはわかるのですね。そういう意味で、結果的にこちらが言わなくても、みずからを相対的に評価するという場は結構多いのです。しかしながら、ある経営問題で超えられないような問題が出たときに、それこそシミュレーションが止まってしまうのですね。経営のモディフィケーションですから、例えばカルテルで業界ごとつぶれてしまうと、もう破綻してしまって再生はできないと。どうやって戻すかとなると、やはり教師が手助けをしないとだめなので、結構しんどいですね。例えばオペレーションの問題で決算が合わないとか、資金繰りがだめだという問題があるのですね。その種の経営の再建計画をつくるところまで行って答えを出さないとだめです。教師に同じように困った問題を超えられるかどうかというのは、すごく大変ですが、結局みんな難しいねってことになるだろうと思うのですが、あえて言うと自己評価をなるべくしてもらうような場を、相対的な評価の中でしたいなと。

あとは問題ごとに、適時、先ほどの新聞の配達ではないですが、行きながら、回答を求めたり、刺激したり、Q&Aをやったり、あるいはディスカッションに我々が入って、いろいろなことを言ったりというふうなこともやります。

最後は、これもお話ししたように、機能的な側面は一度分析してもらったり、あわせて組織問題を分析してもらいます。そうすると、まずは自分のチームがどういう刺激をしたかというのは認知して分析していますので、他のチームがこうやったと聞くと、なるほど自分のチームはだからよかったのだということ、良さを悪い方から評価してもらって自分の良さがわかるということがあるのです。ですから、教師の評価、それから自己評価にフィードバックをかけて、みずからやってもらう。

それから、先ほど出ていますが、チーム活動がどうだったかを、終わってすぐに各チームでやっていることをお互いに見学し合うというふうなことをやり、相対的に評価する物差しの場をふやすということで、少しずつフィードバックがふえていくし、スキルを認知することが深まっていく、というふうに思っております。

亀井　そのあたり、ある程度はコントロールされるのでしょうけれども、シナリオがほとんどないわけですね。どういうふうに進んでいくのか全然わからない中で、よくそのような指導をされるなと。

医療面接の場合は、一応7分間ぐらいでいったん終わりますよね。ですからシナリオは割と描きやすいですよね。藤田さんにもお聞きしたいのですが、要するに交渉を5時限ぐらい続けて、グループ分けして行っていましたよね。そうすると、シナリオにない展開がいっぱい出てきたりして、それをどうしたらいいのかと。教員がやはりすぐ口出ししたくなるような面があると思うのですが、それと自らやらせるということとの兼ね合いはどのようにされていたのでしょうか。

藤田　思いつきですが、教師のフィードバックで、亀井さんは自分のビデオを見たことがあるでしょう？　がっかりしない？　自分用にビデオを

撮っているのですが、見るとがっかりしますよね。もっとはっきりしゃべっているだろうと思ったら、「もそもそ」だったり、下向いていたりとか。ビデオを見て指摘されることはつらいですよね。あまり傷つけなくても、ビデオを見れば、法科大学院に入るような学生であれば、理解・自己評価できるだろうということは思っています。もちろんフィードバックはしていますが、僕は、撮ったものを「うちで見てごらん」とDVDにして皆さんに渡しました。時間もなかったですが、たぶんかなりの部分のフィードバックはできるのではないかと思います。

亀井 シナリオどおりいかないときに、どういう修正をするのかについては、どうでしょうか。

藤田 そうそう、シナリオどおりいかないのです。というのは、全く自由設計なのです。生の資料を渡してあって、こういう人間、こういう家族構成で、こういう事件が起きてというのは詳しいものがあります。あとは全く白なのですね。ですから最初の1回目の授業でも、非常に対立構造になって、すぐ決裂というところまで行ってしまいますし、その場合でも口を挟みません。そういうことも想定していまして、1回目はそれで決裂する。2回目にはそれを引き取って、依頼者ともう1回打ち合わせをする。3回目にもう1回交渉するという形になっていますね。途中でというのは、よほどひどいときに1回だけ僕の方で待ったと言ったことがあります。そうでないと、もうすぐ裁判になりそうな感じがあったものですから、ちょっと待ってくれと言ったことはあります。それ以外は出しません。

3 カリキュラムの中での位置づけ

亀井 時間がなくなってきていますが、もう一つ大きな柱を用意しております。全体のカリキュラムの中でシミュレーションというのは、どのあたりでさせるのがいいのかという点をお話しいただきたいのですが、これに関しても質問が幾つかあります。

関学ロースクールの岡村さんから、「インプット時のモチベーションを上げるためにシミュレーションが非常に有効だとも思います。プチシミュレーションを学部教育の早期にという方法は有効でしょうか」。学部というと、医学部なら医学部の初期の段階にというふうなお話ですね。4年と5年のあたりでされているシミュレーションを、もっと早くからやったらどうかというふうな質問です。

それから、東京弁護士会の小名さんですが、「弁護士技術を身につけることが教育目的になっているように思いますが、基本的にどの程度ロースクールの授業の中で重視すべきなのでしょうか」と。段階論というより、そもそも論ということにもなるのかもしれません。

それから、立命館大学の松本様から、関学の法律事務所に対する質問でもあるので最後かもしれません。我々が答えなければいけないかもしれませんが、「ローヤリングの中でシミュレーション教育をやっているということでしょうかと。臨床教育とシミュレーション科目との関係について」のご質問です。さきほど触れていただきましたので、むしろ、全体の中でシミュレーション教育をどのあたりでどういう獲得目的でやるのか、お話ししていただきたいと思います。

秋田さんから、そのようにもっと早期の段階からやることについてのお話を。

シミュレーション教育の早期導入

秋田　私自身の考え方は、シミュレーション教育はもっと早期からやるべきと思っております。医師・患者関係をどのように築いていくかということで、特にSPさんに入っていただいて実際やっているわけですが、これは今、4年や5年次にやっているわけですね。もっと早期から、どういう態度・コミュニケーションの仕方が、患者さんを不安に落とすのかを知ってほしいと、私自身は思っております。SPさんの立場で、そういうことが可能かどうかは、僕にはわからないですが、少なくとも我々学部学生を教える立場として、できるだけ早期からシミュレーション教育は導入すべ

きだというふうに思っております。
　もっと言えば、基礎医学ももう少しシミュレーションを使えばいいのではないかというふうに思っております。4年のところでチュートリアル教育ということでご紹介したと思いますが、あれはシミュレーション教育の一つで、実際実例をとってきているのですね。患者様の病歴から検査から全部とってきて、それを学生に提示して、どういうふうに物事を解決していくかということをやっているわけです。基礎科目もそれはきっとできると思うのです。例えば生理学とか病理学とか、そういうものはもっとプロブレム・ベースド・ラーニング、PBLが導入できるのではないかと私自身は思っております。このあたりは全学部の同意がないことにはいけませんので、先ほど先生が問題提起されましたように、全学がそういう方向づけでいくということであれば可能だと私自身は思っております。少なくともSPさんを使ったシミュレーション教育は、もっと早期から行うべきではないかと私自身は思っています。

亀井　その関係で前田さんにその次に継いでいただきたかったのですが、申しわけありませんが、許斐さんがこの後ご予定がおありだということで、そろそろ退室されないといけません。そこで、ビジネススクールでのシミュレーション教育の段階論について、今の議論とも関連しますので、お話しいただき、あわせて関学の模擬法律事務所構想に対しての何か示唆をいただければということで。できたら最後の発言ということでお願いします。

経営学におけるシミュレーション教育の議論

許斐　ご容赦いただきたいと思います。
　幾つかお話ししなければいけないのですが、思い出していただきたいのは、慶應ビジネススクールって何をやっているかということをご説明したフレーズですが、多様なシミュレーション・メソドロジーを用意して、それだけでできれば完結したいなと。基礎科目で知識はできるだけ自分で

学習してもらいたいというようなことで、ふだんの授業もケーススタディというより役員会に盛り返した意思決定の場みたいなことばかりやっているのですね。そうすると、基礎科目は何かというと、例えばマーケティングの話題とか、財務の話題とか、リーダーシップや組織の問題とか、そういうふうに基礎科目があります。各基礎科目をまずは勉強して、その勉強するだけで大事ですが、シミュレーション教育が有効なのかというと、明らかに有効だと思います。例えばマーケティングを具体的にプランニングできるのだろうか。

　したがって最近挑戦しているのは、例えばスリーエムならスリーエムという会社のケースを見て、どのように経営問題を解決するかという議論をして、教師と一緒に解決します。スリーエムの例えば技術の問題であれば、日本だと住友生命になるのですが、トップの方に来てもらって、こうやっているよというのを話してもらうのですね。では自分が思っていたのと実務でやっているのとどう違うかということをもう一度議論するというようなことをやっております。ですから、個別の問題で、例えば、技術開発なら技術開発の問題でも、ケースで議論をしながら、それもシミュレーション的ですが、さらに現場の方に来てもらって、同じ問題をもう1回議論し直すというようなことを一つはやっています。

　それから二つ目のビジネスゲームですが、マーケティングなどの各基礎科目を統合する意味で、いわゆるマネジメント全体の位置づけをつなげてもらう。例えば、情報システムとリーダーシップとコミュニケーションと何々スキル等々というように、そういう普段できない活動を科目全体の統合化をしてもらうという意味で、話をさせていただきました。

　ですから、もう一つは最終段階でもう1回やってほしいという要求も結構あるのですが、それこそお金がかかるので、そこまではできないということで代替して最近やっているのは、プログラム科目というのをつくっています。何かというと、例えば上場したいという会社そのものに行って、本当に上場計画を一緒につくる。教師も一緒になって指導して、店頭なら証券会社、一部二部ですと証券取引所の許可ということになって手間はかかりますが、それを科目に認められるかどうかを教授会で検討して、明ら

かに教育プログラムに乗せてよい実務で、なおかつ有効であれば、その科目に取り入れようということで、個別審査でその実務そのものを科目に入れるという努力をしております。ですから、三つのフレーズで、基礎科目の学習のプロセス、それから個別の科目の統合化プロセス、それからもう一つは、そういう実務に対する適応化というか、できればそこで本当に自分の能力の限界あるいは特徴を体得してもらえればベストであるというのが、個人的な要求と期待です。

ただ、法律と多分違うのは、法律は正義を云々というお話がありましたが、経営は節操がなくて、学問になるかどうかわからない。その存在感のなさというのが経営学にはあると思うのです。したがって、経営でも哲学があると言えばあるのかもしれませんが、やはり人によってはあまりにも多様ですから、最後に寄ってきたるところの理念みたいなところに落とし込むと、異論が出て答えが出にくいのですね。ですから、法科大学院におけるシミュレーション教育というのは、多分経営学でいうシミュレーション教育と違うのではないかなという気も少ししております。

実務に役立つところまでやるということになると、先生にかわって私できますよということにもなるわけですね。それを期待してはいないと思うのです。ただし、たぶん、弁護士資格をとるという目的と、本当に弁護士さんなり判事さんとして、よりよい仕事をしようというのとはたぶんギャップがあるのかなと思うので、いい弁護士さんやいい判事になるためには、シミュレーションがすごく役立つだろうというように私は確信しています。

知識はどれだけ役立つかというのは、たぶん自己評価ができるような議論になって、フィードバックのメカニズムが重要で、いろいろな法律についての縦型の蛸壺というのを横断的に課題を定義できるようにというふうなことを考えると、たぶん別な意味で重要なメソッドロジーだと思うのですね。

一つだけ申し上げたいのは、実は経営学の中で、この種のシミュレーションが無駄だという学校も実はあるのです。理論だけ教えればいいではないか、あとは自分から考えるのだと、だから知識のみ重要で、あとは個々人

の問題なので、余計なことはすべきではないという、全く違う意見が経営学の世界でも存在しているということだけ申し上げておきたい。だから、法律は信念と哲学で切れるかどうかわかりませんが、私はそれで切れる面もあるのではないかという気もいたしますので、法律と正義のお話を最初にお伺いして、やはり経営学というのは節操がないなと、実はお伺いしたのです。

亀井 わかりました。ビジネススクールでもやはりそういういろいろな対決があるということがよくわかりました。慶應ビジネススクールのような考え方がすべてなのかと思ったら、そんなことはないのですね。
　では、藤田さん、お願いします。

藤田 大変、今、重要な質疑だと思いますが、秋田さんにお伺いしたいのは、医学教育で知識偏重主義を脱しようとしていますよね。その辺の背景をお聞かせいただけませんか。

秋田 先ほどお話ししているように、全く弁護士さんとか法曹界と一緒だと思うのです。医学部を出て国家試験を通っても、医学部の卒業試験というのは知識を問うています。国家試験も知識を問うています。それをパスしても、実際は医者になっても何の役にもと言えば語弊がありますが、優秀に卒業した子が臨床医としていいかというと、これは全然違いますね。成績が悪くても、非常にすばらしい医者もいっぱいいるし、頑張れる医者もいっぱいいます。基本的に一番の問題は、知識偏重主義から脱したいというのは、医学も法学も一緒だと思うのですが、どんどん新しい情報が入ってくると。それをすべて学ぶということは、不可能に近いと。それよりもむしろ何が大事かというと、問題を見つけて、どう解決するか、何を調べればそれがわかるかと。
　問題点を見つけ出すこと、何が一番大事かということ、またそれを統合して一つの件に入れるのかどうかということを考えること、そのあたりをトレーニングすることが学部教育で最も大事なことです。基礎医学の細か

いところも、私も解剖学で嫌というほど細かいラテン語を覚えさせられて、もうフラストレーションがたまってしまって、医学というのは記憶だけかという感じになってしまったのですが、そうではなくて、やはり応用のきく物の考え方が大事だと。それを学生時代にぜひ教え込みたいと。それが全国的な医学改革の流れであるというふうに思います。

亀井 今のお話ですが、大変我々にとっては興味深いところです。一つには、そういう考え方に対して、基礎医学の先生方からは、いや、そうではないという反論がないのかどうか。それから臨床をやっている先生でも、例えば一定の知識というのがまず先ではないかと、その上で初めて臨床ができるのではないのかという段階論もあるかと思うのですね。法曹界でも同じような議論があるのではないかと思います。そこで今の論争は一体どうですか。

基礎医学と臨床医学

秋田 基礎の方は、医学としての体系というのを非常に大事にします。我々が望んでいる臨床にとって、基礎医学はどうあるべきであると、こういう病気があるからこういう基礎の学問は大事であるとか、医学が進歩するためには基礎医学は大事なんだというのは、メッセージとしては、ぜひ基礎の先生は伝えないといけないと思うのですが、基礎の先生たちは体系を非常に大事にされるのですね。古典的な今までの体系ですね、学問体系を非常に大事にされて、すべてのことをしなければ理解できないだろうと。解剖学においてもすべてのことを教えなければならない、骨学、神経学、消化器すべて、そうでないとだめだというふうな考え方でおられるのは事実です。だから臨床家の人たちは、そうではないでしょう、先ほどスパイスのところでお話ししましたけれども、統合的な学問というか教育体系が必要なのだから、やはり臨床で、こういう病気を理解するためには、この解剖学のこういうところが大事だよ、病理学は大事だよとか、生化学はこういうふうに教えていただきたいというのは、ほぼみんな臨床医としての

考え方だというふうに思います。

　確かにチュートリアル教育を2000年に導入するときに物すごい議論がありました。今までの臨床の系列の内科学、外科学を教えているのに、プロブレム・ベースド・ラーニングは本当にいいのか、それで知識量は大丈夫なのかという議論もありました。ただ、ある程度その議論は議論としてレッツゴーと行ったわけですけども、今は非常にいい方向に来て、だれも臨床家はそれに対して反発するということはありません。むしろ基礎もいい例を投入すればどうだという意見の方が強いというふうに思います。

亀井　藤田さんに、今の関連ですね。法律の世界で、実務家の間でも結構議論は分かれているのかなと思うのですけれども。

藤田　大変参考になりましたね。同じような問題状況にあるなということがわかりまして、シミュレーションをどういうふうに評価するかというのは、やはり僕は法律を使って、社会に発生している具体的な問題を解決する実務だと。やはりそれを経験するにはシミュレーションがいるというふうには思っているのですが、その前提として、正確な法律知識があって、それを使いこなせて、初めて問題解決できるとは思っておりますけどね。ですから全然法律知識がなければ、やはりそれはだめだというふうに僕は思っています。それが前提にあって、それをシミュレーションでトレーニングすることによって問題解決まで結ぶというふうに思っているのです。

亀井　私たちはどちらかというと、そういう考え方もあったけれども、こういう研究をやっていると、むしろ、1年生が入ってきたときから、ある程度シミュレーションというのを取り入れられないかなと。まさに基礎を教えるという段階から、そういうことも織りまぜてできないかなというふうな問題意識もあるのですが。

藤田　秋田先生のお話をお聞きしたりしますと、考えを変えまして、やる機会があれば意義はあるだろうというふうには思います。ただそれを非

常にきついカリキュラムの中で入れるかどうかという現実的な問題はありますけれども、やはりやってみる価値があるかなと思います。

亀井 前田さん、先ほど、医学教育でも早い段階からシミュレーションをやってはどうかというお話もありましたね。実際にある程度学年の低い医学生の方のロールプレイとかされたことはあるのでしょうか。

前田 はい、医学生ではまだカリキュラムに取り上げていませんが、自主的にやりたいという1年生の学生さんたちとロールプレイをしたことがあります。思いますのは、やはりだんだん知識はおのずとついていくのですね。それもコミュニケーションというのはやはり体で感じるもので、知識とか型にとらわれないで、早くから私たちのような知らない人とのコミュニケーションというのは、すごく自由で、何か早くにいろいろな気づきがあるのではないかというのは、私自身感じました。

亀井 学年が下の方の学生ですと、みんな知識がないから非常にやりにくかったとか、聞いても余り答えてもらえないとか、難しくないのですか。

前田 反対に一生懸命聞こうとされます。だんだん医療面接とかを勉強された方は、頭の中にチェック項目があって、何を次聞く、何を次聞くという段階があると思いますが、早い学生さんはそういうものがないものですから、とにかくこの人何がつらいのだろう、何が苦しいのだろうと、ただひたすら人間と人間が聞くというところの始まりのようなところがあります。そこにチェック項目が入って、知識が入ってくると、先ほどの神戸大の橋本先生のよい例を見たときに学生さんがおっしゃるのですね、生きた医療面接を見たとおっしゃいます。だからチェックシートはスタンダードであるけれども、本来の人間性が入っていくという段階では、早くに真っ白な状態でコミュニケーションを感じていただけたらというふうに思いました。

亀井　そうですか。かえって知識がついてくると、コミュニケーションの阻害要因になるみたいなことですね。

前田　学生さんが多いように思います。

秋田　知識がついてくると、どうしても病気のことを聞きたくなってくるのですね。話を聞いて、胸が痛いという患者さんが来られたとすれば、胸の痛い病気を鑑別しながら、だあっと頭の中をねぶるわけですね。そのねぶったやつを一つずつ押さえにかかろうとする。そういうふうに話が進んでいって、クローズドなクエスチョンになってしまって、オープンなクエスチョンにならずに、どうしても自分の思う方向に突っ走っていくという形になってしまうというふうに思います。それを戒めるためにフィードバックもうまくかけているわけですけれども。

4　おわりに

亀井　それでは最後に、今日のまとめも兼ねて、あるいは私たちの模擬法律事務所構想に対しての注文なりご批判なり、ぜひとも一言ずつお願いしたいと思います。

秋田　やはり、医者を育てる、法曹人を育てるというのは、プロを育てるということで、生きた知識といいますか、それは絶対にシミュレーションが基本であると。プラス、シミュレーションをすることによって、次に実際の患者さんとか相談者に接触するというステップが一番大事かなというふうに思います。だから、関西学院大学の模擬法律相談事務所というのは、非常によい法律家を育てる一つのモデルケースになるのではないかというふうに思っております。

　ただ、少し気になるのは、我々もそうですが、学生たちのゴールは国家試験にどうしても向いてしまうというところがあるのですね。今日、あまり話しませんでしたが、我々のところでも6年次の9週間だけしか実際は

病院実習をやっておらず、残りは卒業試験とか、国家試験に備えた勉強の期間をとってしまっている。そこが非常に無駄というか、実際の医者になるところでもっと使い道があるのではないかと常に思います。ただ、国家試験の成績が悪くなると、大学の評価が落ちてしまうというところで、我々もジレンマを感じている。恐らくこういう構想も同じ問題を含んでいるのではないかというふうに感じております。だから、お互いにいいプロフェッショナルを育てていく上で、意見というかアイデアを出し合って、ぜひ輝ける未来に向かっていきたいなというふうに思っております。

亀井 ありがとうございます。ただし、ぐさっとくるコメント。

前田 模擬患者からですが、私、今日、池田先生や藤田先生のビデオで役者さんの演技を見せていただいて、とても感動しました。やはり感情が豊かであって、「帰れ、帰れ」とかすごいなと思いまして。模擬患者も演技はできるけれども、決して模擬患者でなければいけないかということになるとクエスチョンがつきました。けれども、私たちが何を大事にしているのかなというところに返ると、やはり、よいところと改善点というのを明確に心の中で意識しながら、相手の学習者の方にそれを気づいていただくという意味で私たちは育てられています。また、今は医学の世界だけですが、医療者の方と協力し合って、今日はどんなレベルが必要なのか、今日のフィードバックは何を目的とするのかによって、私たちは自由自在に調整できるというところが、教育にきっと生かされるのではないかなということを思いました。

　今回こういう機会をいただいて、法律の場も、医療の場も、人間の痛みを受けとめていただいて、ここに癒しが起こっていくという未来があるのであれば、感情の部分、人間のドラマを感じていただくためにSCというのができたら私はうれしいなというふうに思います。

藤田 私は、9月中旬に、アメリカを11日ほど研修に行ってきまして、ロースクールなどをずっと見てきました。そこで日本と同じように、研究

者の先生と実務家の先生が極めて仲が悪いということがよくわかりました。お互いに押し合って足を引っ張って、どこも一緒だなというふうに思うと同時に、それがうまくいっているロースクールは成功していました。非常に地元の評価は高くて、学生も意欲が高くて、つまり、日本における法科大学院成功のかぎは、研究所と実務家の協力と連携にあると再確認してまいりました。その意味で、関学の模擬法律事務所構想は、非常にうらやましく思いました。実務家と研究者が協力し合って、いい法律家を育てていこうという、すばらしい夢のような構想だと思って、ぜひとも実現していただけるようにエールを送ります。

亀井 最後のコメントを皆さんからいただいて非常に励まされます。私のコーディネートは、若干論点が飛んでお聞き苦しいところもあったかと思いますが、最後のコメントで非常にまとまったように思います。
　以上でパネルディスカッションを終わらせていただきます。

【閉会の辞】

松井 今日は「法の日」ということで、兵庫も大阪も弁護士会はその行事に集まっておられるようです。本来ならもう少し参加していただけたかもしれませんが、かなりの数の方が最後までご参列をくださいまして、大変ありがとうございました。
　今日は「変わる専門職教育」という形で、これまで関西学院のロースクールが取り組んできましたシミュレーション教育について、池田教授の方から報告していただき、あと、以前からそれを実践されておられる先進的な分野から、いろいろご意見やアドバイスいただきました。
　シンポジウムでは、シミュレーション教育の大きな意義、特にそこにおけるフィードバックの重要性、そして、それを実際に関西学院で編成していくことの重要性、そういうことについて議論され、確認されたと思います。とりわけ、新しいロースクール教育にとりましては、法律家としての

高い職業倫理を基礎にして、理論と実務、知識とスキル、これをどう統一していくかということがカリキュラムとして不可欠なものであるが、なお今後我々にとっても課題は大きい、そういうことも確認できたと思います。

　今後の課題という形で見ますと、知識とスキルを統一した教育において、ロースクールでは、実務家教員と研究者教員の協力がうまくいけば、それは前進するということのご指摘がありましたけれども、それは、実際我々にとっての大きな課題でしょう。今日の報告者や議論参加者は弁護士の先生方が中心でしたが、そこを我々がどう克服していくかというのは非常に重要だと思います。他業で進められている理論とスキルの統一から学ぶということとともに、そのための主体をロースクールの教育システムの中でどうつくっていくかということにあると思います。

　それと、もう一つ、今日の医学部のお話などをお聞きして改めて気になったのは、我々がロースクールつくるときは、新しいロースクールできっちり勉強して、医学部並に弁護士が通っていくことを構想したんですが、現実には試験制度はそうはならずに、医学部ほどの司法試験合格が出ないんじゃないか、そういう心配が出てきていることです。そういうことになると、藤田先生からご指摘がありましたけれど、試験科目中心の勉強に学生の方は目が向いてしまう。

　しかし、今日のシンポジウムにもたくさんの「志高い」ロースクールの学生さんが来られています。「志高い」方がいらっしゃるとともに、関学のロースクールは、先ほどの案内にもありましたように、教育システムの中でバーチャル・ローファームを中心の柱の一つとしてやっていこうとしているわけです。それは、我々の課題として非常に大きいが、非常に重要だろうと考えています。名古屋大学の藤田先生はお1人で頑張っておられるということですが、なお課題は大きいとしても、それとは違って、心強いそういうシステムとして進んでいこうとしているわけです。

　今日もいろいろアドバイスいただきましたが、これまでも神戸大学の秋田先生の授業を見させていただいたり、SP研究会の前田さんには研究会にも来ていただいたり、また、慶應のビジネススクールからもお招きして研究会を開かせてもらったりとか、ご協力、ご支援をいただいてきました。

今後、なお一層のご支援、ごご協力をお願い申しあげますとともに、温かく、あるいは厳しく、我々を見守ってください。新しい教育のもととなる理念に向かって、我々も努力していきたいと思います。今日は長時間ありがとうございました。

第二部

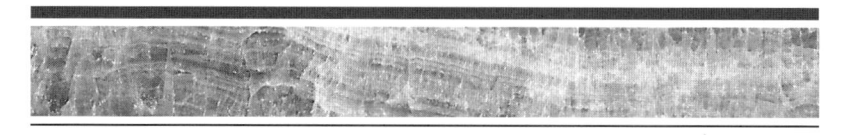

報告論集

模擬法律事務所への調査と実践

報告論集 1

関学ロースクールの目指す教育プロジェクト
―― 平成16年度「法科大学院等専門職大学院 形成支援プログラム」申請書より抜粋

■ 教育プロジェクトの特色について
①教育プロジェクトを実施するに至った動機・背景

現在関西学院大学ロースクールでは、法律基本科目は1、2年次に重点的に配置し、実務基礎科目を2、3年次に重層的に履修させるカリキュラムを組んでいる。具体的には、2年次春学期の法曹倫理と法情報調査・法文書作成を必修科目とし、2年次秋学期からの民事裁判実務Ⅰ、刑事裁判実務Ⅰ、ローヤリング、3年次の民事裁判実務Ⅱ、民事模擬裁判、刑事裁判実務Ⅱ、刑事模擬裁判、エクスターンシップ、クリニックA、クリニックBという多彩な科目を選択必修科目として開講している。そのため、多くの実務家教員を配置している。内容的にも、最初は教室での授業を通して基本的なスキルとマインドを修得させ、段階を追って、より実践的・発展的な臨床教育へと進んでいくことが企図されている。わが国の他の多くの法科大学院においても、科目数の多寡はともかくとして、これと共通の考え方のもとに実務基礎科目が編成されている。

我々は、実務基礎科目の科目構成について「理論と実務の架橋」という見地から、さらに効率の高い教育をめざして検討を続け、次のような点で改良の余地があるという認識を得た。

（ⅰ） 多数の科目を、多数の教員が担当するため、修得させようとするスキルが重複する可能性、逆に、ある段階をスキップする可能性もある。

（ⅱ） 科目の多くは、目的に沿ったプロブレムメソッド中心の教育であ

り、効率は良いが、断片的である。
(ⅲ) 法曹倫理は、教室でのケースメソッド的な教育だけではなく、具体的な事件のなかで、学生が自分のケースとして悩み、考える過程を通じて身につける必要がある。
(ⅳ) エクスターンシップやクリニックは、学生が実社会での現実のケースにふれるために、臨場感・緊張感を伴った効果的学習となる。しかし、事件速度が学期制度と適合しない場合が多く、断片的学習に終わる可能性がある。また、わが国における法科大学院制度が開始直後であることと、わが国の法制度上の問題があいまって、学生の関与形態に制限がある。
(ⅴ) 上記のような課程の下では、ともすれば理論は法律基本科目、実務は実務基礎科目と守備範囲が分離してしまう可能性が否定できない。「理論と実務の架橋」のためには、実務的な事件に取り組むなかで、理論的な学習を深める必要がある。

以上のような問題や課題を認識しつつ研究・検討を進めてきたところ、**アメリカの法曹養成教育においても、実務教育についての歴史的変遷を経て現在一つの転換点にある**ことが認識できた（以下、チャールズ・D・ワイセルバーグ「ロー・スクール・クリニックの建設」（早稲田大学臨床法学教育研究所『法科大学院と臨床法学教育』2003年・14頁以下等による）。

すなわち、アメリカでは、1960年頃まで、ケースメソッド及びソクラテスメソッドを使った教育が主体であり、それが法理論を学ぶ場としてのロースクールの基本スタイルだった。しかし、そのようなアプローチのもと、抽象的な理論のみを学び実際の技術を持たないまま卒業する学生を生み出してしまうことへの反省が生まれ、その結果、70年代以降、多くのロースクールにおいて、臨床教育が導入されるに至り、現実の事件を扱うさまざまなロークリニックと法文書作成、そして1学期にわたる法曹倫理教育の授業の組み合わせが一つのモデルとなった。

ところが、近年、このような教育方法についての反省点もまた明らかになってきた。それはクリニックが対象とする現実に生起する「生の事件」

には教育に必要な安定性が欠けることが多く、かつ学生が完全な経験を得るためには実際の訴訟は進行が遅すぎるということである。他方で、教室における法曹倫理教育は、現実から離れすぎており、教室での講義だけで学生に法曹倫理を真に内面化することを期待することは困難であることもある。

このような問題に対応するために生み出されたのが「バーチャルローファーム」、つまり模擬法律事務所を用いた教育方法である。これは、クリニック、エクスターンシップ、法文書作成、そして法曹倫理の諸領域を統合するとともに、法理論教育に、より統御された形式で実務教育を持ち込もうとする試みである。

我々も、この流れにヒントを得て、わが国で前述の種々の課題を克服できる最適の教育方法として、「模擬法律事務所における仮想事件を通しての理論と実務の総合的教育プログラム」を構想するに至った。すなわち、わが国における「生の事件」を扱う臨床教育の制約・限界からすれば、仮想事件を用いて、かつ学生自身が教室的・断片的でない臨場感を持った環境に身を置く教育方法として、この構想を柱とすることが有益であり、本格的に研究開発する価値があると認識するに至った。

②教育プロジェクト実施による学生の深い学識と卓越した能力の涵養

②-1　人為的環境による主体的な学習を通じた学識・能力の修得

本プロジェクトが確立を目指す教育では、模擬法律事務所という実務的な、かつ集団の中で個人の責任が生じるような環境の中に学生を置くことを最大の特色とする。そこでは、法律基本科目等で学習した**法的知識をリアリティを持った動態的な事実関係のもとで書面化したり、相手方等と議論をすることで応用し、一定の連続した手続を経験しながら、実体法と手続法を立体的に理解すること**が企図される。また、成果物は相手方の反論対象となるので、その点でも緊張感をもって取り組むことになる。

なお、事件に取り組みながら、学生の履修段階と処理案件の進行に応じたセミナー等を教員が各模擬法律事務所の内外で開催し、学生の主体的学習を支える体制をとる。

②-2 法的コミュニケーション能力の実践的修得

　法的コミュニケーション能力を高めるためには、法的コミュニケーションについての基礎知識とともに、それを有効に体験、分析し、批判的に身につけていく機会を設ける臨床教育が不可欠である。本プロジェクトはその場を確保するという特色を持つ。そのために、仮想とはいえ、**依頼者、上司、相手方といった具体的な人間関係のもとで、仮想の事件を扱うこと**が実践される。依頼者についても、地域からボランティアを募集したり、素材によってはビジネススクールと提携して模擬企業の依頼人となってもらったり、あるいは終了事件の依頼人に協力を依頼して、あらかじめ用意したシナリオないし実際の事実にそった役割を演じてもらうこと等により、実社会に近い実践の場を準備する。

　（図）模擬法律事務所における多層の法的コミュニケーション

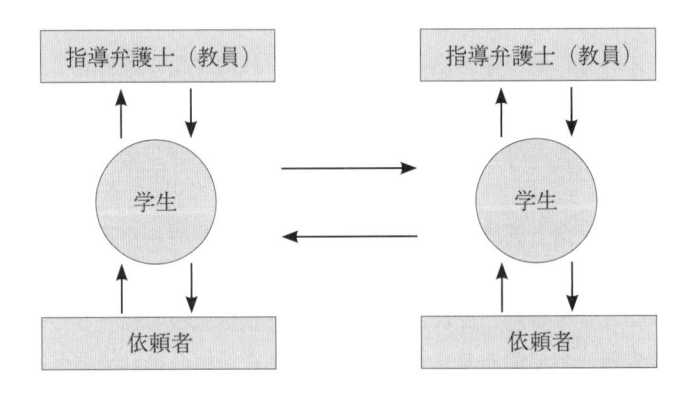

```
    指導弁護士（教員）              指導弁護士（教員）
         ↕                              ↕
       学生        ⇄                   学生
         ↕                              ↕
       依頼者                          依頼者
```

②-3　現場思考を通じた法曹倫理の理解と修得

　法曹倫理を中心とする高い職業意識は、机上の学習だけでは身につけることは困難である。ケースメソッド型の講義による法曹倫理教育を併用しつつ、模擬法律事務所における具体的事件を通じて、**利益相反、守秘義務などでの困難な局面に遭遇して悩み、考えることが必要**である。本プロジェクトは、実践を通して法曹倫理を身につけることを可能にするという特色

を持つ。たとえば、事件に勝ちたい、という強いインセンティブのもとで、不利な証拠の取扱いをどうするのか、といった具体的な問題を考えていくことが法曹となった後にも貫かれる強い倫理観の形成に資する。

③教育プロジェクトに対する教員及び学生の関与

本プロジェクトが確立を目指す教育方法では、**教員が各模擬法律事務所における仮想上司・スタッフ及びアドバイザー的役割の形で関与し、学生は仮想新人弁護士として関与することになる。この教育プロジェクトは、そのための調査・研究・教材開発・試験的導入を行うものであり、学生には特に試験的導入の場面で主体的関与を求める。**

加えて、模擬法律事務所の最重要課題は教材の選択である。実務に習熟するという技能訓練にとどまらず、実務を批判的に検討し、現代社会に生起する新しく困難な課題に対するより有効な解決策を探るような、実務と理論とを架橋する重要な問題を選択し、教育効果をあげやすいような素直な教材を開発することが課題となる。

したがって、本プロジェクトは、**模擬法律事務所という教育システムに加えて、それを行うために不可欠な斬新で重要な教材を開発する。さらに、教材の開発から学生の指導、模擬裁判所における判断などにおいて、実務家教員だけではなく、研究者教員もまた重要な役割を果たす。**

たとえば、A 模擬法律事務所に C 国難民の X から相談があったという事例を設定する。X は日本で犯罪を犯して実刑となり、所定の刑期を務めたが刑期終了後は国外への退去強制手続が開始された。ところが、C 国は X を受け入れないために、X は入国管理局での長期の収容を余儀なくされている。X から相談を受けた A 模擬法律事務所所属の仮想弁護士（学生ら）にとって、人身保護命令の申立を検討することが課題となる。そのときに、外国人の人権や難民の地位などについて実務家のみならず、研究者もまたその研究成果を学生指導や学生の主張の判断において発揮することが期待される。他方、模擬法務省の代理人を務める B 法律事務所は、外国人犯罪の増大という社会情勢の中での国内秩序の維持及び本国 C との協議中であるという見地から違法な身柄拘束にあたらないという見解の正当性に

ついて十分検討することになるだろう。
　あるいは、より応用的な教材では、実務的にはいまだ受け入れられていない新たな法理論や制度について、それを取り入れる新たな仮想立法が成立したことを前提にして、模擬法廷において実験することも可能となる。

```
┌─────────────────────────┐         ┌─────────────────────────┐
│ A 模擬法律事務所（原告）│         │ B 模擬法律事務所（被告）│
├─────────────────────────┤         ├─────────────────────────┤
│ 実務家教員（指導）      │         │ 実務家教員（指導）      │
├─────────────────────────┤  ←→    ├─────────────────────────┤
│ 学生弁護士              │         │ 学生弁護士              │
│ 聞き取りメモ、訴状作成、│         │ 調査、答弁書、準備書面  │
│ 準備書面                │         │                         │
└─────────────────────────┘         └─────────────────────────┘

              ┌─────────────────────────┐
              │ 研究者教員              │
              │（アドバイザーないし裁判官等）│
              └─────────────────────────┘
```

④**教育プロジェクトの目的・目標と専門職大学院の理念・目的との関連性**
　前述のように、関西学院大学ロースクールは「企業法務に強い法曹」「国際的に活躍できる法曹」「人権感覚豊かな市民法曹」の育成を目標にしている。本プロジェクトにおいて、**企業法務、国際取引、人権に関する仮想事件を選択、教材を開発し、学生が主体的に係わらせることによって、目標の実現に寄与することが可能となる**。また、研究者教員、実務家教員が1つの仮想事件に関与すること、学生が理論的な学習を実務的な事件に生かすことから、理論と実務の融合という面で教員、学生双方にとってきわめて有効である。

■　教育プロジェクトの有効性について
①**わが国における実務教育との整合性と有効性**
　わが国では、司法試験合格後、裁判所、検察庁、弁護士会という法曹三機関における実務修習が予定されており、現実の実務に触れ教育を受ける

期間がある点が、ロースクール卒業後すぐに実務に入るアメリカとの違いである。しかし、わが国の実務修習においても、各分野の修習期間が短いため、現実の事件を最初から最後まで自らが取り組む事件として経験することが困難であるという限界もある。

とすれば、ロースクール教育の中で、学生が主体的に学習できる仕組みとして、効果的な統御されたシミュレーション教育の位置づけがきわめて重要である。日本のロースクールにおける実務教育は、ロースクールにおける法理論を実務に生かしていく批判的思考能力を培う場として位置づけられ、本プロジェクトが企図する模擬法律事務所による教育システムは、上記したわが国の法曹養成の実情に対して整合性と有効性を持つものである。

②教育プログラムとしての有効性と汎用性

多くの法科大学院において法情報調査・法文書作成、クリニック、模擬面接や模擬交渉、模擬裁判などの実務諸科目が取り入れられているが、本プロジェクトが目指す教育プログラムは、それらの諸科目が目指す教育目的を総合化し、その効果を格段に高める画期的・創造的意義を持つものとして、他の法科大学院への波及効果が予想される。

②-1「生の事件」を扱うクリニック教育との有効性の比較

クリニック等で「生の事件」を扱うことは、臨床教育としてきわめて有効である。何よりも学生は「依頼者」を前にして、その人に対する援助やその人からのフィードバック、そして場合によっては依頼者の人生への自らの影響を常に意識しながら、緊張感をもって学習をすることになる。さらに、社会的な事件であれば、それがロースクールに期待される社会貢献にもつながる可能性がある。

しかし、純粋に教育として考えた場合、学生数に応じた適切な事件が常にあるとは限らず、また、依頼者のインフォームド・コンセントを得る必要がある。さらに、事件の進行速度が学期制度と適合しない。また、現時点においては、学生が事件を法廷等で実際に扱うことはできない。まして

刑事事件の捜査・公判活動・接見等に従事することはほとんど不可能である。

　それに対して、模擬法律事務所におけるボランティア等を用いた仮想事件での教育は、従来行われてきた模擬裁判を相談段階から提訴（刑事事件では捜査段階から公訴提起）、判決まで、より総合化する試みである。しかも、授業の進行計画に応じて学生が取り組む場面を取捨選択することも可能である。したがって、教育方法として確立すれば、多くの大学において汎用性がある。

　なお、模擬法律事務所を用いた教育は、現在、クリニック教育が目指そうとしている「生の事件」による教育を完全に排除しようとするものではない。仮想事件といった教材に頼らなくとも、「生の事件」に取り組むことが可能な場合があれば、当該模擬法律事務所としてその事件に取り組む可能性はある。あるいは、一審で確定した事件について、当事者の協力を得て模擬控訴審を行うことも考えられる。

②-2　模擬面接や模擬交渉・裁判などのシミュレーション教育との比較

　現在、ローヤリングにおいては、模擬面接や模擬交渉、コンサルティングなどのシミュレーション教育が予定されており、多くの法科大学院において模擬裁判科目が組み込まれている。

　模擬法律事務所における教育は、各科目にスポット的に取り入れられているこのようなシミュレーション教育を、模擬法律事務所という継続的に存続する場面設定のもとに、より連続化、総合化するものである。

②-3　創造性や提言能力のある法曹の養成

　今日、社会の変化はきわめて早く、新しい立法や地方独自の条例や政策立案も盛んである。模擬法律事務所は、そのような事態に対応した教材を開発し、依頼案件として持ち込むことにより、学生に対して、新しい時代の新しい事実に基づいた適切な解決方法を創造していく力、また、従来の法解釈では解決できない問題に対する新しい立法や政策の提言を行う力を養うことが期待できる。

②-4 地域や他学部・専門職大学院等との連携を通じた法教育の広がり

裁判員制度などに応じて市民の法教育も現代社会の課題となっている。法科大学院が高齢者などのボランティアの市民を活用した模擬相談や模擬交渉、模擬裁判を実践することは、学生のコミュニケーション力を高めるだけでなく、市民へも法教育を広げていくことにつながる。

また、知的財産権の保護やコーポレートガバナンスなどの現代企業の抱える新たな課題について、ビジネススクールなどの他の専門職大学院と提携して、ビジネススクールのクラスが模擬依頼企業となる教材を開発することにより、法教育を、企業人を目ざす学生に広めていくことができる。また、コミュニケーションや心理学などについて他学部と連携することにより、ビジネスをはじめとする他の分野の発想をロースクールの学生が学ぶこともできる。

②-5 実務系科目の再構成と教育の充実

法科大学院における学生の負担は相当に過重なものとなっている中で、模擬法律事務所を実務系科目を貫く軸として位置づけ、実務系科目を再構成し、より効率的なカリキュラムを目ざすことができる。特に、司法試験受験を控えた3年生については、「生の事件」に魅力を感じつつも、その負担や効率面からクリニックの受講を躊躇する面があるのではないかとの危惧がある。その意味で、模擬法律事務所を基本コンセプトとして、実務系科目を再構成し、科目間の重複を避け、教育的効果の高い構造的な配置を行うことに合理性と有効性がある。

②-6 ビデオ教材や IT の活用と汎用性

100人を超える学生を複数の模擬法律事務所に振り分けて、一定の教育効果をあげるためには、共通のビデオ教材の開発や、IT を活用した模擬法律事務所の運営や仮想の法的手続の実践が必要不可欠である。本プロジェクトは、それらの教材やシステムを、全国の法科大学院への汎用性を有するものとして本格的に開発を試みる。

③理論と実務を架橋するプログラムとしての有効性・汎用性

③-1　実務家と研究者の協働

法律基本科目は研究者、実務科目は実務家というように二つに峻別しがちな現在の教育のあり方に対して、模擬法律事務所は実務家と研究者を適正に割り振ることで、教育面及び新たな実務に役立つ理論の展開において、その協働が促進される。

既に述べたとおり、両者の教材選択・教材開発における討議と作業での協力、模擬法律事務所における具体的事件の処理に対する実務家による学生指導と研究者によるアドバイスや批判、実験的な立法案を作成しての模擬裁判など、両者の協働が教育面のみならず、法理論の発展にもつながる潜在的可能性を秘めている。

③-2　法理論教育との関係

（イメージ図）　理論教育と実務教育の架橋（連携と総合）

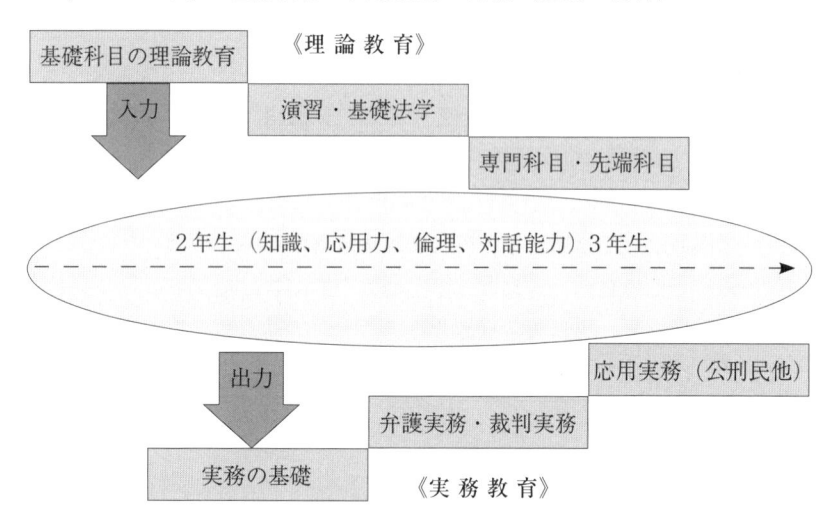

```
基礎科目の理論教育        《理論教育》
      ↓入力      演習・基礎法学
                           専門科目・先端科目

       2年生（知識、応用力、倫理、対話能力）3年生

                                応用実務（公刑民他）
      ↓出力      弁護実務・裁判実務
             実務の基礎      《実務教育》
```

模擬法律事務所を用いた教育は、法律基本科目や基礎法学等を中心とする法理論教育に代替するものではない。法理論教育はあくまでも従来の講義やソクラテスメソッドでの授業を中心に行う。しかし、質疑応答や答案等の提出を学生に行わせるにせよ、法理論教育は、その性質上、研究者教員から学生が学ぶというインプットが中心になる。

これに対して、模擬法律事務所教育では、学生が理論教育の成果として一定の法理論を身につけていることを前提として、実務的雰囲気の中で、具体的事実に法を適用し、結論を導き出していくという学生自身のアウトプット中心の作業となる。このようなアウトプットを行うことで、理解不足部分が明らかになったり、新たな疑問が生じて、より深い理論学習への動機を得ることになる。

　なお、法理論教育の履修段階に応じた模擬法律事務所での教育内容を工夫する必要がある。当初は基礎的な法情報調査や法文書作成に始まり、基礎科目の内容に応じたオーソドックスな模擬的事件を扱い、最後により応用的あるいは専門的な事件を扱うという段階を踏むように工夫する。

■　教育プロジェクトの将来展望について

①現在のカリキュラムのもとでの本プロジェクトの実現性

　本プロジェクトの成果は、最終的には上記のとおり、カリキュラムの改革と再編につながるものである。しかし、初年度を含めた3年間については、現在のカリキュラムを前提としたうえで、教材の蓄積や教育方法の研究・開発等を進めていく必要がある。すなわち、現在、当ロースクールで多数クラスに分かれている法情報調査・法文書作成のクラス（1クラス15人以下）をモデルとして模擬法律事務所を試行的に導入し、その後に続くローヤリングの各クラスにおいても継続的に班分けを行い、ある班が作成した訴状について、別の班が答弁書を書くなどの試みを重ねることが必要である。それらの実験を行いつつ、教材開発と学生の能力や履修度に応じた合理的なプログラムを研究し、将来のカリキュラムの再編を具体的に検討する。

②将来の継続的法曹教育プログラムへの展望

　このプロジェクトが目指すべき方向は、理論と実務の連携的・統合的プログラムの開発であり、法曹教育の理想的なあり方として、法科大学院での教育のみならず、法曹資格取得後の継続的教育プログラムにもつながるものである。すなわち、法曹資格取得者が、オン・ザ・ジョブ・トレーニ

ングと並行して、実社会が要求する理論的・先端的な課題に対して実践的方式を用いて研究を深めるべく、絶えず立ち戻ってくる場として模擬法律事務所を構想することも可能となる。

　本プロジェクトは、将来的にはこのような継続教育を行っていく拠点としても機能させることを展望している。

③各法科大学院共通の課題への応用

　現在でも模擬裁判は多くの法科大学院が導入しており、模擬法律事務所構想はそれを相談、交渉などの準備段階から提訴、弁論などの範囲にまで広げうるものである。それだけではなく、良質の教材を用意して、集団的にそれに取り組む経験を通じて、創造性ある法律家を養成しようという試みであり、各法科大学院に共通する課題に対する教育手法の研究成果として広がっていく可能性は十分にあると考えられる。

関学ロースクールの目指す教育プロジェクト　111

平成17年度　第1回　研究会（2005年5月25日実施）
「模擬患者を模擬依頼者とした模擬法律相談ロールプレイ」より

専門職教育とシミュレーション

細川 歓子 （形成支援プログラム主任研究員・弁護士）

1 関西学院大学法科大学院の目指すシミュレーション教育

　関西学院大学法科大学院（以下、「当ロースクール」という）では、「模擬法律事務所による独創的教育方法の展開―仮想事件を通しての理論・実務の総合的教育プログラムと教材の開発」構想（以下、「模擬法律事務所構想」という）につき、文部科学省平成16年度法科大学院等専門職大学院形成支援プログラム（教育高度化推進プログラム）に採択され、研究・開発を行っている。

　当ロースクールでは、「企業法務に強い法曹」「国際的に活躍できる法曹」「人権感覚豊かな市民法曹」の育成を理念・目的とし、具体的な教育手法としては「理論と実務の融合」を重視しており、これを具体化する模擬法律事務所構想に全力で取り組んでいる。

　模擬法律事務所構想では、シミュレーション教育を大胆に取り入れ、学内に実際の法律事務所を模した複数の仮想法律事務所を設定して学生を少人数ずつ配置し、対抗的な雰囲気の中で仮想事件を担当させることを予定している。ここで、学生は数件の仮想事件について、依頼者との面接から事件メモの作成、交渉、訴訟の提起、裁判という流れを追い、仮想新人弁護士（下級生）は仮想先輩弁護士（上級生）や教員の指導を受けながら事件処理に取り組む。事件は、民事の交渉事件・訴訟事件、刑事事件、公法事件などのほか、学生の関心に応じて労働事件、知財事件等の先端的な事件も経験できる環境を目指す。[1]

2 シミュレーション教育の有効性

(1) シミュレーション教育とは

シミュレーションとは、「物理的あるいは抽象的なシステムをモデルで表現し、そのモデルを使って実験を行うこと」をいい、「実際に模型を作って行う物理的シミュレーションと、数学的モデルをコンピューター上で扱う論理的シミュレーションがある」とされる[2]。

シミュレーション教育といったときにも、実際に模擬体験をする物理的シミュレーションを用いる教育とコンピューター上の論理的シミュレーションを用いる教育が想定されよう。さらに、物理的シミュレーションの中には、医学部や歯学部の教育に見られるようなシミュレーターといった機械を用いたものと、従来の法学教育でも用いられてきた模擬裁判のような役割関係における体験型学習などが含まれる。

これらシミュレーション教育は、実際の患者・依頼者等に接する狭義の臨床教育と理論的学習の中間的なものとして、位置づけられることが多い[3]。

(2) 一般的有効性

シミュレーションの教育方法としての有効性は、大きくは、現実のクライアントを危険にさらすことなく、学生自身が失敗を恐れずに取り組めること[4]、教育に必要な安定性をもったケースを学生に提供できることにある。さらに、より具体的には、①シミュレーションによって体験することで、学生が関連する理論・知識を具体的なイメージを持って理解できること、②実務的な技能を習得できること、③職業倫理観の涵養、④実務の現状への建設的批判能力を持つこと、⑤学生の学習に対するモチベーションを高めることなどが挙げられる[5]。

すなわち、シミュレーション教育によって、学生の学習内容に対する関心が深まり、学習意欲が増し、知識が長く記憶され、応用の仕方も理解し

やすくなるということである。また、学生は、シミュレーションを通して、理論と実践を統合した形で学ぶことができる[6]。

他方、その一般的問題点としては、①基礎的科目に適さないのではないか、②設備やコスト、時間の負担が大きい、③必要な学習内容を消化できない、といったことが挙げられるが、①基礎的科目にあってもシミュレーションやディスカッションを取り入れることで、より具体的な理解を促進することは十分に可能であり、②方法を選べば必ずしもコストがかかるわけでもない。最初の準備には若干時間がかかるが、一度構成のしっかりしたシミュレーションを用意すれば、その後は改良を加えながら長期にわたって同じ教材を使用することが出来る[7]。さらに、③必要な学習内容の消化に関しては、他の科目と連携して教材に工夫することで克服が可能であると思われる[8]。

専門職教育においては、学生は専門的知識や概念を知るだけでは十分な教育を与えられたとはいえない。すなわち、学生は将来専門職として活躍できるだけの基礎を学習できなければならず、そのためには、いわゆる「理論と実務の架橋」が専門職教育に不可欠だからである。これを具体的に実現するものとして、シミュレーション教育の機能に期待できるのである。

(3) シミュレーション教育の位置づけ

シミュレーションとロールプレイは、理論的な説例による学習と、実際の依頼に基づくクリニック学習との中間の学習法といわれるが[9]、その位置づけとしては、理論教育からクリニック等の臨床教育に移行する前段階とする考え方と、臨床教育の前段階としてのみならず、臨床教育に並行して用いる価値のあるものとする考え方がある。

たとえば、医学教育では、シミュレーション教育は臨床教育の前段階に不可欠のものとして用いられており、ロースクール教育においても同様に臨床教育としてクリニック・エクスターンといった科目が存在することから、理論教育と臨床教育の橋渡しをするものとしてのみ位置づけることも可能である。

しかし、当ロースクールでは、臨床教育とは別に、あえてシミュレーション教育を行なうことに強い意義を見出している。すなわち、実際の事件を扱うものでないがゆえに、教員が学生の判断に任せきることができるという点で学生の自主的学習能力を高めることができ（能動的学習）、また、学生は失敗を恐れず、かつ、ある程度の緊張感を持って事件に臨める。そして、臨床教育においては必ずしも学習価値が高く教材に適した一定レベルの事件を全ての学生に供給して体験させることが不可能である反面、シミュレーション教育においては教材を教員が選択・加工することにより、その学習価値が保証され、かつ全ての学生に同一の事件を提供することができる。さらに、シミュレーション終了後には学生達が互いに秘密にしていた分析や訴訟計画を共有することで学習過程を完結させることも可能だからである[10]。

(4) 法曹養成におけるシミュレーション教育

　アメリカ法曹協会のロースクール教育に関する研究成果報告書として知られるマクレイト・レポート[11]は、ロースクールにおける技能訓練を推奨しており、現在、ほぼすべてのアメリカのロースクールが、事実審や上訴審での弁論・交渉やカウンセリング、プランニングや文書起案といった分野における訓練を含む多種多様なシミュレーション技能コースを提供している[12]。マクレイト・レポートは、新たな法律家が獲得しようと努めるべき技能と価値観のヴィジョン等を示しており、日本のロースクール教育にも大きな影響を与えている。

　マクレイト・レポートの調査によれば、技能科目に関しては①クリニック、エクスターンシップといった臨床科目、②シミュレーション[13]、③その他[14]が存在し、1974年～75年度、1984年～86年度、1990年のデータを比較すると、②③の提供が増加していることがわかる。しかし、他方で比較的わずかな数の学生しか十分な範囲の技能科目に接していないというデータや、臨床プログラムは、クリニックが提供されているロースクールの学生のうち30％にしか利用できないという調査結果があり、その原因につ

いてもコストその他様々な分析が加えられている[15]。

　また、1986年～87年の調査と1990年～91年の調査を比較すると、技能科目の受講者数は28.0％増加しているが、全増加のうち74.9％が技能シミュレーション科目である[16]。このことからも、より多くの学生に技能訓練科目を履修させることを目指すならば、シミュレーション教育による方がクリニック等の臨床教育によるよりも、早期の実現可能性が高いことがうかがえる[17]。

　法曹養成におけるシミュレーションでは、学生が法律実務を具体的に体験することで学生の学習活動の質と判断能力が向上するほか、他の学生と共同でシミュレーションを行なうことで協力して仕事をする能力が養成される。また、シミュレーションを通して実際のデータの収集が大切であることやデータ収集に関連する技術を学べ、法律実務に必要な個人的資質も多く養えるといわれる。たとえば、時間の管理能力、自分の意見を主張する能力、倫理観[18]、間違いを恐れない勇気、建設的なフィードバックを受け入れる強さ、法律要素が複雑に絡み合った状況で感情的な要素を識別する能力等である[19]。

3　国内調査報告

(1) 医学部

　医学教育においては、従来卒後に行なわれていた臨床実習教育を見直し、卒前教育に組み入れる改革が進んでいる。これは、日本の医学部卒業時の学生の臨床能力が西欧に比べて劣っているという実態に鑑み、患者の権利保護の観点から、研修医となる前に臨床技能を修得させることを目的としている[20]。

　そこで、卒前臨床実習教育に先立つ臨床前教育も強化され、この成果を評価する共用試験（OSCE：Objective Structured Clinical Examination：客観的臨床能力試験）が2002年度から試行されている。OSCEは、臨床実習に必要な技能や態度を評価するため、医療面接、身体診察法などの基

本的臨床能力を身につけているかどうかの実技試験である[21]。カナダをはじめ、欧米ではすでに医師国家試験や専門医の認定試験などに取り入れられており、日本の医学教育においても将来的には OSCE の国家試験導入が予測される[22]。これに対応する臨床前教育としては、従来の知識教育の他、シミュレーションセンター等におけるシミュレーターを使った手技・実技の練習、模擬患者を使った医療面接などが行なわれている[23]。

　この医療面接授業については、総合診療部（総合内科）で行なわれることが多い。総合診療部とは、以下のような経緯のもと、新たな役割を見出されて設けられたものである。すなわち、医療の高度化・専門化が進むにつれて、内科も細分化が進んで臓器レベルにまで分化しており、患者の不満（「病気ではなく病人を診てほしい」）や全人的教育に適さない状況を生んでいる。また、大学病院外来の患者は、開業医の紹介で各科宛診察を受けに来るため、大学病院では基本的に鑑別が不要であり、鑑別教育をする機会も乏しい。

　そこで、総合診療部を設け、紹介状のない内科系患者の診察を行なって何科に行くべきかの鑑別を行なうことが進められている。総合診療部は、全身、全体を診るという医学教育の場であると同時に、一般内科を目指すものとして位置づけられる[24]。

　当推進室が近隣の6つの大学医学部及び医科大学にアンケート調査を行なったところ、回答のあった5校すべてにおいて、シミュレーションを用いた臨床教育が行われていることがわかった。具体的には、臨床実習医学生に対する心音や呼吸音の診察実習（シミュレーターを用いた教育）や、模擬患者を用いた医療面接実習などである。これらのうち、法律相談にも通じるところがあると思われる模擬患者を用いた医療面接実習に焦点を当てて、神戸大学医学部、兵庫医科大学の見学を行った。

医療面接実習[25]

　神戸大学医学部では、Bed Side Learning を中心として行う5年次において、学生が総合診療部に配属される1週間の間に4時間を使って模擬患

者を用いた医療面接実習を行っている。医療面接は、診断に必要な病歴をとる「問診」の考え方であるScience（科学的側面）に、Art（医術的側面）を含んだ概念と位置づけられており、Art面では、科学で割り切れない医療の側面を認識し、患者との良好な関係を築くことを目指している。[26]

具体的には、10分間の医療面接を各学生が順番に行う。各面接終了後に実施学生自身が感想を述べ、観察学生らからよかった点・改善点を聞き、模擬患者、教官からのフィードバック[27]を受けた後、再度実施学生自身が感想を述べるという形でグループによる相互交流方式を活用していた。この流れを7名分、繰り返す。教官からは実例提示として、最初に権威的で患者の心情に配慮しない例を提示、学生達の実習後、患者の心情に配慮しつつ必要な情報を的確に収集していく例を提示し、これに対しても7名の学生が意見を述べ、最後にグループ討議を行う。

OSCE（客観的臨床能力試験）

神戸大学医学部においては、秋田教授を中心に2001年2月からOSCEを実施している。具体的には、①心肺蘇生法、②神経診察、③心音、④胸部、⑤医療面接の5つのステーションを設置し、各ステーションを試験時間5分、フィードバック及び移動時間2分で効率よく行なわれる。[28]

〈医療面接試験の流れ〉[29]

試験官2名と模擬患者1名を配置したステーションに、学生1名が入室。机上のプリントを読み、チャイムの合図で試験を開始する。SPはついたての奥に待機しており、学生は患者を呼び入れて挨拶するところからスタートする。

・患者の名前を呼び（フルネームの確認）、自己紹介をするなどの導入
・主訴の把握
・既往歴、家族歴、患者背景の聞き取り
・まとめと診察への導入

5分経過のチャイムが鳴ったら、面接途中でも試験は終了し、学生は、試験官からのコメント、SPからのコメントを受けて退室する。このとき、試験官・模擬患者ともにあまりマイナス面は指摘せず、よかった点をほめた上で若干の問題点を指摘するにとどめている。また、評価者は評価チェッ

クシートを用いて、面接中に評価を行う。学生は退室後、別室で所見を筆記して提出する。

模擬患者の利用

模擬患者には、①医療面接授業等のトレーニングに活用される模擬患者（Simulated Patient）[30]と、②OSCEの医療面接で評価[31]に活用される標準模擬患者（Standardized Patient）[32]があり、ともにSPと略される。患者の症状や気持ちをシミュレーションすることに力点を置く模擬患者に対し、標準模擬患者は試験や評価に利用できるよう患者像を一定のレベルで標準化、マニュアル化して演じるところにその特徴がある。

模擬患者利用の利点としては、学生が実際の臨床よりも恐怖感の少ない環境で実際に起こりうる問題に対して練習が出来ること、実際の患者とは異なりセッションの中断・反復が可能であること、正確なフィードバックが受けられること、学生同士のディスカッションの促進、などが挙げられる。学生が模擬患者と対応するためには、さまざまな授業科目で身につけた技術と知識を統合させていく必要があり、教育プログラムとしても学習内容を統合させるのにもっとも適した方法であるとされる[33]。他方、模擬患者利用の欠点としては、教員の費やす時間、コストなどの問題が挙げられる。

当推進室のアンケート結果によれば、多くの大学医学部・医科大学が模擬患者グループ、退職した職員、在学生などの協力を得て、模擬患者を使用した医療面接授業（または／及び）OSCEを行っている。

(2) ビジネススクール

慶應義塾大学大学院経営管理研究科（ビジネススクール：以下、「KBS」という）は、MBAの2年コースである。1学年95人程度の学生と博士課程10人程度の学生がおり、これらに対し専任教員が28人の体制を採っているため、少人数のきめ細かい教育が可能となっている[34]。さらに学生指導担当の教員もいる。

学生の年齢は 23 歳から 50 歳くらいで平均 30 歳程度である。3 〜 4 割は企業派遣であるが、残りは自費入学者で、数年の会社勤務の後に入学する人が多い。

ケースメソッド

KBS は、設立当初よりハーバード大学ビジネススクールで開発されたケースメソッド授業を導入している。ケースメソッドとは、ケースに書かれている内容を討議する形式で進める授業のやり方であり、そもそもの起源はハーバード大学ロースクールで行なわれていた判例研究を用いた模擬裁判などの討議授業にあるという。[35]

ケースメソッドでは、①講師が自説を述べず、講義をしない点、②ケースを教材として用いる点、が伝統的な講義形式の授業法と大きく異なる。

ケースの内容は事実であって架空ではなく、「経営教育で取り上げる何らかの訓練主題を含んでいること。その訓練に必要な情報が盛られていること。訓練を受けるものを登場人物の立場に立たせ、その責任において意志決定を迫るように表現されていること」[36]が重要であるとされる。

ビジネスゲーム[37]

KBS では、1 年生の 2 学期が終わった 12 月に 2 泊 3 日の合宿形式でビジネスゲームを行なう。ビジネスゲームでは、学生は、高度に凝縮した企業経営素材をもとにして、限られた時間の中で企業組織の生成過程を体験する。いくつかのチーム（企業）を構成して、市場内で競争しつつ業績を競い合うのである。[38]内容は、必修科目の会計管理と総合経営にまたがる。自由科目に区分されているが、これは、グループによる成果を競わせるために個人の成績がつけにくいことによるもので、実際には全員参加の大イベントとして 20 数年間実施が続いている。このところは鉄鋼業ビジネスゲームの同じ教材に改訂を加えながら使用している。[39]

教員は担当教授 2 名がそれぞれ業界新聞担当、銀行担当となり、学生の動きを見ながら臨機応変に銀行の動きを変えたり、景気の動きを決めてマーケットをコントロールしたりする。談合は禁止しているが、実際には

夜中に談合が行われることもある。一定の段階でゲームを終え、業績のよい会社を表彰し、教員が全体の講評を行う。

教員は、担当教授2名だけでは足りないので、KBS出身の公認会計士ら3名程度が応援に来ている。

そのほか、歴史は浅いが、企業買収ゲームのシミュレーション授業も行なわれている。

(3) 社会福祉

社会福祉という援助職を養成する分野においても、援助のための相談面接技術をロールプレイによって学ぶ方法が実践されている。日本の社会福祉分野では、実践が理論に先行していたところ、本学総合政策学部の渡部律子教授が、アメリカでの留学及び社会福祉系大学院での教職生活を経て、実践を体系化し、理論や方法論を確立することに成功している[40]。これにより、渡部教授の授業は理論と実務が融合したものとなっている[41]。

デイサービス研修におけるロールプレイ

2005年7月に、渡部教授による通所介護計画研修会(以下、「デイサービス研修」という)を見学した[42]。デイサービス利用の希望があれば、介護プランの作成にあたるケアマネージャーや直接介護を担当するワーカーが利用者宅を訪れ、本人や家族と面接(アセスメント面接)を行う。この初回面接では、本人や家族の基本情報を得ると同時に彼らがデイサービスに何を望んでいるかをつかむことが求められる[43]。

参加者は、事例提供者が最近行った初回面接での会話を起こした逐語録を題材にロールプレイをすることによって面接技法を学ぶ。具体的には、まず事例提供者が状況設定などを詳細に説明しながら他の参加者(通所介護利用者役、利用者の家族役、ワーカー役、ケアマネージャー役など)[44]とモデルロールプレイを行い、次に、参加者全員をグループ分けして同じ逐語録を題材に各グループでロールプレイを行う[45]。このグループ別ロールプレイにおいては、各参加者がすべての役を体験することが理想的である。

ロールプレイをしながら、各グループで一番理解したい人物（今回のケースでは利用者本人とその家族）が表現したかったと思われる気持ちや考えについて話し合い、ひとつひとつの台詞について、話しやすくなったと感じた言葉やもしこのように聞かれたらこう答えることができたのではないかといったことを分析し、より適切な言い方を具体的に考え出す作業を行う。

グループ別ロールプレイを終えた後、各グループから登場人物の人物像や利用者のニーズ、個々の会話の分析などについて発表する。報告中には、渡部教授が発表グループに対し、人物像やニーズが具体的にどこからわかるのかといった指摘を投げかけ、やりとりの中から情報を収集する技法を強く意識させるよう方向づけていた。

最後に、初回面接のポイントや面接における言語反応バラエティーについて講義があった。初回面接のポイントは、「①訪問の目的を端的に伝え、②相手の反応を見ながら、③情報を十分に取り、利用者の希望を理解する。そして、④面接を終える際には必ず今後の方向性を説明し、その日話し合った内容を再確認する作業を行う。⑤面接においては介護者と利用者との間に上下関係を作らない不断の努力が必要である」と説明された。

フィードバック

ロールプレイを行なっても、楽しかったというだけでは意味がない。ロールプレイの問題点として、ロールプレイ自体が現実に近い形で進められても、ロールプレイを行なった当事者が、自分達の技術が一定のレベルに達するものであったかどうかわからなければ、自己満足または不必要な自信喪失で終わるとされる。[46]すなわち、ロールプレイには実施後のフィードバックが不可欠であり、フィードバックにより、学生は初めて自らの行動の間違いに気づき、それを変えていくことができる。

フィードバックが効果的に用いられる環境には、「①フィードバックは一方的に与えるのではなく、まずその対象者自身が自らの行動に対する感想を述べることから始まる。②フィードバックの効果を高めるためにビデオ等に収められた言語、行動という客観的な素材をもとにしたフィード

バックを取り入れる。③修正すべき点を指摘する前に必ず長所を述べる」ことが必要とされる[47]。また、別の角度からは、①評価基準の明確性、②観察法の信頼性、③適切な量のフィードバック、④学生のフィードバック使用方法の検証が重要視されている[48]。

渡部教授は、時期・内容・頻度を変えた三種類のフィードバックを実験し、それに対する学生の反応をまとめているが[49]、ここからは、フィードバックは誰もが出来るわけではなく、そのためのトレーニングが必要で、指導員の力量が問われることがうかがえる。

(4) 司法研修所

司法研修所では、近年、民事系の模擬裁判（争点整理、交互尋問、和解）や、模擬法律相談、刑事系の模擬裁判や模擬接見という形で体験型シミュレーション教育が行われている。これらの実施内容等につき、各科目担当教官と面談を行なった。

民事系科目

民事系科目では、民事裁判、民事弁護の両科目が共通して行う民事共通科目としての「民事交互尋問」[50]と、民事弁護科目の一授業としての「法律相談ロールプレイング」の２種類が行われている。

〈民事交互尋問〉

実務修習を終えた段階の後期修習で民事共通科目として１つの事件を扱う形で実施されている。①争点整理、②交互尋問、③和解　の３段階を１カ月弱の間に合計４日間程度の時間を使って行なう。一クラス70名から75名の修習生が裁判官チーム、原告代理人チーム、被告代理人チーム、当事者・証人、連絡係に分かれて行なうが、人数が多いため、一人の修習生が手続きを通して体験できないという難点がある。

記録の作成に際しては、民事系教官が各地の裁判所を回って判決記録を見るなどして事案収集を行い、各教官室で綿密な合議を重ね、さらに民事裁判教官・民事弁護教官が共同で記録の詳細をつめていく。１件の記録は

1年近くかけて完成され、出来上がった記録は、必要に応じて原告・被告に共通の訴訟資料、当事者役等に配布する資料などに予め分冊化する。

〈法律相談ロールプレイング〉

外部ベテラン弁護士が相談役を務め、事案及び証拠書類を事前に相談役担当弁護士に渡して、法律相談ロールプレイングが行なわれている。

具体的には、修習生の配分は、クラスの半分にあたる35名程度の修習生のうち、2名が弁護士役を担当する。事案ごとに入れ替えるため、2つの事案を通じて、実際に弁護士役を体験できるのは4名である。他の修習生のうち10名程度は弁護士サイド、相談者サイドに分かれ、弁護士役、相談者役のそれぞれ後方に着席して、それぞれの立場や考えで見学する。残りの修習生は完全に外野でこれらを見守る。相談時間終了後には、弁護士サイド後方、相談者サイド後方にいた修習生らも含め、それぞれの立場で自分ならどうしたかということを含めたディスカッションを行う。この形式は、心理学に基づくカウンセラー教育の一手法を参考にしたものである。

刑事系科目

刑事系科目では、刑事裁判、検察、刑事弁護の3科目が共通して行う刑事共通科目としての「刑事模擬裁判」と、刑事弁護科目の一授業としての「模擬接見」の2種類が行われている。

〈刑事模擬裁判〉

実務修習を終えた段階の後期修習で刑事共通科目として1つの事件を扱う形で実施されている。[51] 概要としては①冒頭手続から証人1人目の尋問まで、②証人2人目の尋問まで、③被告人質問から判決までの3段階を3日間連続の日程で行うが、捜査記録等の配付から判決までは7週間を要する。

〈模擬接見〉

1コマを使って模擬接見を実施している。被疑者役の導きが模擬接見のよしあしを左右するため、被疑者役は外部ベテラン弁護士に依頼している。当番弁護士として接見に行った場合を想定しており、事件の情報としては、当番弁護士連絡表（罪名、名前、年齢程度の情報）のみが担当弁護人役に

手渡される。接見時間は第1回接見、第2回接見をあわせて約50分としている。

講義時間は1コマであり、前半50分を上記のとおり接見時間に充て、10分の休憩をはさんだ後、後半50分で討論及び講評を行う。被疑者役の外部ベテラン弁護士からも講評をもらう。修習生の配分は、法律相談ロールプレイングと同様である。

4 ロースクール教育への応用性

(1) 医学部

分析と統合

医学分野において、医療の高度化・専門化が進むにつれて、内科も臓器レベルにまで分化してきたところ、患者の権利及び全人的教育の観点から、改めて臓器としてではなく人として患者を診るという総合診療の考え方が見直されてきたことは、先に述べたとおりである。

法律分野においても、同様のことが言える。すなわち、社会・経済、そして権利の複雑化に伴い、弁護士業務も専門化が進んでいる。このような専門化の弊害として、また、従来からの権威的な対応により、弁護士にも、依頼者の悩みの全体像ではなく、法律の要件に関連する必要な情報のみに意識を集中させてしまう傾向がある[52]。しかし、依頼者と弁護士との間に良好な人間関係（信頼関係）がなければ、かえって必要な情報が十分に得られず、依頼事項を適切に解決することが困難になる。

ロースクール教育に求められる「社会生活上の医師」たるにふさわしい、高い倫理と専門性を持った法曹を養成するためには、依頼者を「人」（1人の人間）として、良好な人間関係を築きながら、その上で依頼者の悩みを総合的に見ることを教えていく必要がある[53]。

模擬患者の転用

模擬患者を使った医療面接は、患者との良好な関係を築き、必要な情報

専門職教育とシミュレーション　127

を聞き出すという点で法律相談に通ずるところがあり、模擬法律事務所構想においても大いに利用できる可能性がある。

　模擬患者を医療面接に使うメリットとしては、模擬患者自身がフィードバックのトレーニングを受けており、学生が面接後に教員、見学者以外に模擬患者から患者の立場に立った的確なフィードバックを受けられる点が大きい。[54]また、模擬患者は主にボランティア団体により組織化されており、利用コストも低い。さらに、学生同士で医師役、患者役を演じるやり方に比べると、実際の現場の雰囲気に匹敵するほどの臨場感があることも指摘されている。[55]

　当ロースクールでは、2004年度秋学期の「ローヤリング」科目において、俳優を模擬依頼者に模擬法律相談、依頼者への方針の伝達、模擬交渉、模擬調停等を行ない、手続を体験させることで学生の意識を高め、一定の教育効果を上げている。[56]しかし、毎回俳優を利用すればコストがかさみ、継続的な実施が困難になるという問題点があった。

　そこで、法学教育においても模擬患者ならぬ「模擬依頼者」を育成することが考えられる。具体的には、現在の模擬患者を「模擬依頼者」に転用することがもっとも迅速かつ実現可能性の高い方法であると思われる。模擬患者は既に教育的効果のあるフィードバック方法を身につけていることから、現に存在する模擬患者という人材の能力を生かし、かつ「患者」と「依頼者」の違いに応じた専門的訓練を行なうことである。将来的には模擬患者と模擬依頼者とは別個のものとなるとしても、まずは人材確保のルートとしても模擬患者の持つ能力を生かした形での導入が現実的である。

　この試みとして、本年5月、当ロースクール形成支援プログラムで実施した研究会において、岡山SP研究会代表の前田純子氏に「模擬依頼者」役をしてもらい、前述のローヤリング授業を受講した学生2名を弁護士役に模擬法律相談授業を行なった。模擬患者は「自分のものの見方を知る訓練」[57]とともに、形式面でのフィードバック方法を身につけているため、医療面接と法律相談に共通して求められるクライアントとのコミュニケーション技術に関する点[58]や、弁護士役学生の発言のうち具体的などの発言により、模擬依頼者としてどのような心の動きがあったか、といった点につ

いて非常に分析的なフィードバックを得ることができた。これだけをもってしても、模擬患者を模擬依頼者に転用することのメリットは大きい。

模擬依頼者の養成方法としては、第一段階として模擬患者経験者を中心にその経験と能力を生かし、模擬患者との違いを明確にして法律相談についての最低限の知識や、ケースに応じた内容の理解などを模擬依頼者特有の専門的訓練を行ない、まずは複数の模擬依頼者及び模擬依頼者像の完成を目指す。第二段階としては、模擬患者を中核に模擬依頼者団体を形成し、近隣の一般市民を巻き込んだボランティア団体を作り、その中での養成体制を構築していくことが考えられる。

コミュニケーション能力の向上

医師患者関係は、平等な人間関係であると同時に、互いに異なった役割を持った人間の役割関係でもある[59]。このことは、弁護士と依頼者との関係にも共通する。すなわち、医師には Scientist として患者を診る側面と、患者の不安や恐れをサポートし、内在的に持っている力を十分に出すという Art としての側面があると言われるところ、法律家と依頼者との関係においても、依頼者の言い分を客観的に見るという側面と、依頼者の信頼を得、ともに問題を解決するという側面がある[60]。現実に、弁護士と依頼者の良好な関係を築くことは難しく、しかし、適切な解決を導く大きな鍵となる。そこで、良好な医師患者関係の形成のために必要とされている「受容」「共感」「臨床能力」の３要素は、弁護士と依頼者の関係でも重要視されるべきであるし、医療面接の方法論として展開されている多くは、法律相談及び依頼者との関係作りにおいて応用できる[61]。

実務においては弁護士と依頼者との間で葛藤が生じることは多く、法律相談にカウンセリング的側面があることも否めない。マクレイト・レポートも、基本的なローヤリング技能 10 項目の中に、コミュニケーション技能及びカウンセリング技能を挙げており[62]、これらの能力はこれからの法律家に不可欠のものとして求められている。

実技に対する成績評価

模擬法律事務所構想のようにロースクールでの授業科目への導入ということを考えたときに、学生に対する成績評価をどのように行なうのかという問題点が生じる。それを克服するひとつの方法として、特に初回法律相談についてはOSCEにおける医療面接試験を参考に、ある程度形式的な評価ルールを作って評価基準を明確化し、事件の内容面（知識面）だけでなく、コミュニケーション能力・カウンセリング能力といったArt面の評価を行なっていくことを検討すべきである。

試験またはそれに代わる評価があるかどうかは、学生にとって学習の大きな動機付けとなることはいうまでもなく、学生同士でロールプレイによる自主学習を行うようになることも期待できる[63]。

(2) ビジネススクール

擬似社会の形成

ビジネススクールでは、先に述べたとおり、学生がチームに分かれ、合宿形式で、それぞれ会社として業績を競い合うビジネスゲームを行なっている。このビジネスゲームの効用として非常に特徴的なことのひとつとして、学内全体が擬似社会の様相を呈することが挙げられる[64]。

模擬法律事務所構想においても、依頼者と模擬法律事務所、各模擬法律事務所内での学年を超えたチームワーク（peer learning）、各模擬法律事務所同士の関係等、擬似社会的な要素を作り出していくこともひとつの目標としている。

それは、各模擬法律事務所内での役割分担や、事件処理を通じた結束による形成が予測できるが、合宿を効果的に用いる方法も検討に値する。

教材の利用方法

KBSのケースメソッドは約3000タイトルを誇るが、ビジネスゲームにおいては長期間にわたり鉄鋼業ビジネスゲームの同じ教材を使って行なわれている。このように年々改良を加え、または若干の設定変更をして同じ

ケースを利用し続けることは、教員がケースの細部まで知り尽くし、かつ教育効果を見ながら、各年度の状況に応じた軌道修正を加えることを容易にすると考えられ、非常に有効な方法といえる。

また、模擬法律事務所構想を実現し、スタートする上では、スタート時点で各科目につき多数の案件を用意することは時間的・労力的にも困難である。むしろ、各科目の担当教員が、一つまたは二つの基本的で重要な事例及び最低限盛り込まなければならないことを抽出し、これに基づいて数量は少なくても構成のしっかりした教材を作成することが極めて現実的である。

提携関係の構築

たとえば、ビジネスゲームにおいては企業買収などのケースも考えられるところ[65]、ロースクールにおける商法・企業法実務などの科目に関連し、ロースクールとビジネススクールが提携し、ロースクール生とビジネススクール生が共同して企業買収案件を取り扱うというようなことも将来的には視野に入れることが出来よう。

(3) 社会福祉

ロールプレイの用い方

面接技法の習得という観点からは、渡部教授の研修のように同じシナリオのロールプレイを繰り返す方法を採ることは大きな効果があると思われる[66]。

しかし、そもそもデイサービス利用者との初回面接と初回法律相談においては、その目的及び性質に異なる部分があり[67]、この違いを明確に意識する必要がある。すなわち、広く援助職にはカウンセラーも含まれ、一般にカウンセラー的要素が求められるところ[68]、確かに、法律相談においてもカウンセリングの理論や技法は非常に参考になる。しかし、法律相談では、依頼者の意図と法律的基準の照らし合わせも重要な課題となっており、一方で相談者に対して共感的理解を示しつつ（カウンセラー的側面）、他方

で必要な情報を収集し、法律的基準に照らして専門的判断をし、それを相談者に伝えて合意を得る（法律問題解決的側面）こととなる。[69]この専門的側面を意識した法律相談教育が必要であり、その点で、必ずしも援助者教育の手法をそのまま持ち込むことは望ましくない。

　さらに、模擬法律事務所構想においては、初回法律相談や依頼者との面接のみを繰り返すのではなく、いくつかの事件を相談から書面作成、交渉、訴訟等に進行させていくことが想定されているのであり、その中ではコミュニケーション能力以外にも書面作成等のアウトプット能力の向上、法曹倫理の修得などが求められている。したがって、これらのバランスを考え、他の科目との関係を明確にしながら効果的な方法を模索していかなければならない。

　たとえば、2コマ程度の時間を割けば、同様の授業を1回行うことが出来るが、実務経験のない学生において、この1度の経験だけでデイサービス職員研修と同程度の効果は発揮できないであろう。しかし、このような試みに教育的効果があることには疑いの余地がなく、その効果を少しでも大きなものとするために複数のフィードバック方法を検討し、工夫していくことが重要である。将来的にOSCEのように面接のテストを行うとすれば、学生同士がロールプレイによる自主学習を行うこともありえ、ロールプレイの基本を授業で取り上げることの意義はより大きくなる可能性がある。

　また、デイ・サービス研修の効果を重視して、あまり変化させずに取り入れるとすれば、クリニックで実際に扱った事例のやり取りを振り返った逐語録（またはシナリオ）を学生に作成させ、これに基づいた振り返りやロールプレイを行うことが考えられる。ひとつの現実的な事例を繰り返し学習することで、理論面の復習にも面接技法の習得にも一定の効果を生むことが期待できる。

　このように、他の科目の中で初回法律相談的なロールプレイを取り入れるか、模擬法律事務所科目の最初の方で同様のことができれば、模擬法律事務所構想に期待される効果をより大きく発揮することができると予測される。

ロールプレイにおける役割分担

デイ・サービス研修におけるロールプレイでは、教員でも模擬クライアントでもなく、受講者がクライアント役を演じる。したがって、①外部から模擬クライアントを調達する必要がなく、②受講者はクライアントの気持ちを体験することができるというメリットがある。

しかし、外部者と接する緊張感を持ったシミュレーションを行なえること[70]、学生が司法試験受験を控えており現実的な試験科目としての学習効果を期待していることからすれば、模擬法律事務所構想においては、やはり模擬クライアントを利用する方が望ましい。もっとも、学生がクライアントの気持ちを体験することにも意義があるため、前述のようにクリニックその他の授業で1回程度は学生同士のロールプレイを体験させることを取り入れる価値はある。

フィードバックの方法

「フィードバックは何度やっても意味がある」とは渡部教授の言であるが、これを実行するためには、教員がその場でフィードバックを行なうのみならず、①ロールプレイの際にグループごとに助手がついてロールプレイや意見交換会を進めること、②ロールプレイの模様をビデオ撮影してフィードバックを行なうことが考えられる。さらに、模擬法律事務所構想においては、模擬患者を転用して模擬依頼者からフィードバックを得ることを目指しており、③模擬依頼者からのフィードバックも異なるフィードバックを受ける一つの重要な機会としてカウントできる。

なお、②については、教員がロールプレイを見ていて気になったシーンを終了後すぐに巻き戻し等の操作によって簡単なフィードバックを与えること、後日またはその案件の終了後に教員が詳細な検討を加えた上で必要なフィードバックを行なうことが考えられ、実験をしながらフィードバック方法とその効果を確かめていく必要がある。

(4) 司法研修所

教材の作成

　専任スタッフが充実している司法研修所にあっても、民事交互尋問等に用いる記録については、1つの事件記録を作成するのに1年近い時間を要しているとのことであり、教育的効果のある事件記録の作成には如何に綿密な作業を要するかを物語っている。

　また、司法研修所でも、たとえば民事交互尋問においては基本的な事例を用いた2件の記録を主として使用しており、ビジネスゲームの教材利用方法に通じる。

　模擬法律事務所構想で扱う案件も第一段階としては基本的な事例を準備し、改訂を加えながら、受講生の反応及び教育効果を見て、複雑かつ応用的な事例の導入を検討していくべきである。[71]

実施方法の検討

　司法研修所が1クラス70〜75名と大人数であるのに対し、少人数教育が可能なロースクールにおいては、体験型シミュレーション教育をより効果的に用いることが可能であるが、より高い教育効果を得るためには、素材の選定及び実施方法の検討に際して受講生のレベルを考慮することが不可欠である。すなわち、ロースクール教育と研修所教育とではその性質が異なるとしても、実務修習を経ていないという点でロースクール学生のレベルは高くとも前期修習程度であると思われるため、裁判官チームは教員が担当するなどの手当によって、事案の進行が予測されるルートを大きく踏み外さないようにする工夫が必要であろう。[72]

　司法研修所における体験型シミュレーション教育は、実際に長期間実施されているため、教材の作成方法や実施方法の詳細が具体的に確立されている点で参考に値する。また、実務修習を経験する前の前期修習及び実務修習後の後期修習では目的・実施方法に変化を加えているように、レベルに応じた教育プログラムの提供という意味でも参考にできる。

5 総括

以上を総合してみれば、模擬法律事務所構想の実現には、①模擬依頼者の育成、②教材作成、③現行科目におけるシミュレーション教育の実験的導入、④複数のフィードバック方法の検討と実践、⑤評価方法の確立、⑥カリキュラム改革等の課題がある。これらについては、以下のように具体化を進めていくことを検討している。

(1) 模擬依頼者の育成

第一段階としては、模擬患者団体と連携し、模擬患者の転用を試みる。本年5月の研究会の経験をもとに、模擬法律相談のシナリオ作りのポイントを明確にし、模擬依頼者に伝えておかなければならない法律的問題点や模擬患者との違い等、模擬依頼者育成に必要な事項を検討し、育成可能な状況作りを行なう。

(2) 教材作成

第一段階としては、それぞれの科目の担当教員から、法曹倫理の問題も含めた教材のエッセンスとなるものを収集し、基本的かつ重要な論点を含む教材作りに取り組む。量より質を重視し、構成のしっかりした、改訂により長年使い続けられるようなものを目指す。

基本科目の教材を用いた実践状況を見ながら、より複雑な事件や先端科目の導入を検討する。

(3) 現行科目におけるシミュレーション教育の実験的導入

ローヤリング[73]、刑事模擬裁判[74]においては、すでに模擬法律事務所構想を意識した授業が行なわれているが、このような実践的科目以外でも授業で扱うケースについて原告側・被告側に分かれてディスカッションを行なう

などのシミュレーション教育的手法を用いた取り組みを行なっている[75]。
　いわゆる講義型の科目と位置づけられているような科目においても、判例などのケースを扱う場合にはディスカッション形式を用いることなどは可能である。また、クリニックにおいて、4（3）で述べたように逐語録を作成して学生同士でロールプレイを行なう回を設けることも可能であろう。
　このように、現行科目でシミュレーション的手法を一部取り入れることは、教員も学生もシミュレーション教育に親しみやすくなることはもちろん、模擬法律事務所構想における具体的取り組みの実験データともなり、模擬法律事務所構想の実現に大いに寄与するものと思われる。また、模擬法律事務所構想の実現後においても、その他の科目においてもシミュレーション的手法が用いられていれば、よりその効果を大きく発揮することが期待できるのであり、全学的取り組みとしていくことが望ましい。

（4）複数のフィードバック方法の検討と実践

　模擬依頼者を用いた法律相談や交渉などのロールプレイを行なう場合には、①担当学生の感想、②見学学生からのフィードバック、③模擬依頼者からのフィードバック、④教員からのフィードバックが可能である。特に、④については、ロールプレイの模様をビデオ録画して、実施直後のみならず、ビデオを振り返ってのフィードバックを取り入れたり、担当学生に各回の感想や自己分析の提出を求め、これに対するフィードバックを行なったり、とより多くの機会を与えることを試みる余地がある。

（5）評価方法の確立

　シミュレーション教育を授業で取り入れた場合、授業中のロールプレイ等の評価及び試験による評価をどのように行なうか。
　実技の評価については、授業中のみの平常点評価とするか、実技試験を行なうか検討の余地があるが、まずはOSCE医療面接試験のように形式

的な一般的評価ルールを作成する必要がある。事案に応じて内容面での必須項目があれば、これを加えた事案毎の評価シート作ることも検討できよう。

また、筆記試験を行なうかどうかも検討課題である。この点については、他の科目編成、模擬法律事務所科目受講生の他科目履修状況をも考慮する必要がある。すなわち、筆記試験によって模擬法律事務所で体験した手続の流れや事実抽出能力、法曹倫理等について確認することは可能かつ有益であるが[76]、別の科目の試験で補えるとも考えられるからである。

司法試験レベルの問題ではあるが、マクレイト・レポートでもローヤリング技能を測定するパフォーマンス・テストが紹介されている[77]。たとえば、カリフォルニア州で実施されているパフォーマンス・テストは、ローヤリング技能のうち、法的分析、事実分析、専門職責任の自覚、問題解決の4つの広範な範疇を試験するために設計された筆記試験となっている。このようなパフォーマンス・テストには、測定できる技能及び受験者の得点差において伝統的な司法試験と大差がないことから批判もあるが、理論と実務の統合したカリキュラムの提供と、これに対応した成績評価をするにあたって筆記試験を行なうという意味では、参考に値する。

(6) カリキュラム改革

模擬法律事務所構想の実現にあたっては、素材や方法論といった内容面の課題ばかりではなく、どの段階で履修するのが最も適当か、他の科目をどのように統合して模擬法律事務所科目を置くのか、というカリキュラム編成に関わる問題がある。

これらについては、3年間のロースクール教育全体と新司法試験の関係を熟慮したカリキュラム改革が必要であり、今後の検討課題といえる。

【注】

1 平成16年度「法科大学院等専門職大学院形成支援プログラム」申請書に基づく。プログラム概要については、関西学院大学法科大学院形成支援プログラムのホームページ http://www.kwansei.ac.jp/law_school/keisei/ を参照のこと。

2 松村晃編『大辞林 第二版』(三省堂、1995)。

3 ジェラルド・F・ヘス&スティーブン・フリードランド(町村泰貴監訳)「法律教育の技法」、日弁連法務研究財団編『法科大学院における教育方法』(商事法務、2003)、189頁参照。また、早稲田大学臨床法学研究所シンポジウム「臨床教育の効用と課題：法学と医学の比較検討」(2004年12月)における報告では、医学部におけるシミュレーション教育は、臨床医学教育前の事前教育と位置づけられていた。

4 グリーン・渡部律子「ロールプレイと三段階フィードバックの組み合わせによる社会福祉援助面接技術教育の試み：アメリカのMSWプログラムの事例を通して」、『日本社会福祉実践理論学会研究紀要』第3号(1995)、47頁でも、ロールプレイの利点について「初心者でも失敗を恐れることなく、知識と技術を『経験学習』していけることであると言われている(Stewart & Sovet, 1989)」と指摘している。

5 町村泰貴「シミュレーションによる法科大学院教育——民事法を中心にシミュレーションの意義」、日弁連法務研究財団編『法科大学院における教育方法』(商事法務、2003)、39-40頁では、大きく3つの効用を挙げている。

6 ジェラルド・F・ヘス&スティーブン・フリードランド(町村泰貴監訳)「法律教育の技法」、日弁連法務研究財団編『法科大学院における教育方法』(商事法務、2003)、190頁参照。さらにここでは、「シミュレーションによる学習は、成人学習理論に合致している」とする。つまり、「フランク・ブロック教授(Frank Bloch)によれば、成人が学習する場合、教師と学生との間の質問や意見の交換、能動的で経験を主体にした学習、学生が学習に対して準備が出来ていること、効果的な環境における学習という要素が必要というが、シミュレーションは、こういった要素に合致する学習方法なのである。いい換えれば、シミュレーションを使って成人学生に学習させることで、学生は能動的に教育体験にかかわるようになる」というのである。

7 ジェラルド・F・ヘス&スティーブン・フリードランド(町村泰貴監訳)「法律教育の技法」、日弁連法務研究財団編『法科大学院における教育方法』(商事法務、2003)、194頁参照。現に後に述べるようにビジネススクールにおけるビジネスゲーム、司法研修所における教材も同じものを繰り返し使う方式が採られている。

8 町村泰貴「シミュレーションによる法科大学院教育——民事法を中心にシミュレーションの意義」、日弁連法務研究財団編『法科大学院における教育方法』(商事法務、2003)、40-41頁参照。

9 ジェラルド・F・ヘス&スティーブン・フリードランド(町村泰貴監訳)「法律教育の技法」、

日弁連法務研究財団編『法科大学院における教育方法』(商事法務、2003)、189 頁参照。中間の学習法であるがゆえに、概念中心でもなく、また実践中心でもない面がある。

10 「シミュレーション」対「実際の依頼者に対するクリニック」については、宮川成雄(早稲田大学臨床法学教育研究所)編著『法科大学院と臨床法学教育』(成文堂、2003)、24-25 頁、63-65 頁、81 頁でも触れられている。

11 アメリカ法曹協会 (ABA) が 1992 年 8 月に発表した「Legal Education and Professional Development」と題する報告書。アメリカ法曹協会著／日本弁護士連合会編(宮沢節生・大坂恵里訳)『法学教育改革とプロフェッション——アメリカ法曹協会マクレイト・レポート』(三省堂、2003)。

12 ジョン・A・シーバート「日本語訳への序文」、アメリカ法曹協会著／日本弁護士連合会編(宮沢節生・大坂恵里訳)『法学教育改革とプロフェッション——アメリカ法曹協会マクレイト・レポート』(三省堂、2003)より。ジェラルド・F・ヘス & スティーブン・フリードランド(町村泰貴監訳)「法律教育の技法」、日弁連法務研究財団編『法科大学院における教育方法』(商事法務、2003)、193 頁も、マクレイト・レポートにより技能の重視が提案されたことが、教育機関でのシミュレーション採用のひとつの原動力となっているとする。

13 インタビュー、カウンセリング、交渉、事実審実務などを教えるためにシミュレーション実習を用いるプログラムを含む。

14 他のカテゴリーに当てはまらない技能教育であるとみなされたすべてのプログラムを含む。

15 アメリカ法曹協会著／日本弁護士連合会編(宮沢節生・大坂恵里訳)『法学教育改革とプロフェッション——アメリカ法曹協会マクレイト・レポート』(三省堂、2003)、230-233 頁参照。

16 同上、240-245 頁参照。

17 同上、245 頁は、本物の依頼者を扱うクリニックが最も高価であると分析している。

18 マクレイト・レポートでも弁護士が備えるべき技能として倫理的ディレンマの認識と解決を挙げている。

19 ジェラルド・F・ヘス & スティーブン・フリードランド(町村泰貴監訳)「法律教育の技法」、日弁連法務研究財団編『法科大学院における教育方法』(商事法務、2003)、191 頁参照。

20 前述早稲田大学臨床法学研究所シンポジウム(2004 年 12 月)における報告等。秋田穂束「総合診療と医学教育」(2002)参照。

21 その出題基準は、医学・私学教育の在り方に関する調査研究協力者会議「医学教育モデル・コア・カリキュラム——教育内容ガイドライン」として文部科学省のホームページにおいて公開されている。http://www.mext.go.jp/b_menu/houdou/13/03/1igaku.pdf

22 斎藤清二『はじめての医療面接——コミュニケーション技法とその学び方』(医学書院、2000)、118 頁。ただし、現在のところ、評価者レベルの標準化が難しい等の問題があり、共用試験にとどまっている。

23 臨床前教育の実習例は、医学・私学教育の在り方に関する調査研究協力者会議「医学教育モデル・コア・カリキュラム——教育内容ガイドライン」別表 3。

24 本年 2 月、神戸大学医学部附属病院総合診療部　秋田穂束教授との面談内容による。

25 Steven A. Cole & Julian Bird（飯島克己・佐々木將人訳）『メディカルインタビュー——3つの機能モデルによるアプローチ　第2版』（メディカル・サイエンス・インターナショナル、2003）、349-359頁は、医療面接の学習につき、書物や講義による方法も有益ではあるが、実習の代わりになるものはないとする。
26 授業で学生に配付された、担当教官橋本正良助教授作成のレジュメ参照。
27 Steven A. Cole & Julian Bird、前掲書、351頁は、「学習者にとって最も効果的な実習にするためには、第三者による観察とフィードバックを組み合わせる必要がある」また、「フィードバックは、課題となっている行動の直後に与えるのがよい」としており、神戸大学医学部の医療面接実習では、これが実現されている。
28 神戸大学医学部におけるOSCEについて詳細は、秋田穂束「神戸大学医学部における教育改革—— OSCEの経験」、［薬の知識］編集委員会『動き出した医学教育改革——良き臨床医を育てるために』（ライフサイエンス出版、2001）を参照のこと。
29 ここでは、神戸大学医学部において、2005年1月に実施された5年生対象のアドバンスドOSCEの流れを一例として挙げている。兵庫医科大学で2005年5月に実施された同じく5年生対象のアドバンスドOSCEでは、①体重減少（糖尿病関係）、②腹痛、③胸部、④乳児の診察、⑤ガウンテクニック（縫合）、⑥内視鏡説明について、各ステーションを15分ずつで回り、模擬患者との面接、診察等を行っていた。
30 日本医学教育学会のホームページ（http://jsme.umin.ac.jp/、医学教育Q&A）によれば、模擬患者とは、カナダのマクマスター大学Barrows教授らが開発したもので、「ある疾患の患者の持つあらゆる特徴（単に病歴や身体所見にとどまらず病人特有の態度や心理的・感情的側面にいたるまで）を可能な限り模倣するよう特訓を受けた健康人」と定義されており、日本では通常、医学生の面接技法やコミュニケーション応力の教育のために、学生の相手役として患者役を演ずるボランティアをさす。
31 岡山SP研究会から入手した「SP評価表」によれば、OSCEにおけるSPからの評価項目は、マナーや態度は適切であったか、服装や頭髪に清潔感があったか、話をよく聴いてくれたと思うか、話したことは正確に理解されたと思うか、言葉づかいは適切であったか、全体の印象等である。
32 上掲日本医学教育学会のホームページによれば、標準模擬患者とは、マサチューセッツ医科大学Stillman教授らが開発したもので、「模擬患者の演出力と教育力を医学教育の観点から標準化した模擬患者」と定義されている。
33 Michele Drummond-Young（藤崎和彦・藤崎都・竹熊郁子訳）「マクマスター大学における教育資源としてのStandardized Patient」、*Quality Nursing: the Japanese journal of nursing education & nursing research*, Vol.7, No.8（2001）では、SP利用の利点について①学生にとっての利点、②教育と学習のプロセスにとっての利点、③教育プログラムにとっての利点に分けて整理されている。
34 慶應義塾大学大学院経営管理研究科2004年度版学校案内、髙木晴夫「ケースメソッドについて」、日弁連法務研究財団編『法科大学院における教育方法』（2003、商事

法務）、50頁、当ロースクール第1回「教育方法に関する研修会」（2005年8月）における慶應義塾大学大学院経営管理研究科（ビジネススクール）髙木晴夫教授の講演に基づく。
35　髙木晴夫「ケースメソッドについて」、49‐50頁、当ロースクールにおける髙木晴夫教授の講演より。
36　上述当ロースクールにおける髙木晴夫教授の講演より。
37　本年7月に本学司法研究科亀井尚也教授、西尾幸夫教授がKBSを訪問し、髙木晴夫教授と面談した内容（亀井教授による内部報告書）に基づく。実際に行われてきたゲームを書物として再現したものとして、ビジネスゲーム研究会『MBAビジネスシミュレーション』（総合法令出版、1999）。
38　前掲KBS2004年度版学校案内より。
39　景気の動きも年度により変える。
40　渡部律子『高齢者援助における相談面接の理論と実際』（医師薬出版株式会社、1999）。
41　同上、3頁において、渡部教授は、「優れた実践を行なっている日本の援助職の方たちが自分の実践を体系化させ、それを理論や方法論として記述していくことが出来れば、後に続く人たちにとっても、すばらしい学習材料が出来るのではないか？」「『知識』を持っていることだけでは、良い実践はもちろん出来ません。しかし『知識』があれば自分の実践の問題点が何かを突き止めやすくなり、問題にぶつかったとき、そこでとどまるのではなく、さらに前進していけると思うのです」と述べている。
42　本研修は、東播磨ブロックデイサービスセンター協議会（高木俊博会長）が渡部教授を講師に迎え、兵庫県三木市の三木ホースランドパーク内にある研修センターで全4回にわたり開催したもので、今回は第3回目の講義及び実習を見学した。参加者は、介護職員、介護士、生活相談員、ケアワーカー、看護師等からなる約50名であった。講義・模範ロールプレイ・グループ別ロールプレイ・グループに分かれての話し合い・発表・講評が、休憩をはさんで計4時間で実施された。
43　渡部律子『高齢者援助における相談面接の理論と実際』（医師薬出版株式会社、1999）、109頁以下参照。
44　例えば、利用者が寝ているベッドの位置は部屋のどこで、どちら向きに寝ており、面接が行われたのはその足元の方で、畳に座っていたとすれば利用者の頭が一番高い位置にある、というような点も、ロールプレイを行なう上で重要な要素である。グリーン・渡部律子「ロールプレイと三段階フィードバックの組み合わせによる社会福祉援助面接技術教育の試み：アメリカのMSWプログラムの事例を通して」、『日本社会福祉実践理論学会研究紀要』第3号（1995）、47頁は、ロールプレイの問題点の一つとして、ロールプレイを行なう学生達が自分達の役割に真剣に取り組めないために、一種の遊びのようになってしまうことを挙げ、この原因の一つとしてクライアントの問題描写や背景描写がしっかりとしていないため、ケースワーカーの役割を与えられた人が、クライアントの問題の理解が出来なくなってしまうことを

指摘している。
45 グリーン・渡部律子「ロールプレイと三段階フィードバックの組み合わせによる社会福祉援助面接技術教育の試み：アメリカのMSWプログラムの事例を通して」、『日本社会福祉実践理論学会研究紀要』第3号 (1995)、50頁は、ロールプレイを効果的に進めるためには、ロールプレイが何であるかを学生に十分理解させるためモデルの提供を行なうことを提案している。
46 グリーン・渡部律子、上掲論文、48頁。
47 グリーン・渡部律子、上掲論文、53頁で、コミアー等 (W. H. Cormier & L. S. Cormier, *Interviewing Strategies for Helpers*, (CA : Brooks/Cole, 1991)) の指摘として紹介されている。この方式は、神戸大学医学部の医療面接授業で用いられている方式と同様である。また、先に長所を指摘することは、模擬患者によるフィードバックでも実践されている。
48 グリーン・渡部律子、上掲論文、53頁で、フリーマン (Freeman, 1985) の指摘として紹介されている。
49 グリーン・渡部律子、上掲論文、53頁以下。
50 実務修習中に弁護士会と裁判所との協力により、民事交互尋問を行っている地域も多いが、修習生の配属人数や、弁護士会等の組織規模等とも関連し、必ずしもすべての修習地で行われているわけではない。
51 前期には公判演習型の刑事模擬裁判を行っている。これは事実認定力を考慮したものではなく、実務修習への導入といった位置づけで、シナリオがあり、異議の出し方なども含めたロールプレイングである。
52 波多野二三彦『リーガルカウンセリング——面接・交渉・見立ての臨床』（信山社、2004）、8頁は、「古来から、大方の面接法律相談にあたる弁護士たちは、クライアントを、紛争解決の主体者と見ることを忘れ、彼らを単なる『法的情報の運搬人』であるかのように扱う。だから彼らが抱えてきているパッケージの中から、法律問題の心となるべき法的部分のみを、急いで出して見せなさいとせき立てる」が、「問題となる法律問題の芯の部分は、クライアントそれぞれが、それぞれの方法や流儀によって、彼らの感情という外皮で厚く覆い包みかくしている」のであり、この感情の外皮をよく見分すれば、「感情部分は法的な部分と脈絡を持っている」とする。
53 伊藤博「相談面接の基礎」、加藤新太郎編『リーガル・コミュニケーション』（弘文堂、2002）、71頁は、バイステックの専門的な援助技術として、非面接者を個人として捉えることを挙げている。また、依頼者との人間関係の形成方法については、伊藤博「リーガルカウンセリングの基礎」、加藤新太郎編『リーガル・コミュニケーション』（弘文堂、2002）、120-132頁参照のこと。
54 フィードバックの重要性については、グリーン・渡部律子「ロールプレイと三段階フィードバックの組み合わせによる社会福祉援助面接技術教育の試み：アメリカのMSWプログラムの事例を通して」、『日本社会福祉実践理論学会研究紀要』第3号 (1995)。町村泰貴「シ

ミュレーションによる法科大学院教育——民事法を中心にシミュレーションの意義」、日弁連法務研究財団編『法科大学院における教育方法』(商事法務、2003)、43頁でも指摘されるところである。斎藤清二『はじめての医療面接——コミュニケーション技法とその学び方』(医学書院、2000)、116頁は、模擬患者からのフィードバックは、学生に与えるインパクト、教育効果が極めて大きいとしている。

55 斎藤清二『はじめての医療面接——コミュニケーション技法とその学び方』(医学書院、2000)、116頁。

56 詳しくは、亀井尚也「シミュレーション教育の意義と実践」、『自由と正義』Vol.56,No.7、及び、本報告書第2章参照のこと。

57 たとえば、OSCEの際のSP評価表にあるように、マナーや態度は適切であったか、服装や頭髪に清潔感があったか、話をよく聴いてくれたと思うか、話したことは正確に理解されたと思うか、言葉づかいは適切であったか、全体の印象等である。

58 ここには面接態度(足を組む、ペンを回す、姿勢等)も含まれる。いわゆるArt面である。

59 斎藤清二『はじめての医療面接——コミュニケーション技法とその学び方』(医学書院、2000)、1頁。

60 医師と患者の関係は、法律家と利用者の関係に通じるものがあるということについて、伊藤博「リーガルカウンセリングの基礎」、加藤新太郎編『リーガル・コミュニケーション』(弘文堂、2002)、117-118頁。

61 波多野二三彦『リーガルカウンセリング——面接・交渉・見立て』(信山社、2004)、16頁は、「クライアントに対する受容と共感を区別して論じようとするカウンセラーは多いが、われわれ法専門家としては、『あたかもクライアントになったかのごとくして共感する』などというわけのわからない名人芸の芸当には、あまり接近したり、深入りしたりすべきではない」「むしろクライアントの受容にこそ99%の精神を集中すべきである。受容するには、それ相当の自己対決が必要である」とする。

62 アメリカ法曹協会著/日本弁護士連合会編(宮沢節生・大坂恵里訳)『法学教育改革とプロフェッション—アメリカ法曹協会マクレイト・レポート』(三省堂、2003)、145-148頁。この点について、加藤新太郎「法律実務家のコミュニケーション」、加藤新太郎編『リーガル・コミュニケーション』(弘文堂、2002)、8-12頁が、詳しく分析している。

63 本年2月、神戸大学医学部5年生のOSCEを見学した際にOSCE受験後の学生にインタビューしたところ、医療面接授業自体は1回しかないものの、普段から学生同士や病棟で患者さんの協力を得て医療面接の練習をしているとのことだった。

64 髙木晴夫「ケースメソッドについて」、日弁連法務研究財団編『法科大学院における教育方法』(2003、商事法務)、55-56頁によれば、KBSでは、入学式の翌日から5泊6日の入学合宿を設け、ケース・メソッドやグループ討議を徹底して行って予習や授業での発言の重要性、そして「討論型の授業をやっていかないとMBAをもらえない、もうやるしかない」という思いを学生に刷り込むということを伝統的に行なっている。合宿を非常に効果的に用いている例といえよう。

65 宮川成雄（早稲田大学臨床法学教育研究所）編著『法科大学院と臨床法学教育』（成文堂、2003）、114頁によれば、ヨーク大学オズグッド・ホール・ロースクールでは、ビジネス法という科目で、合併、買収、資金調達、資産の有価証券化、国際取引、知的財産権、情報技術などに関する経営戦略に関わる法律問題にシミュレーション・ベースで取り組んでいるとのことであり、「企業法務に強い法曹」の育成を目指し、将来的にはこのような科目のシミュレーション教材を作成することも検討に値する。

66 Steven A. Cole & Julian Bird（飯島克己・佐々木將人訳）『メディカルインタビュー――3つの機能モデルによるアプローチ 第2版』（メディカル・サイエンス・インターナショナル、2003）、352頁も、医療面接の学習法に関し、反復練習の有益性を指摘している。

67 名古屋ロイヤリング研究会編『実務ロイヤリング講義』（民事法研究会、2004）、37-38頁は、「法的結論」と「カウンセリング」の矛盾について、法律相談で与えられる「法律的結論」は、事実さえ確定していれば、法例や条例、判例・実務などによって結論は一義的かつ他律的な性質を持っているのに対し、クライアント中心療法のカウンセリングの考え方は、それぞれのクライアントの感情や考え方を大切にして、それぞれの自律性を尊重するという発想に立つものであり、その内容は極めて多義的であるとして、両者の本質的特徴の違いを指摘している。

68 渡部律子『高齢者援助における相談面接の理論と実際』（医師薬出版株式会社、1999）、13頁は、援助職を人間関係の専門職とし、コミアー等（Cormier & Cormier,1991）が、その著書の中で示している、職業として他人の相談にあたるカウンセラー、ソーシャルワーカー達に要求される3つの基本姿勢を紹介している。

69 日弁連法律相談センター面接技術研究会著／菅原郁夫・岡田悦典編『法律相談のための面接技法』（商事法務、2004）、237-239頁参照。また、弁護士の持つべきカウンセリング技能について、アメリカ法曹協会著／日本弁護士連合会編（宮沢節生・大坂恵里訳）『法学教育改革とプロフェッション――アメリカ法曹協会マクレイト・レポート』（三省堂、2003）、176-183頁。菅原郁夫・サトウタツヤ・黒沢香編『法と心理学のフロンティア Ⅰ巻 理論・制度編』（北大路書房、2005）、247-248頁。

70 斎藤清二『はじめての医療面接――コミュニケーション技法とその学び方』（医学書院、2000）、116頁。

71 米国ヴァージニア州の William and Mary School of Law では Legal Skills Program として模擬法律事務所を用いた教育が伝統的に行なわれているが、ここでもセクハラなどの社会的問題を扱う難易度の高いケースを実施したことがあるものの、十分な教育効果を発揮できず、現在は実施されていないという経緯がある（2004年度海外調査アメリカB班の報告による）。また、ジェラルド・F・ヘス&スティーブン・フリードランド（町村泰貴監訳）「法律教育の技法」、日弁連法務研究財団編『法科大学院における教育方法』（商事法務、2003）、193頁は、シミュレーションでは実際の依頼主がいないため、依頼主の考えや行動を判断することを体験できず、また概念中心でもないため、複雑な理論の学習には向いていない、とする。

72 クリニック・エクスターンにより弁護修習の一部は体験可能だが、検察修習や裁判所修習は体験できないため、実務修習を経ていないことによる違いは大きいと思われる。
73 本報告書第2章を参照のこと。
74 本報告書第5章を参照のこと。
75 2005年度春学期の池田直樹教授担当「現代損害賠償実務」等。
76 本報告書第5章参照のこと。また、前述の当ロースクールにおける髙木晴夫教授の講演によれば、KBSにおけるケースメソッド授業でも筆記試験を行なっている。
77 アメリカ法曹協会著／日本弁護士連合会編（宮沢節生・大坂恵里訳）『法学教育改革とプロフェッション――アメリカ法曹協会マクレイト・レポート』（三省堂、2003）、275‐282頁。ここでは、アラスカ、カリフォルニア、コロラドでパフォーマンス・テストが実施されていることについて述べられている。

授業風景
（2004年度秋学期「ローヤリング」より）

報告論集3

ローヤリングにおける試み（1）
──模擬交渉ロールプレイを振り返って

亀井尚也（司法研究科教授・弁護士）

1 はじめに

　関西学院大学法科大学院では、2004年度後期に池田直樹教授と私とで、「ローヤリング」の授業を2クラスずつ担当した。「ローヤリング」は、弁護士のさまざまなスキルを実践的に学ぶ科目として構想したものであるが、そこでは、仮装事例を用いて、依頼者や相手方との面接・交渉やあるべき紛争解決の方向について考え、ロールプレイなどを使った体験的授業が中心を占める。[1]「ローヤリング」という科目は、これまでの法学教育にはなかった試みであるため、教材作りから授業の進め方の細部に至るまで、池田教授と何度も打ち合わせを繰り返しながら実施したものの、講義型の授業と違い、シナリオどおりに進まないことが多かった。幸いにも、学生には好評だったようであるが、曲がりなりにも成功した授業とは言えず、汲むべき教訓が多かったというのが、率直な感想である。
　ここでは、第8限から第10限にかけて、依頼者役としてプロの俳優を依頼して行った模擬交渉のロールプレイ授業のうち、私の担当した2クラスの授業について、紛争解決学[2]の視点と教育方法の改善の視点の双方から振り返ってみることとしたい。

2 授業の進行概略

(1) シラバス上の位置付け

　ローヤリングの授業では、紛争解決における弁護士の役割の考察、法律相談の理論と実践（模擬法律相談も実施）、事案の見通し分析・紛争解決手段の選択およびその依頼者への説明（依頼者役俳優を依頼して模擬面談も実施）等の準備的段階を経たうえで、交渉に関しては、交渉総論の授業に1回をかけ、次に3回の授業を模擬交渉の実践にあて、更に40分程度かけて、ビデオを見ながら講評した。なお、教科書として、名古屋ロイヤリング研究会編『実務ロイヤリング講義』（民事法研究会・2004年）を使用した。

(2) 使用した事案の概略

　詳細は後記資料のとおりであるが、概略は、亀井直哉氏が徳岡宏二朗氏から西宮市内の4LDKの中古マンションを3200万円で購入したが、亀井氏は徳岡氏との共通の知人である塩川氏が仲を取り持ってこのマンションを購入したと思っていたところ、仲介業者の関学不動産（株）（取り扱いは甲東園支店・担当者は池田）が、このマンションは関学不動産（株）が亀井氏に紹介して関学不動産（株）が仲介したものを、直接取引の形にしたものにすぎないとして、仲介手数料相当額として売買代金の3％＋6万円である102万円（および消費税）の支払請求を行った事案。

(3) 各回の授業進行の概略

ア．第1回
　予習：教科書の該当箇所（交渉プランニング）は全員読んでおく。
　　関学不動産㈱代理人グループ・亀井直哉代理人グループそれぞれに分かれて、

①関学不動産㈱側は担当者池田の事情聴取書（資料1）、チラシ（資料2）、不動産登記簿謄本（資料3）を予め読み、

②亀井直哉側は亀井直哉の事情聴取書（資料4）、チラシ、不動産登記簿謄本、売買契約書（資料5）を予め読み、

それぞれのグループで大まかな相談をしたうえで各自関連する判例を調査し、法的メモを作成して、予め教員に提出させる。

当日の授業進行

①各グループ（5〜6人ずつ）に分かれて同時並行で見通しと交渉プランニングおよび依頼者への説明内容の検討（40分）。教員は適宜グループ内の討議に入り、特にどのような判例を調べてきたかを踏まえて指導する予定であったが、判例は双方ともによく調べてきていたので、交渉でどの程度の数字を提示するか、依頼者にどのように説明・協議するかは、各グループにまかせることとし、現実には指導はほとんど行わなかった。

②依頼者役（俳優）に入ってもらい、本件の見通しと交渉方針について、各グループ毎に（同時並行のまま）2人一組で説明させる（30分）。他の学生は傍で見学する。【ビデオで撮影】

なお、亀井直哉および関学不動産担当者池田を演じてもらう俳優には、それぞれ後記資料（資料6、資料7）のように役柄と本件についての姿勢を要請しておいた。

イ．第2回

予習：関学不動産㈱側から内容証明による請求書を送付し、亀井直哉側はそれに対する回答書を送付しておくこととし、これらのやりとりを踏まえて、各グループで相談のうえ、交渉メモを作成して授業当日提出。なお、教科書の該当箇所（交渉現場での対応、依頼者への説明・報告）は読んでおく。

当日の授業進行

①関学不動産㈱代理人・亀井直哉代理人間の交渉（30分）。各グループから2人ずつ出て交渉を行い、他のメンバーは見学する。【ビ

デオで撮影】
　②各グループに分かれて同時並行で再交渉プランニング（30分）。教員は適宜顔を出して指導する予定であったが、後述のとおり、依頼者役俳優に対するシナリオ修正の要請等に追われ、指導はほとんどできなかった。
　③依頼者役（俳優）に入ってもらい、各グループ毎に（同時並行のまま）2人一組で報告・説明と必要な説得等を行う（15分）。他の学生は傍で見学する。【ビデオで撮影】

ウ．第3回
　予習：各グループで、再交渉について再度相談しておく。
　当日の授業進行（この回は俳優は不要）
　①関学不動産㈱代理人・亀井直哉代理人間の再交渉。各グループから2人ずつ出て交渉を行い、他のメンバーは見学する。途中で依頼者（教員が代役）に電話を掛けて最終の意思確認をすることとする（40分）。【ビデオで撮影】
　②交渉不成立の場合に最終提案仲裁[3]を試みることもありうる。【ビデオで撮影】
　③各グループの依頼者への説明や説得の場面を中心に、ビデオで再現しながら討議・講評する（40分）。
　宿題：模擬交渉を終えてのレポート作成

3　実際の授業経過

　授業進行予定の概略は以上のとおりであったが、実際の進行は第1クラス、第2クラスで以下のとおりかなりの差が出た。ここでは、授業のイメージを持ってもらうために、少し長くなるが、経過を再現することとしたい。

(1) 第1クラス

ア．本件の見通しと交渉方針についての依頼者への説明

関学不動産㈱側：

①担当者に対して事実経過の確認。特に1月15日に亀井氏にかけた電話のやりとりからすると、媒介契約がその後も続いていたことを確認。

②代理人弁護士としての本件の評価として、媒介契約は成立しており、亀井氏が故意に関学不動産を飛ばして売買契約をしたのだから報酬の請求ができること、ただし、最後まで契約に立ち会っていないという難点があることを指摘。

③関学不動産としての意向を確認し、このようなことを認めると不動産業者の商売が成り立っていかないこと、しかし裁判に訴えるのでなく話し合いで解決したいこと、等を聴取。

④最後に、亀井氏に対して最低8割相当額は請求することを確認して終了。

やりとりは整理して行われているが、代理人として、この件について亀井氏側がどう出てくるか、見通しをどう立てるかについての評価が定まっていなかったためか、とりあえず最低8割の請求をしてみよう、ということで終わった。

亀井側

①亀井氏から事実経過の追加確認

②亀井氏から勝算の有無を聞かれたのを受けて、判例の説明をしたうえで、関学不動産に案内してもらったのと売買契約をしたのが時期的に近いことや値段が近い点が不利であるものの、売買成立にあたって塩川氏の存在が大きかったのかどうかが重要であると指摘。

③亀井氏の意向として、訴訟は避けたいことを確認したうえで、ある程度の金額を支払う用意はあるのかどうかを尋ねたところ、亀

井氏から逆に相場はあるのかと聞かれ、「半分以上ということはない」と回答。
④結局、支払う義務はないとの書面回答をしたうえで相手の反応を見ることとして終了。

亀井側においても、代理人として、関学不動産側がどう出てくるか、見通しをどう立てるかについての評価が定まっていなかったためか、とりあえず相手の様子見という方針で終わっている。

イ．関学不動産㈱代理人・亀井直哉代理人間の交渉
①仲介契約が成立していたのかどうかについて、双方のとらえる事実関係と関連する判例を出し合いながら論争。
②亀井側から、塩川氏がいたことが売買成立の動機として大きかったことを強調したため、関学不動産側から塩川氏についての質問とやりとり。
③関学不動産側から、亀井氏の電話の言い方が急に変わったことの不自然さを指摘したのに対し、亀井氏側は、関学不動産は契約成立に貢献していないとの反論。
④関学不動産側が、8割ないし9割との案を提示。亀井側は、関学不動産の仲介を断ったつもりだったし、物件を気に入ったとも言ってないし、交渉も頼んでいないと反論。報酬を認める場合でも1～2割を認めたに過ぎない判例を提示。
⑤亀井側の代理人の1人が3割の案を提示するも、もう一人からたしなめられて、1割に訂正。

全体に、双方が事実関係や裁判例の中で自己に有利に援用できるものを挙げて論争する雰囲気に終始し、妥協点を見いだそうという面はほとんど見られなかった。

ウ．各代理人グループに分かれて同時並行で再交渉プランニング
教員は適宜顔を出して指導する予定であったが、タイムキーピングに追われたのと、依頼者役（俳優）にどの程度の雰囲気で臨んでもら

うのかについてシナリオからの修正を要請することで終わってしまった。

なお、亀井側代理人の再交渉プランニングにおいては、交渉の場で関学不動産側から特に目新しい事実が出なかったことから、2割程度支払えば十分ではないか、等の強気の発言が支配的だったようである。

エ．依頼者への報告・説明と必要な説得等

関学不動産(株)側：

①交渉経過を担当者に説明。担当者池田は、亀井氏は1月31日に既に売買契約していたのに2月3日の電話で嘘をついていたことを指摘し、亀井側の案は呑めないことを強調。ただし、訴訟は避けたい。

②代理人から、判例でも2～5割が多いことと、亀井側の主張を伝えたうえで、担当者に、どこまで妥協するかの問いかけ。

③担当者から、個人的には8割は欲しいが、会社と相談の結果、5割5分くらいでどうか、と提案。そのあたりで再交渉することとして終了。

交渉で代理人が頑張ったことの報告や、それでも関学不動産側にはどの点に弱点があるかの指摘をしたりすることなく、判例の紹介に基づく説得がほとんどであり、普通ならば担当者は納得しないところである。しかし、教員からあらかじめ依頼者役（俳優）に、会社と相談した上で概ね5割程度まで譲歩することにする、との線を示唆しておいたために、依頼者役（俳優）の側から5割5分くらい、との数字が出た。実際のケースでは代理人からある程度の線を示唆して説得しないと難しいところである。

亀井側：

①交渉経過を説明。関学不動産側の主張を伝えたうえで、当方の見解としては2～3割であるが、判例がいろいろあることを紹介。

②亀井氏から勝算について聞かれ、いくらかあると回答。何故支払

わないといけないのかを問われ、亀井氏が断ったときの受けとめ方の違いがあることを指摘。
③判例を紹介しながら、説得。亀井氏は、訴訟は避けたい、しかし8割というのはおかしい、半分でも厳しいのか、等と代理人に問いかけたうえで、2割くらいで再交渉して欲しい、と依頼。代理人は、それでいくこととし、先方の出方次第でまた考えましょう、ということで終了。

ここでも、交渉で代理人が頑張ったことの報告や、それでも亀井氏側にはどの点に弱点があるかの指摘をしたりすることなく、判例の紹介に基づく説明が基本であった。2割程度の支払で十分なのではないか、との強気の見通しが代理人の説明のベースにあったのかも知れない。それ以上に、亀井氏の置かれている状況や感情面にまで踏みこんだ打ち合わせにはならなかった。また、最終的にどの程度をボトムラインとするのか、はっきりしないまま再交渉に臨むこととなった。

オ．関学不動産㈱代理人・亀井直哉代理人間の再交渉
①亀井側は、3割と前回言ったのは撤回しており、15％程度の話をしていると言うのに対し、関学不動産側は、契約直前まで行っていたという認識のもとに、原則は全額請求できるところを前回8割と提示した、との原則論を確認。この点をめぐって、故意に業者を飛ばした、いや仲介してもらったとは考えてないので15％と言っているのだ、との前回同様の論争。教員から、「論争はいいから交渉をどうするのか、話を前に進めるように」との指示。
②関学不動産側から、最大限譲歩して5割でどうかとの再提示。亀井側は、業者がかなり関与した例でも5割程度であり、それと比べても本件は2割程度であると応酬。判例の評価をめぐってまたも論争になりかけたので、関学不動産代理人から、認識の違いはあるとして自分の方は譲歩している、一度3割と言ったのを2割では納得しない、お互いに依頼者に聞いてみるのはどうなのか、との提案。亀井側は、2割5分でも依頼者の確認は取れていない

として難色を示すが、とりあえず各依頼者に連絡することにして交渉中断。
③それぞれ依頼者に電話連絡して協議したうえで、関学不動産側は4割、ただし最後まで行くとしても3割5分が限度である、との回答。亀井側は最大でも3割との回答。結局時間切れで交渉不成立に終わる。

カ．最終提案仲裁を試行

　教員が仲裁人をすることにして、各グループで最終提案を協議のうえ、代表1人ずつが1分間で提案理由を説明。関学不動産側は35万円（35％弱）、亀井側は32.5％の提案を行った結果、仲裁人は関学不動産側の35万円を採用して終わった。

(2) 第2クラス

ア．本件の見通しと交渉方針についての依頼者への説明
　関学不動産㈱側：
　　①担当者に対して事実経過の再確認（媒介契約書の有無、1月15日の亀井にかけた電話のやりとり、日誌の有無、塩川氏についての認識、今回のようなケースはよくあるか？等）
　　②関学不動産としての意向を確認し、多少は減額する余地があることを聴取。
　　第1クラスと同様に、代理人弁護士として、この件についてどの程度請求ができるのか、亀井氏側がどう出てくるか、等についての見通しが定まっていなかったため、その点を述べずに、またどの程度の減額が許容できるのかを確認しないまま、交渉に入っている。

　亀井側：
　　①代理人より、仲介契約が明示的に締結されたか黙示的に締結されたか等、やや難解な判例の説明をしながら、亀井氏に対し事実経

過の追加確認（特に、購入した動機や決め手について）。
②見通しとして、仲介契約の成立について裁判で不利に認定される可能性があるとしながらも、不動産業者として重要事項の説明をしていないので、仲介契約を取り消せるのではないか、と述べる（視点がちょっとずれている）。
③更に、案内された時に塩川氏とのいきさつについても言うべきであった、関学不動産の紹介との因果関係を争うのは難しいところがある、との見通しを述べる。
④これに対して、亀井氏が、関学不動産の仲介は断っているはず、と切り返したのを受けて、支払う義務なしということで検討します、ということで終了。

少し厳しい見通しのもとに依頼者を説得しようとしている姿勢が窺われるが、判例に基づく説明が中心で、依頼者の行動を少し責めるような雰囲気があるのとあいまって、依頼者が容易に納得しない。このため、とりあえず交渉してみよういう方針で終わっている。

イ．関学不動産㈱代理人・亀井直哉代理人間の交渉
①仲介契約が成立していたのかどうかについて、論争。
②亀井側から関学不動産側に対して、どのくらいを考えているのか質問→関学不動産側は7割の提示。
③亀井側から、関学不動産が仲介についての書面を交付しておらず通達違反で行政処分の対象になる、との指摘。関学不動産側は、買い手の仲介の場合に紹介段階で書面交付しないのは慣習であり、書面を作ったら客が逃げてしまう、と主張。亀井側は、免許取消の対象になることであるとして、当方が通告しない代わりに金額を下げるよう要求。
④関学不動産側から、飛ばされたことに憤慨していること、今回のようなことがあると不動産業が成り立たないことを説明するも、亀井側は聞く耳を持たない感じで、「10万円からスタートする」旨表明。

⑤関学不動産側が判例からするとこうなる、との説明をしようとするも、亀井側は、訴訟になると行政にチクると思う、と半ば脅かし。
⑥関学不動産側から、亀井氏はどう思っているのか？最後の電話で言葉を濁していたではないのか？との疑問を述べ、事実認識の応酬がなされる。
⑦結局、双方本人と交渉してみる、ということで終了。

　亀井氏側が脅かし的に譲歩させようとしたことも手伝い、交渉の雰囲気が悪かった。関学不動産の代理人が怒り出さないのが不思議なくらいであった。主張の投げ合いに終始しており、お互いの弱点や経済的な損得等を指摘して何らかの共通点を見いだそうという方向にならず、敵対的な雰囲気に終始した。

ウ．各代理人グループに分かれて同時並行で再交渉プランニング
　関学不動産側は、亀井側代理人が言い出した書面交付義務に関して、宅建業法を検討。亀井側は、判決でも6割くらいまで認められているだけなので2割くらいから行こう、との確認。ただし、弱点の検討もあわせて行っていた。

エ．依頼者への報告・説明と必要な説得等
　関学不動産側：
　　①交渉経過を担当者に説明。特に、先方の言い分のうち、書面交付がなかった点を伝える。そのようなことで処分されたことがあるのか尋ねたところ、担当者はそういうことはないと回答。よって、問題はないことを確認。
　　②担当者から、会社と相談の結果、5割は欲しいと表明。
　　③担当者から、どう考えても当方が紹介したことをわかっていて亀井氏は購入していると不満を表明したのに対し、代理人が、先方は仲介契約が成立していないと思っていることや、1月15日に断っているつもりのようである、とするも、担当者は断られた覚えはないと反論。

④結局、最低条件の5割以上でまとめるよう交渉するということで終了。

　ここでも、交渉で代理人が頑張ったことの報告や、それでも関学不動産側にはどの点に弱点があるかの指摘することは少なく、先方の言い分を伝える感じで説得している。しかし、ここでも、教員からあらかじめ依頼者役（俳優）に、会社と相談した上で概ね5割程度まで譲歩することにする、との線を示唆しておいたために、依頼者役（俳優）の側から半分、との数字が出た。

亀井側：
　①交渉経過を説明。関学不動産側の言い分・怒っていた点を伝えたうえで、判例では6～7割認めたものもあり、訴訟で勝てる可能性もあるものの手間もかかるので妥協点を見いだす方向を示唆する。
　②亀井氏から、「妻と相談した結果、塩川氏を巻き込みたくないという気持ちが強い」と告げたうえで、妥協点を代理人に尋ねる。
　③代理人から、先方も5割くらいには下げてくるのではないか、との予想を述べたうえで、当方は3割くらいで頑張りたい、との線を出す。ただし、亀井氏の断り方が甘かったのではないか、と先方は言っていることから、5割くらいはいかれるかも知れない、と告げる。
　④亀井氏が、ある程度のお金で済むなら良いが、最初から50万円でいくのか、と不安を口にしたのに対し、代理人が、2～3割でいきたい、ただし、先方の出方次第では4～5割くらいになるかも知れないことを告げて、再交渉に臨むこととする。

　訴訟になった場合のメリットとデメリットを告げ、相手の出方の予想も踏まえて協議しており、具体的な線も出して、それなりの説明と説得が行われていた。ただし、やはり、交渉で代理人が頑張ったことの報告がないので、本当に代理人に信頼を持っているのかは、不明である。なお、教員が、交渉の様子を見て交渉が成立しない危惧を抱い

たことから、交渉後に依頼者役（俳優）に、塩川氏を巻き込みたくないのである程度の妥協は考えるという姿勢で臨んで欲しい、と言っていたこともあって、亀井氏は代理人の説得を受け入れようという姿勢をかなり見せていた。本当は、そのあたりは代理人から亀井氏の気持ちを引き出し、亀井氏の置かれている状況に沿っていっしょに最善の策を考えるという姿勢が欲しいところであった。

オ．関学不動産㈱代理人・亀井直哉代理人間の再交渉
　①関学不動産側から、どの判例が本件に当てはまるかについてと、宅建業法違反に当たらない点について、再度調べてきたことに基づき主張し、亀井側がこれに応酬し、論戦となる。また、関学不動産側から、こういうことを許すと業者としてやっていけない、との主張に対し、亀井側は、関学不動産に紹介されたことと契約成立の因果関係がないこと、仲介契約が成立しているとの認識がなかったと反論し、前回と同様の論争が続く。教員から、「論争はいいから交渉をどうするのか、話を前に進めるように」との指示。
　②関学不動産側から、「裁判しても勝てるので、本来は全額であり、免許取消などありえない。譲歩して7割である」と提示。亀井側は、「それでは到底受け入れられないのは前回以後も本人に聞いている。何を根拠に7割と言っているのか。紹介・案内だけであって10万円程度と言ったはず」と応酬。関学不動産側から、亀井氏は「他の物件が見つかった」と嘘を言っているとの指摘をしたうえで、提示額について再度質問。亀井側はこれを受けて30万円との再提示をする。その後も、仲介契約の成否をめぐって論争が続く。教員から、「論争はいいから交渉を前に進めるように」と再度指示。
　③ようやく、関学不動産側から半分の51万円でどうか、との提示があり、亀井側は、前回以降30万円まで折れたことを関学不動産にも伝えて欲しい、そのうえで、40万円で会社に聞いてみて

欲しい、当方も51万円で本人に聞いてみる、とのことで、各依頼者に連絡することにして交渉中断。
④それぞれ依頼者に電話連絡して協議したうえで、亀井側は45万円まで出す、関学不動産側は4割台でもいいと言っている、との結果、亀井氏が45万円支払うことで交渉成立。

4　総括

(1) 学生に与えたインパクト

　まず冒頭に指摘しておきたいことは、この模擬交渉ロールプレイには、後述するように、教育方法としては様々な問題点があったと思われるにせよ、学生達は平素の机の上での勉強と違い、このような体験型学習が大変新鮮であったこともあって、一人残らず非常に熱心に取り組んでくれ、それぞれが多くを学んでくれた、ということである。学生に与えたインパクトはすこぶる強かったと言って良い。ロールプレイ終了後に全員に書いてもらったレポートにそのことがよく表れている。いくつか挙げてみたい。
　「法律構成で相手方を攻撃し、優位に立たなければ和解できない。あるいは依頼人を納得させられないとの思いが強かったです。和解に向けての交渉なので、法律以外の感情や価値など様々な要素で柔軟に対応すれば、両当事者も納得のいく解決を早く導けたのではないかと思います。依頼を受けた弁護士の仕事は、どれだけ依頼人の話を聞き、相手方を説得するかが最も重要だと思い込んでいましたが、実はどれだけ依頼人を説得するのかが重要だということをこの授業で痛感しました。」
　「交渉では、法的な問題点や見解に固執するのではなく、依頼者と相手方の関係がこれからも続いていくような『両者とも納得のできる答え』を導いていくことを念頭に置くべきことに気付きました。そして、このために、プロフェッショナルな中立の第三者がいない交渉では、弁護士が依頼者に対して、専門家として納得の得られる説明をすることが必要であることも感じました。そうすることによって、さらに、依頼者の心情や要望に

添った交渉が可能となり、ゼロか100ではない、両者双方が納得した結果が導き出せるだと思います。法的問題点ばかりを考えてきた私にとって、このような点に気付かせてくれた今回の演習は、非常に価値のあるものとなりました。」

「双方代理人が、当事者とは異なって、事案全体を俯瞰するような視点を持つことが必要であり、その視点を持ってお互いに利益のある解決を目指すことが出来る点が、本来、代理人を立てるメリットだろうと思います。また、より良い解決に際し、最も大切なのは依頼人の納得だと思います。今回の結論は、代理人でさえ納得のいくものではないし、依頼人はなおさら不本意だったのではないかと思います。交渉の難しさを実感すると同時に、弁護士には、準備する真面目さ、相手方・依頼人を説得する理論的な正確さはもちろん、プレゼンテーション能力、相手方・依頼人から信頼される人間性・加えて忍耐力が必要なのだと思いました。紛争の中に自ら飛びこんでいくのが弁護士の業務なのでしょうが、タフでなければ勤まらない、と感じました。」

「今回のような授業はとても楽しかったです。まさしく、僕がロースクールでやりたかった授業です。非常にためになりました。弁護士に求められるのは、法律の知識だけじゃないことがよく分かりました。」

「交渉というものは、最終的に中立な立場の裁判官によりなんらかの公権的な結論が出る裁判とは異なり、自己に有利な判例や事実の主張をするだけでは紛争解決にはならない、という実感でした。おそらく、人は誰でもいったん人間関係に溝ができれば簡単には納得できない側面を持っており、それは代理人であっても同様なのだということです。交渉とは、互いのボトムラインを確保し、ウィン・ウィン型の解決を目指す知的活動であるのですから、受任者としての依頼人への感情・贔屓を超えて、プロフェッションとしての『客観的な弁護士』で在らねばならないな、と強く感じました。」

(2) 交渉結果の実験的分析

　前述したように、今回の模擬交渉では、私の担当した第1クラスと第2クラスの間で交渉結果が異なって終了した。私たち教員の側では、もともと交渉の実験をしてみるという意図はなく、体験的教育としてどう取り組むかに主たる関心を注いでいたのであるが、実際にやってみた結果を振り返ると、紛争解決学や交渉学という視点からすこぶる興味深い分析ができることを感じた。すなわち、実際の交渉事案がどのように解決されていくのかは、法律によって予定調和的になされているのではなく、弁護士の方針と依頼者の意向・性格・置かれている状況等の組み合わせと協働作業によって、千差万別である、ということの実験となった。

　以下に具体的分析を行ってみたい。

　前述したように、第1クラスでは時間切れで交渉不成立に終わったものの、最終提案仲裁を実施したところ、両者の最終提案は極めて似通っており、結局35万円で妥結した。これに対し、第2クラスでは45万円という数字で交渉が成立した。この間に10万円の開きがあるが、この差はいったいどこから来たのであろうか。

　代理人の姿勢を見ると、第1クラスでは、関学不動産側の代理人が、判決でも5割くらいまでのものが多いことから、見通しをその程度に持って依頼者を説得しようという姿勢を持っており、交渉においても、たてまえはともかくとして、かなりの譲歩をして話し合いを成立させようとしていたのに対し、亀井側の代理人は、メンバー間にかなりの差が見られるものの、2割～3割がせいぜいのところであり、その以上なら訴訟やむなし、との強気の見通しで臨んでいたようである。これに対し、第2クラスでは、関学不動産側の代理人が、7割くらいもらってもよいはずとの見通しを持って、相手を言い負かそうとしていたのに対し、亀井側の代理人は、割合厳しい見通しを持って5割くらいは払わないといけないかも知れない、という線で依頼者を説得しようという姿勢を見せていた。

　結局は、代理人が強気に対立競争的交渉戦略を取った方が、強調協力的交渉戦略をとった方よりも、有利な解決が得られるということになっただ

けではないのか、という分析も可能かも知れない。ゲーム理論が説くような、強調協力的交渉戦略を選択した方が結局は有利になる、という結果にはなっていないようにも見える。現実の交渉事案においてもそのような面はあるかも知れない。

ただし、今回の模擬交渉で双方の学生がどの程度まで考慮することができていたのか、最も疑問のあるのは、いわゆるBATNA（不調時の最善の代替案）である。関学不動産側の代理人は、交渉が決裂した場合に会社がとるBATNAは調停や訴訟といった法的手続であることが考えられるが、そこまで手間を掛けて100万円余りの報酬を得ることを目標にすることが果たして得策なのかどうか、むしろ日常の業務で成果を上げる方が経済的には得かも知れないという可能性を頭に置く必要がある。もちろん、かといって亀井氏から端金を支払わせるだけでは担当者の志気にも影響し、引いては会社の業績にも関係してくるという面もあるので、それなりに示しのつく金額を支払ってもらう必要がある、というボトムラインはあろう。その間で、どのあたりを選択するのかという総合的判断をすべきであると思われるが、第2クラスの関学不動産側代理人は、果たしてそこまでの検討をしていたのかどうか。もし自己の主張に固執して、亀井側が交渉打ち切りを宣告して来た場合にどうするかを、考えていたのかどうかという点が指摘できよう。したがって、実際の事案においては、第1クラスの妥結額（仲裁額）に近い結果になるのではないか、というのが私の感想である。

他方で、亀井側の代理人も、果たしてBATNAをどこまで検討していたのだろうか。交渉が決裂した場合に会社から調停や訴訟を提起されるおそれもあるが、本当にそうなったとすると、塩川氏という知人に協力してもらう必要も出てくるだろうし、なぜ物件案内の時に黙っていたのかとか、なぜ「別の物件が見つかった」と隠すようなことを言ったのか、といった嫌なことを追究されるかもしれないし、何よりもいつまでも紛争を引きずることになる。そのようなことは避けたいという気持ちを亀井氏は強く持っていた。塩川氏が間に入ってくれたために仲介手数料を支払わずに物件を購入できている点で、もともと得をしていたのだから、この際ある程

度の金員を支払ったとしても、結果的に損になるわけではなく、むしろそれによってすっきり嫌な紛争から解放される選択も十分あり得るのではないか、といったあたりを、どこまで掘り下げることができていたのか。第1クラスの亀井側代理人は、判例と事実関係の分析から強気一本槍のような姿勢を見せていたが、現実の紛争解決は当事者を巡るさまざまな気持ちや利害得失等によって規定されることにどこまで思い至っていたのか、という指摘ができよう。結果的には相手の譲歩によって救われたわけではあるが。

ゼロ・サムの世界観を前提とした対立・競争型交渉に対して、ハーバード流交渉術として「原則立脚型交渉」の考え方が唱えられているのは有名であるが[6]、この理論においては以下の点が強調されている。

①立場で駆け引きしないこと
②「人」と「問題」を切り離して考えること
③「立場」ではなく具体的な「利害」に焦点を合わせること
④パイをできるだけ大きくして、複数の選択肢を用意すること
⑤利害の衝突については、客観的基準を強調すること
⑥合意が成立しない場合の不調時対策案や不調時よりはましな次善策を考えておくこと

代理人がもしこれらの点によく留意していたら、交渉はもっとスムーズに進んでいたはずであり、現実の事案であれば、第1クラスの亀井側代理人による方針の強気方向への転換や、第2クラスの亀井側代理人の脅し的アプローチあるいは関学不動産側代理人の強気な態度により、交渉が決裂となって、双方ともにかえって手間と費用のかかる解決になっていたかも知れない。代理人が強気に対立競争的交渉戦略を取ればかえって不利な解決になる可能性のあることが見て取れるのである。

なお、もうひとつ重要なことは、依頼者がどのような意向を持っていたかということである。第1クラスの亀井氏に比べて第2クラスの亀井氏は、教員の裏からの誘導もあったせいか、少しくらいお金を払ってでも何とか早く解決したいという意向を持っており、場合によれば5割くらい支払うことも視野に入れていた。そのような亀井氏の気持ちを前提にすれば、45

万円という解決は、亀井氏にとって十分納得できる金額だったわけであり、第1クラスの亀井氏が35万円の解決を受け入れるのに比べて、不利な解決になったと単純に言うことはできない。紛争解決の妥当性の評価は、必ずしも金額の大小を第三者が評価するというものではなく、最後は当事者がその解決をどの程度満足に受け入れることができるのかによるのであり、一方の満足は他方の不満足、一方の利得は他方の損失というように、ゼロ・サムの世界ではないところに紛争解決の本質があることが、ここでも示されている。

まさに、弁護士の方針・姿勢と依頼者の意向・性格・状況の協働作業によって紛争解決がなされるのである。

(3) フィードバックの不足

さて、ここからが授業方法の総括であるが、今回の授業のやり方としては、通しでロールプレイをさせてから最後にフィードバックを行うという方法をとった。例えば、依頼者への最初の説明を終えた段階で、説明者や見学者から感想を求め、依頼者役にも感想を言ってもらったうえで、例えば教員からも、学生に対して、本件をどのようにまとめようと考えているのか、見通しはどうなのか、依頼者の本当のニーズやシチュエーションをつかめているのか、と言った問いかけをすることも考えられる。また、交渉を1回終えた時点で、交渉者・見学者を交えて、交渉経過を振り返りつつフィードバックを行い、再交渉をするにあたっての方針等に関しても、学生にかなり突っ込んだ指導をすることも考えられる。しかし、この授業では、それをあえてせず、最初の段階の方針立てがその後の交渉経過にどのような影響を与えたかを後で振り返らせることとし、交渉は失敗に終わるかも知れないものの、失敗から学ぶことも多いはずであるという発想で進めた。シナリオどおりに行かない展開については、模擬依頼者の対応を少し変えてもらうことによりカバーしようとした。このような考えの背景には、交渉総論の授業の中で、交渉で考えるべき点をいろいろレクチャーしていたので、学生ももう少しいろいろな面からの検討ができると考えて

いたことが挙げられる。

　しかし、実際には、前述した経過が示すように、事案が金銭請求の額をめぐる事案であったこともあって、学生は基本的にゼロ・サムの発想に陥ってしまったようである。判例や本件の事実関係の一部を自己に有利に援用して、相手にいかに勝って譲歩させるかにほとんど終始し、自分の方が譲歩することは負けを意味するという発想があったためか、論争と睨み合いが支配的であったといっても過言ではなく、率直な交渉というにはほど遠い感じであった。他方で、依頼者に対しては、紛争を解決するには説得をしなければならないという頭はいちおうあるものの、判例を背景に理屈でもって平板な説明・説得をするといった面が強く、依頼者の本当の納得を得ることへの留意がまだまだ弱かったことは否めない。総じて、交渉の場で一見強気に自己主張をすることが、結局は本当に依頼者のための活動になっているのかを、フィードバック等を通じて振り返ることのないまま、進んでいった感がある。

　前述したように、関学不動産の側は、会社としての示しがつくかどうか、金額の多い少ないはあまり大きな問題はないという基本的な考えがあり、他方で、亀井の側は、訴訟になると知人に迷惑を掛けることになるし、このような紛争になったのを自分でも後悔していて一日も早く解決してすっきりしてしまいたいと思っている点や、仲介手数料を払わずにすんだという得をしている点もある。これらのスタンスや思いに迫る代理人とはなりえず、これらのことは全てロールプレイ終了後のフィードバックで触れることとなった。学生は、3回にわたる実習を通して自分自身の体験を経た失敗から振り返ることになったため、これらのフィードバックを真剣に受けとめる結果になったことは間違いない。レポートにはそれがよくあらわれていた。

　しかし、交渉事案で考えるべきいろいろな要素を体験を通じてつかむには、このようなやり方でなく、やはり1つ1つの場面でフィードバックしながら進める方が良かったのではないか、というのが、現時点での反省である。

　現在の専門職養成課程にはさまざまなシミュレーション教育が取り入れ

られているが、その中で行われるロールプレイに際しては、フィードバックが極めて重視されている。

　例えば、私自身、神戸大学医学部で5年次に行われている医療面接実習を見学する機会があったが、そこでは、数人の学生がグループを組んで、各学生がそれぞれ10分間の模擬医療面接を行ったうえで、フィードバックとして、医療面接実施学生の感想→見学学生からのコメント→SP（模擬患者）からのフィードバック→教官からのフィードバック→医療面接実施学生からの再コメントという順で、合計10分程度をかけてフィードバックが行われていた。模擬医療面接を行った直後であるだけに、フィードバックは簡潔かつ率直に行われ、特にSP（模擬患者）からは、学生のどの発言によって自分がどういう気持ちや考えを持ったかが、具体的に指摘されていた。なお、フィードバックの方法についてはひとつの約束事があり、必ず最初に相手の良かった点を誉めたうえで、問題点を付け加えるという形を徹底している。

　ソーシャルワーカーを養成するためのシミュレーション教育を総括した渡部律子「ロールプレイと三段階フィードバックの組み合わせによる社会福祉援助面接技術教育の試み」（『日本社会福祉実践理論学会研究紀要』第3号、1995年）において、同教授は、第一段階のフィードバックとして、学生が三人一組（一人がソーシャルワーカー、一人がクライアント、一人がコメンターの役割を交替で経験する）のロールプレイを行った際に、コメンターの役割を担当する学生によって記入される「面接技術修得度のチェックリスト（記述式、定型）を、第二段階のフィードバックとして、ビデオに録画された面接場面を学生とインストラクターが見て、その場であるいは時間をおいて与えられる「ビデオへのフィードバック（口頭、自由形式）」を、第三段階のフィードバックとして、日誌に綴られた学生のロールプレイに対する感想へのインストラクターのフィードバック（記述式、自由形式）という、3種類を組み合わせて授業で実践した結果を報告・分析している。第一のフィードバックでは、評価基準の明確化と、コメンターの客観的評価という問題意識が述べられている。第二のフィードバックでは、授業でビデオ再生しながらフィードバックを行うことの時間的な問題

と、多くのクラスメートの前でビデオ再生される学生達の心地悪さが指摘され、実際には、授業時間外にインストラクターである教授とその週にビデオを使用したグループとの間で行うことにしたが、学生がこれによって学び得たものが大きかったことが指摘されている。学生達には「コメントは、自己批判だけに終わらせないこと。まず最初は、自分で良くできたと思うことを少なくともひとつ述べること。それをしないと批判に入ってはいけない」ということを理解してもらうようにしたこと等、前述した医療面接のフィードバック方法におけると同様の、示唆に富んだ方法論が紹介されている。第三のフィードバックでは、学生の日誌には、フィードバックをどのように実生活の中で取り入れているか等も題材に入れるよう指示し、インストラクターが学生の日誌を注意深く読み、学生の問題を早期にとらえ、的確な援助を行うことが、強調されている。

　私たちが今回教科書として使用したテキストにおいても、交渉メモとして、法的な問題点、訴訟の場合の予測金額、これを修正する要素及び金額、当方の和解許容範囲、相手方の和解許容範囲（予測）、和解予測金額（その他の和解解決）、当方の最初の提示案、相手の最初の予測提示案、交渉戦略（論理・損得・感情・その他）といった項目が挙げられているし、またオブザーバー役用に交渉現場でのチェックポイントのサンプルも用意されているので[7]、これらを利用して、交渉プランニング段階や交渉終了段階の都度、フィードバックを行っていくことも可能であったはずである。また、私は、大宮法科大学院で行われている竹内淳教授のローヤリングの授業（紛争解決交渉のロールプレイが行われていた）を見学する機会があったが、同教授は、依頼者への説明よりも「交渉」そのものに焦点をあて、教員と補助教員が依頼者役をすることによって、学生との打ち合わせの都度、フィードバックを含めた指導を行いつつ、シナリオに臨機応変な修正を加える等の工夫を凝らしながら授業を進めておられた。

（4）時間が限られている中でどう教育効果を高めるか

　このように、フィードバックを重視しつつ授業を進めるとなると、大き

な問題は、授業時間の不足である。今回の模擬交渉は1回90分の授業時間を3回充てたが、フィードバックを充実させるとすれば、その倍くらいの時間はかかるのではないかと思われる。

　神戸大学医学部の模擬医療面接の実習では、ロールプレイの時間を10分間としてフィードバックの時間を10分間取り、そのサイクルを順番に回していく方法を採っていた。このように時間を短く区切るやり方を採用すれば、効率的に、かつ学生にとってもインパクトの強い形で実習していくことが可能となろう。

　ソーシャルワーカー養成の実習でも、渡部教授はロールプレイを15分程度に設定してフィードバックを繰り返す方法を採用している。また、前述したとおり、ビデオ再生を使ったフィードバックは授業時間外を使っている。方法論としても、クラス全員の見ている前でビデオ再生を行って振り返るよりも、グループ内で行う方が教育効果も高まるようである。

　ただ、医療面接は現実のケースでも10分程度で行われることが多いし、ソーシャルワーカーの相談も、相談者から話を聞き出すことを中心に15分程度のロールプレイをすることは現実的に可能である。これに対し、法律相談や事件受任後の依頼者との打ち合わせ、あるいは相手方との交渉は、話を聞き出した上で見通しや主張を述べ、接点を見いだして紛争解決につなげていくといった内容が含まれており、10分や15分程度ではまとまったやりとりにほとんどならず、いきおい1回のロールプレイの時間は長くならざるを得ない。これにフィードバックをその都度行うとすれば、1回の授業で行えることは限られてくる。あれもこれもロールプレイの中に組み込んで消化不良になるようなことを避け、ポイントを絞ったプログラムにすることも考える必要があるかも知れない。加えて、週1回の授業というスタイルがロールプレイを中心とするローヤリングに合致したスタイルなのかどうかも、検討してみる必要があるように思われる。

　筆者が本年2月に訪問したNYUのローヤリング・プログラムでは、求めるスキルに応じた何段階ものプログラムが用意され、例えば交渉や調停のプログラムでは、概ね1カ月をかけて、本番の交渉や調停に向けて授業のほかに依頼者へのインタビューやカウンセリング、打ち合わせとフィー

ドバック、文書作成と添削等がインフォーマルなものも含めて重ねられていくというスケジュールが組まれており、最後の交渉や調停の本番は終日を掛けていたようである。

今回のシンポジウムでも紹介されるところの、慶応ビジネススクールで実施されているビジネスゲームは、学生が数チームに分かれてそれぞれ会社を経営し、経営戦略や組織体制、年次計画などを立てながらシミュレーションで生産・販売競争を行っていき、決算を繰り返して各社の実績を挙げていった結果を検証するという科目であるが、学期と学期の間に3日間の合宿形式で行われている。このように合宿形式で行うと、チームの中のコミュニケーションがうまくできているかどうかを否が応でも意識することにつながるという面もある。詳しくはシンポジウムでの報告に譲るが、ローヤリングの授業をより発展させて、ビジネスゲームのように学生が模擬法律事務所を構成してケースを配転していくというイメージでやっていく場合に、通常の授業時間を使った五月雨式ロールプレイは、フィードバックを十分に行う必要性を合わせ考えると、果たして教育効果を挙げる最適の方法なのかどうか、再検討の必要性もあるように思われる。

(5) 模擬依頼者養成の必要性

模擬依頼者を使ったロールプレイにおいて、模擬依頼者を誰にやってもらうかは、1つのテーマである。今回の模擬交渉では、プロの俳優に依頼者を演じてもらったが、俳優の人は、セリフをそのまま覚えてくるような役回りではなかったものの、さすがに役柄に入り込んで、真に迫ったやりとりをしてくれた。学生扮する模擬弁護士の質問や説明・説得の仕方に応じて気持ちや発言を変え、的確な反応をしてもらえた。終わった後の感想でも、弁護士の一言一言が自分にどういう気持ちを起こさせたか、説得を受け入れようとしたのはどのような時か、等々を具体的に指摘してくれた。

ただ、前述したように、フィードバックを充実させる方向を目指すのだとすると、このような俳優としてのプロが最適なのかどうかという問題があることも事実である。

模擬医療面接においては、一定の訓練を受けた模擬患者（SP = Simulated Patient の略で、本物の患者と同じような症状と会話を再現できるように訓練された人を意味する）が役割を果たしている。これも今回のシンポジウムで詳しく紹介されるが、SP は医療者の発言・態度に応じて、役柄の生活面・心理面に深く関わった演技を要求されるほか、フィードバックの場面において、相手のどのような態度で自分の気持ちが動いたかを具体的かつ簡潔に伝え、中立の立場で医療者役のやる気を起こさせるようなポジティブな伝え方をすることが求められる。SP はこのような役割を有効に果たすために、役作り・フィードバックの両面においてスキルアップを重ねながらロールプレイに臨んでおり、この道のプロである[8]。

　関西学院大学法科大学院の模擬法律事務所構想では、模擬法律事務所にシミュレーション事例を配転し、模擬依頼者と打ち合わせをしながら事件処理をすすめていくことを想定しており、紛争解決の場面における当事者の真のニーズや人生での選択というような面を理解してくれる依頼者役を求める必要があると思われるし、法律家がそのような面をうまく引き出しつつ的確な方向付けと発問・説得等を行ったかどうかについて効果的にフィードバックできるような、模擬依頼者（SC = Simulated Client）を専門的に養成していくことも、考えていく必要があると思われる。我が国には未だかつて法曹養成におけるこのような SC の養成が行われた歴史はなく、まさしく今後の研究・実践課題ということができよう。

(6) シナリオの改善

　最後に、今回の模擬交渉においては、金銭請求型の事例を用いたが、学生の発想がゼロ・サム型に陥った原因のひとつに、このような事例の性格があったかも知れない。金銭請求型では、どうしても1つのパイをめぐって一方がより多い利得をめざすことは他方の譲歩と損失を意味するというとらえ方になりやすいからである。紛争解決のための大きな視点で状況をとらえることは、金額の大小を中心に考える限り、なかなか初学者の学生には難しいことだったかも知れない。

ハーバード流交渉術で唱われているいわゆるウィン・ウィン型＝原則立脚型交渉を学生に考案・実践させるには、相手との押し合い・引き合い以外の第三の途を考えやすい事例、例えば建物の明け渡しや売買・交換が絡むケースや、相続の事例、契約締結交渉事例、あるいは少々複雑になるが会社のＭ＆Ａのケース、といったものを用意する必要があるように思われる。

(7) まとめ

以上反省点を何点かにわたって述べたが、2005年度のローヤリングの授業においては、模擬法律事務所構想のより実験的なプログラムとなるよう、新シナリオの作成、フィードバックを充実した授業計画、模擬依頼者の専門的養成への踏みだし等々、新しい試みの準備をしており、今後もいろいろな方の意見をいただきながら、よりよいプログラムに仕上げていくための努力をしたいと考えている。

【注】

1 シミュレーション科目の中心を占める「ローヤリング」が、「聞く」「話す」ことによるコミュニケーション能力を含めた総合的能力の涵養を目的としていることや、ローヤリング授業の全体的設計、関西学院大学法科大学院の模擬法律事務所構想との関係などについては、亀井尚也「シミュレーション教育の意義と実践」、『自由と正義』2005年6月号、23頁以下。
2 「紛争解決学」が独自の課題と方法をもって学問として樹立された意義については、廣田尚久『紛争解決学 新版』(信山社出版、2002) 3頁以下に詳しい。
3 当事者双方が最終的な提案をし、仲裁人が当事者の出した提案のいずれか一方を選択して(すなわち中間値を取らない)、それをもって仲裁判断をする方式。アメリカのプロ野球選手の年俸交渉がまとまらないときに活用されたことから、別名「野球式仲裁」とも呼ばれる。廣田尚久『紛争解決学 新版』(信山社出版、2002)の148頁、381頁以下に具体例とともに紹介されている。この方法の良さは、レビン小林久子『調停ガイドブック―アメリカのADR事情』(信山社出版、1999)、93頁以下によれば、「あまり身勝手な数字を出すと仲裁者に退けられてしまうため、オーナーも選手も自分の数字を選んでもらうために、ある程度相手の立場を考慮したフェアな金額を出さなければならないことです」という点にある。
4 太田勝造・野村美明編『交渉ケースブック』(商事法務、2005)、145頁。なお、協力と非協力の間の人間行動の合理性について、鈴木光男『ゲーム理論の世界』(勁草書房、1999年)、58頁以下に詳しい。
5 Best Alternative To a Negotiated Agreement の略。
6 Fisher, Ury & Patton, *Getting To Yes* (邦訳：ロジャー・フィッシャー、ウィリアム・ユーリー、ブルース・パットン(金山宣夫・浅井和子訳)『新版 ハーバード流交渉術』(TBSブリタニカ、1998))。大澤恒夫『法的対話論：「法と対話の専門家」をめざして』(信山社出版、2004)、119頁以下や、前掲『交渉ケースブック』(商事法務、2005)の73頁以下などにも、交渉の実践的な視点から解説が加えられている。なお、大澤恒夫『法的対話論』は、弁護士業務に求められる「対話」の理念と技法を理論・実務の両面から掘り下げた興味深い大著である。
7 名古屋ロイヤリング研究会編『実務ロイヤリング講義――弁護士の法律相談・調査・交渉・ADR活用等の基礎的技能』(民事法研究会、2004)、193頁、211-213頁。
8 岡山SP研究会は1988年より模擬患者の養成・派遣・研修等を重ね、定期的にSP養成講座を開設するなど、活発な活動を行っており、今回のシンポジウムでもその内容が紹介される。同研究会のホームページはhttp://ww31.tiki.ne.jp/~nishitani/。

172　第二部　報告論集　模擬法律事務所への調査と実践

資料―1

(関学不動産（株）の担当者池田勤の説明)

1. 平成15年11月3日午後の少し遅い時間に亀井さんが1人で当社の甲東園支店に来訪され、私が応対しました。亀井さんは、東京から平成16年4月に転勤になる予定であるが、中高の子供さんがいるということで、阪神間で4LDKくらいの3000万円くらいの中古マンションを探しておられるとのことでした。

    亀井さんはすでに他の不動産業者を回ってこられたあとのようでしたが、当社でもどこかいい物件があれば紹介してほしいということでしたので、名前・連絡先等を書いてもらったうえで、いくつか物件の案内チラシを見せた中に、今回の物件も入っていました。この物件は、不動産業者上ヶ原リバブル（株）の西宮支店が売り主から依頼を受けて売りに出している物件でした。売値は3300万円ということで出ていました。亀井さんは、あちこち回ってきたためにかなり疲れておられる様子で、その場では、特にどの物件に興味があるといった感じではありませんでしたので、私は案内チラシのコピー（ただし、売り主側の仲介業者を書いた部分はブランクにしたもの）を何枚かお渡しして、またご案内いたしますと言っておきました。

2. 亀井さんは、次に物件を探しに来るのは正月明けだと思うとのことでしたので、私からは、お勧めできそうな情報があり次第、FAXで案内チラシを送るとともに、年末までにも何度か「どうですか。お気にいられた物件はありましたか」と勤務先に電話で尋ねましたが、お仕事中で忙しそうだったためか、「また検討しておきます」という程度でした。

3. 私は、亀井さんが次に来られるのは正月明けとのことだったので、正月明け早々の1月6日に亀井さんに電話し、いくつか特にお勧めできそうな物件2～3にしぼって、「今度こちらに来られる際に、是非中をご覧になりませんか」と持ちかけたところ、亀井さんは次の週末に関西に来られるということで、1月11日の日曜日か12日の祭日なら見に行けるとのことでした。そこで、私は、本件物件を含めた3つの物件について、売り主側の仲介業者と連絡を取り、1月11日に順次ご案内するということでセッティングし、亀井さんにも伝えました。

4. 1月11日の当日は、亀井さんが奥さんといっしょに来られました。予定通り3つの物件を順に案内し、本件物件は最後でした。その場には、上ヶ原リバブル（株）の西宮支店の担当者である村上さんが来ており、物件の内部の案内は主に村上さんが行いました。売り主の徳岡さんと奥さんもおられましたが、物件の案内は上ヶ原リバブル（株）にまかせているので、あまり話をされず、奥さんが、この物件はとてもきれいに使ってきたことを強調しておられました。亀井さんは、この物

件がかなり気に入っておられた様子でした。何故なら、当日ご案内した物件のうち、この物件を最も長い時間をかけて見ておられたからです。時間にして20分くらいで、亀井さんの奥さんが風呂や洗面所、キッチンなどもよく見て、どう使うのかの質問もしておられたくらいです。亀井さん自身はそれほど質問はされませんでした。

5. その後、1月15日の日に、私から亀井さんの勤務先に電話し、「先日ご案内した物件はどうでしたか」と訪ねたところ、亀井さんは、「まだ検討中です。今仕事中なので、後で自宅に電話ください」とのことでした。そこで、あらためてその日の晩に亀井さんに電話したところ、亀井さんは、「最後に案内された物件は割合気に入っているのですが、ちょっと値段が高いので・・・」と言っておられました。私からは、「値段については、こういう時勢ですから、可能な限り交渉してみますので」と言いましたが、亀井さんは、「わかりました。よく考えております。ただ、引き続きほかの物件があれば紹介してくださっても結構です」と言って電話を切られました。亀井さんの口調は、本件物件について断るという感じではもちろんなく、有力な候補として引き続き検討するというものでした。

6. その後特にいい物件がなかったので、1月23日の夜に再度亀井さんの自宅にお電話して、ご意向を確認したところ、「先日の件は結構です」とのことでした。それならやむを得ないことだと考え、引き続き物件の情報があればすることとしました。

7. 1月末に2,3物件の情報があったことから、2月3日にそのことを伝えようと亀井さんの自宅に電話したところ、亀井さんは、「他の物件が見つかったので、もう結構です」と答えられました。私は、他の業者を通じて購入されたのだろうと思い、「今後の参考までに、どのあたりの物件にされたのかを聞かせてほしいのですが」と聞いてみたところ、亀井さんは、言葉を濁して、「どこでもいいじゃないですか」と言ってこられたので、私は、不愉快な思いをさせてはいけないと思い、それ以上は聞きませんでした。

8. それから暫くは本件についてのやりとりはなかったのですが、4月中旬に、上ヶ原リバブル（株）西宮支店の村上さんから私に電話があり、本件物件について、亀井さんという人が購入されているようなのですが、いきさつを知らないか、とのことでした。村上さんいわく、2月はじめに、徳岡さんから頼まれていた本件物件の売却の話が急に取りやめになったのでおかしいと思い、4月になってから試しに登記簿謄本をとってみたところ、徳岡さんから亀井さんに所有権移転されていることが判明した、そこで村上さんから徳岡さんに対し、どういうことなのか問いただしたところ、徳岡さんと亀井さんの共通の知人である塩川さんという

人を間に入れて 3200 万円で売買したことがわかった、とのことでした。そして、この物件を案内したのは、数回あったが、1 月 11 日に案内した人が一番興味を示していたように思ったので、ひょっとしてその日に池田さんが案内を手配した人が亀井さんという人なのではないかと思って連絡した、とのことでした。私は、亀井さんのことはよく覚えていましたので、そうですと答えたところ、村上さんと 2 人で、これはおかしい、亀井さんはこの物件を気に入っていたはずで、我々が仲介したのに間を飛ばされたのだ、という話になりました。

9. 以上の通りですので、当社としては、亀井さんに対し、仲介が成立したものとみなして仲介手数料相当額を請求しないわけにはいきません。

＜他に池田勤が所持する資料＞
不動産区分建物全部事項証明書
チラシ

資料―2

中古マンション

価格3300万円

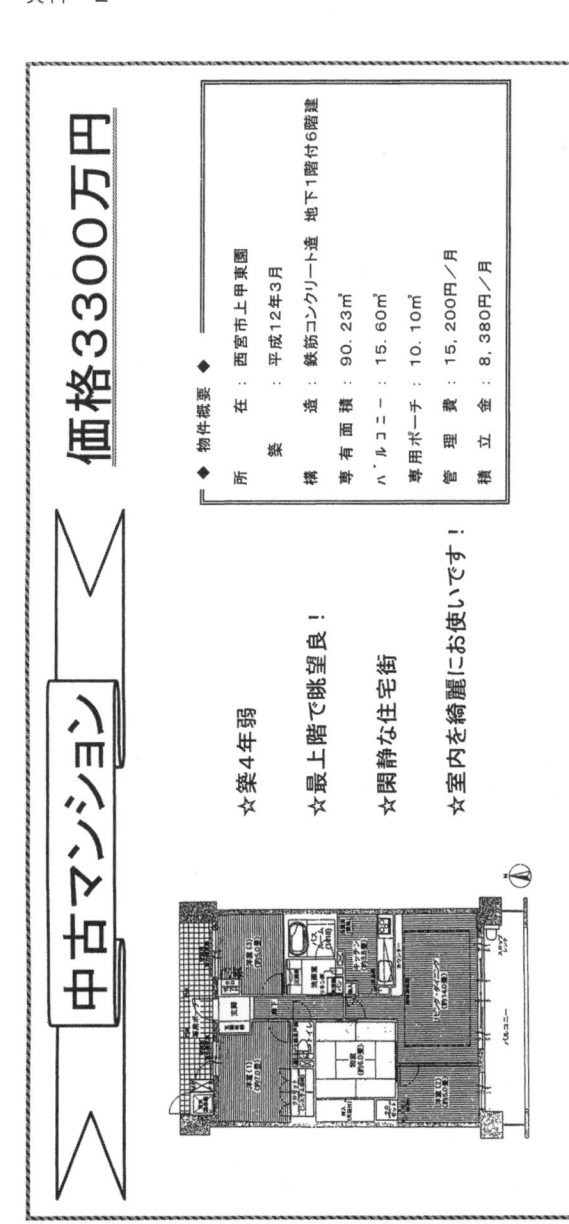

◆物件概要◆

- 所　　　在：西宮市上甲東園
- 築：平成12年3月
- 構　　　造：鉄筋コンクリート造 地下1階付6階建
- 専 有 面 積：90.23㎡
- バルコニー：15.60㎡
- 専用ポーチ：10.10㎡
- 管　理　費：15,200円／月
- 積　立　金：8,380円／月

☆築4年弱
☆最上階で眺望良！
☆閑静な住宅街
☆室内を綺麗にお使いです！

○取引態様／仲介　○ご成約の際には既定の仲介手数料及びこれに係る消費税相当額を申し受けます。
○売却済の場合は、ご容赦ください。○図面と現況が異なる場合は現況を優先とさせていただきます。　広告有効期限／平成16年1月31日

(社)兵庫県宅地建物取引業協会会員　○免許番号／兵庫県知事(1)第22222号

〒662-8501　兵庫県西宮市上ヶ原一番町1-155

上ヶ原リバブル株式会社

TEL:0798(54)6339 ／ FAX:0798(54)6395　◎水曜定休日

資料―3

区分建物全部事項証明書

兵庫県西宮市上甲東園 8-8-602

| 専有部分の家屋番号 | 8-8-101 ～ 8-8-105　8-8-201 ～ 8-8-206　8-8-301 ～ 8-8-306
8-8-401 ～ 8-8-406　8-8-501 ～ 8-8-505　8-8-601 ～ 8-8-604 |

【表題部】（一棟の建物の表示）　　所在図番号　余白

| [所在] | 西宮市上甲東園 8 番地 8 | | 余白 |
| [建物の番号] | エクセレント上甲東園 | | 余白 |

【①構造】	【②床面積】 ㎡	【原因及びその日付】	【登記の日付】
鉄筋コンクリート造スレート葺地下 1 階付 6 階建	1 階　　　494:39 2 階　　　519:66 3 階　　　519:66 4 階　　　519:30 5 階　　　476:97 6 階　　　404:93 地下 1 階　633:41	余白	余白

【表題部】（敷地権の目的たる土地の表示）

【①土地の符号】	【②所在地及び地番】	【③地目】	【④地積】 ㎡	【登記の日付】
1	西宮市上甲東園 8 番 8	宅地	1467:90	平成 12 年 3 月 30 日

＊下線のあるものは抹消事項であることを示す。

整理番号 D10521　　1/4

区分建物全部事項証明書

兵庫県西宮市上甲東園8-8-602

【表題部】（占有部分の建物の表示）

【家屋番号】	上甲東園8番8の602			余白
【建物の番号】	602			余白
【①種類】	【②構造】	【③床面積】 ㎡	【原因及びその日付】	【登記の日付】
居宅	鉄筋コンクリート造1階建	6階部分 90:23	平成12年3月16日新築	余白

【表題部】（敷地権の表示）

【①土地の符号】	【②敷地権の種類】	【③敷地権の割合】	【原因及びその日付】	【登記の日付】
1	所有権	280448分の9376	平成12年3月16日敷地権	平成12年3月30日

【甲区】（所有権に関する事項）

【順位番号】	【登記の目的】	【受付年月日・受付番号】	【原因】	【権利者その他の事項】
1	所有権保存	平成12年4月11日 第11912号	平成12年3月25日売買	所有者　西宮市上甲東園7丁目5-602号 　　　　徳岡　宏二朗
2	所有権移転	平成16年3月18日 第6050号	平成16年3月18日売買	所有者　東京都町田市上町田1丁目2番3号 　　　　亀井　直哉

整理番号　D1052

＊下線のあるものは抹消事項であることを示す。

区分建物全部事項証明書

兵庫県西宮市上甲東園 8－8－602

【乙　区】（所有権以外の権利に関する事項）				
【順位番号】	【登記の目的】	【受付年月日・受付番号】	【原　因】	【権利者その他の事項】
<u>1</u>	<u>抵当権設定</u>	<u>平成12年4月19日</u> <u>第12845号</u>	平成12年4月19日金銭消費貸借同日設定	債権額　<u>金 2,850 万円</u> 利息　<u>年 2.2%</u>ただし、 　　　<u>金 2,300 万円につき年 2.2%</u> 　　　<u>金 550 万円につき年 2.7%</u> 平成22年4月19日から年 2.7% 損害金　年 14.5%（年 365 日日割計算） 債務者　西宮市上甲東園7丁目 5-602 号 　　　　徳岡弘二朗 抵当権者　東京都文京区後楽一丁目4番10号 　　　　<u>住　宅　金　融　公　庫</u> 　　　　（取扱店　<u>株式会社UFJ銀行梅田支店</u>）
<u>2</u>	<u>抵当権設定</u>	<u>平成12年4月19日</u> <u>第12846号</u>	平成12年4月19日金銭消費貸借同日設定	債権額　<u>金 400 万円</u> 利息　<u>年 2.45%</u> 損害金　年 14.6%（年 365 日日割計算） 債務者　西宮市上甲東園7丁目 5-602 号 　　　　徳岡弘二朗 抵当権者　東京都千代田区霞ヶ関一丁目4番1号 　　　　<u>年　金　福　祉　事　業　団</u> 　　　　（取扱店　<u>株式会社UFJ銀行梅田支店</u>）

＊下線のあるものは抹消事項であることを示す。

整理番号 D10521　3/4

区分建物全部事項証明書

兵庫県西宮市上甲東園 8 - 8 - 602

【順位番号】	【登記の目的】	【受付年月日・受付番号】	【原　因】	【権利者その他の事項】
3	1番抵当権抹消	平成16年3月18日 第6048号	平成16年3月18日弁済	余白
4	2番抵当権抹消	平成16年3月18日 第6049号	平成16年3月18日弁済	余白
5	抵当権設定	平成16年3月18日 第6050号	平成16年3月12日保証委託契約に基づく求償債権 平成16年3月18日設定	債権額　金2,600万円 損害金　年14％ 債務者　東京都町田市上町田1丁目2番3号 　　　　亀井　直哉 抵当権者　東京都港区六本木六丁目1番21号 　　　　さくら信用保証株式会社

これは請求に係る専有部分の登記簿に記録されている事項の全部を証明した書面である。

平成16年4月16日
神戸地方法務局西宮支局

　　　　　　　　　　　登記官　○○○○　　㊞

＊下線のあるものは抹消事項であることを示す。

資料—4

(亀井直哉の陳述)

1. 私は、現在47歳ですが、平成16年4月に東京から大阪に転勤になることが予定されていたため、中高の子供(上は男、下は女)の個室も必要ということで、阪神間で4LDKくらいの3000万円前後の中古マンションを探そうと思い、平成15年11月2日・3日の連休に、とりあえず1人で大阪に赴き、西宮あたりの不動産業者を回ってみました。

 11月2日の午後、阪神西宮駅前にある不動産業者に試しに入り、こちらの希望を伝えたところ、いくつか物件の案内チラシを見せてくれ、そのうち私の希望に沿いそうなもののコピーをくれました。私は、物件をいきなり見せてもらうよりも前に、物件のまわりがどんな様子のところなのか見てから候補をしぼろうと思っていましたので、とりあえずその場ではチラシをもらって帰り、その日の夕方ころまで、チラシに載っていた物件(チラシには、細かい住所は書いておらず、「甲子園口1丁目」といった程度までは書かれていました)のうち1つ2つのあたりを歩いて見てみました。

 11月3日の日は、午前中に阪急西宮北口駅前にある他の不動産業者をのぞいてみて、希望を言ったうえでチラシを何枚かもらって帰りました。そこで候補として見せられたもののいくつかは、不動産業者間に同じ物件の情報が出回っているためか、前の日に紹介されたものと重なっていましたので、重なっていないものをもらって帰るようにしました。昼前後は、前の日と同じように1つだけ物件のあたりに試しに行ってみたうえで、午後は阪急甲東園駅前の不動産業者をのぞいてみました。関学不動産(株)の甲東園支店で、応対したのは池田さんでした。池田さんからも、いくつかの物件を勧められましたが、すでに業者2つを回っていて、だいたいの目安がわかったことと、業者は私の希望予算より少し高めの物件を紹介することから、とりあえず出される案内チラシで今までにない物件のものをもらって帰った程度でした。その中に本件マンションのチラシも入っており、なかなかいい間取りの物件だとは思いましたが、私の希望よりも300万円ほど高い3300万円の値が付いていましたので、ちょっと予算オーバーだなと思いつつも、いちおうもらって帰りました。その日は私もかなり疲れていましたが、本件物件はそれほど遠くない場所のようでしたので、その日の夕方近くに、試しに本件物件の場所のあたりに行ってみたところ、マンションの場所と間取りの感じから見て、物件はたぶんここであろう、と特定することができました。

2. 仕事の関係で、しょっちゅう関西へ行くこともできませんので、次回に物件を探しに行くのは正月明けのことにして、それまでの間は、もらった物件チラシを見

ておおよその感じを妻と相談する程度でした。その間、関学不動産（株）の池田さんや、他の不動産業者から、何度かFAXで新たな物件の案内チラシを送ってきたり、「どうですか。お気にいられた物件はありましたか」といった電話が勤務先にかかってきたことがありましたが、仕事中で忙しいこともあり、「また検討しておきます」という答えをした程度でした。連絡してきた業者の中では関学不動産（株）が最も熱心な感じでした。

3. 平成16年の正月に私がもらった年賀状の中で、大学時代の友人だった塩川君がたまたま本件物件のあたりのマンションに住んでいることがわかったので、ちょっと興味を覚えて三が日のころに塩川君に電話してみたところ、話の感じからして、偶然にも塩川君が本件物件と同じマンションに住んでいることがわかりました。そこで、私から、4月に関西に転勤になることと、11月はじめに不動産業者からチラシをもらったことについて言ったところ、塩川君が言うには、たぶんその物件は塩川君のよく知っている徳岡さんが売りに出しているのだと思う、なかなか良い物件だと思う、とのことでした。私は、この物件が予算オーバーなので、購入する可能性はほとんどないと思っていましたが、塩川君に対しては、その物件を見に行ってみることがあったらよろしく、といちおう言っておきました。

4. そうしたところ、1月早々のまだ仕事が始まるか始まらないかの時期に、関学不動産（株）の担当者の池田さんから自宅に電話があり、偶然にも、本件物件を含めたいくつかの物件について、是非一度見に行ってみませんかと言われました。私は、まだ具体的に注目している物件というのはありませんでしたが、池田さんが非常に熱心に勧めるものですから、それなら次の週末が1月11日、12日の連休なので、そこを利用してちょっと行って見ようかという気になりました。池田さんは、大変やる気で、すぐに、本件物件を含めた3つの物件について1月11日に順次案内いたしますということでセッティングをしていました。正直言いまして、私は、もう少しゆっくり考えようと思っていたのですが、池田さんの方で、これとこれにしぼってみましたという感じで、かなり強引な印象がしたことは事実です。

5. 1月11日の当日は、妻を連れて行きました。池田さんを通じて3つの物件を順に案内され、本件物件は一番最後でした。その場には、売り主側の不動産業者の人が来ていて、その人がいちおうの物件の説明をしました。売り主らしい夫婦もおられ、主として奥さんが、この物件はとても風通しがいいので真夏でもクーラーがほとんどいらないことや、リビングがゆったりしていること、この物件をいつか売却することを考えてとてもきれいに使ってきたことなど、いろいろ強調して

おられました。私たちは、先方の奥さんがかなり熱心に説明されるので、あいの手を入れる感じで少し質問をしながら聞いていましたが、特にこの物件に強い興味を持っていたわけではありませんでした。なお、本件物件については前述したように塩川君から少し聞いていましたが、特に言う必要もないことなので、何も言いませんでした。

私たちは、1月12日にも、別の業者に案内してもらって、2つ物件の案内をしてもらいました。

結局その連休は合計5件の物件を見ましたが、どれも思ったより金額が高いのと、交通の便、マンションの雰囲気その他から、ぴったりするものがなく、妻と相談のうえ、もう少し他に探してみようかと思っていました。なお、その連休の間に特に塩川君に連絡を取るということもしていません。

6. その後間もなく、池田さんから私の自宅に電話があり、「先日ご案内した物件で気に入ったものはありましたか？最後に案内された物件は特に熱心に見ておられたようでしたが」と言ってきました。私は、特にこれにしたいという積極的なものはなかったので、「どれもちょっと値段が高いようなので、ちょっと……」と言いましたところ、池田さんは、「こういう時勢ですから、値交渉はある程度効きます。ただ、特に最後の物件は、他にも気に入った方が出てくるのではないかと思いますので、まず亀井さんの方から、この物件を交渉してくれという答えをいただければ、他の方はストップしてもらってすぐに値交渉に入ります。いかがですか」と強くプッシュしてきました。私は、池田さんのペースがかなり強引な感じもしたので、少し考えたうえで、「他の人がおられるのなら結構です。ほかにいい物件があればまた紹介してください」と言って、その場は終わりました。私としては、本件物件については、条件に合わないとして、断ったつもりでした。

7. ところが、次の週末（すなわち、1月17日の土曜か18日の日曜）だったと思うのですが、友人の塩川君から私の自宅に電話があり、「今日徳岡さんと会ったときに、亀井から聞いたことを伝えたところ、先週に物件を見に来られた方があったらしい。もし亀井がこの物件に関心があるなら、他に売れてしまわないうちに、一度物件を見に来たらどうか。僕が間を取り持つので」と言ってきました。私は、「不動産業者に案内されて先週物件を見に行った人というのは、ひょっとして僕のことではないか」と答えたところ、塩川君は「なあんだ。それなら早く僕に言ってくれればよかったのに。徳岡さんにもそのことを言っておくよ」と言っていました。

次の日に再び塩川君から電話があり、「徳岡さんに言ったところ、徳岡さんは、不動産業者を通じて売るのでなく、お互いの知り合いを通じて紹介してもらうの

が一番安心だ、それに、不動産業者を通すのでなければ、手数料を払わなくていいので、その分売値を下げることも可能だ、と言っている。僕の立場からも、亀井にこのマンションに来てくれると、うれしい」とのことでした。私は、この物件が特に気に入っていたほどではなく、他にもう少しゆっくり探そうと思っていたのですが、親しい塩川君からこのように言ってくれたのと、やはり塩川君が住んでいるマンションならいろいろと相談することもできるだろうと親近感もわいたこと、それに値が下がることも加わって、それならということで、購入する気になりました。正直言って、何度も関西に足を運んで物件探しを続けるのがめんどうだったことと、不動産業者を通さないということは、私の方でも業者に支払う手数料がなくてすむので、その分予算オーバーが可能だと思ったこともありました。

そこで、私の方から塩川君に、値段を3200万円くらいまで下げてもらえるのなら、という条件を伝えたところ、塩川君がすぐに徳岡さんに連絡してくれたのか、即決でOKの返事が塩川君からありました。そこで、私は、銀行に住宅ローンの相談に行って、ローンが下りそうなことを確かめたうえで契約を取り交わしたい、売買契約書については私が昔法律の勉強をしたことがあるので、私が書式集を参考にしてパソコンで作ることにしたい、と言って、塩川君を通じて徳岡さんに伝えてもらいました。

8. その後、私は、銀行から住宅ローンが下りそうだということでしたので、1月31日（土）に、関西に赴いて、塩川宅で徳岡さん夫婦と引き合わせてもらい、その場で私がパソコンで作った売買契約書を取り交わし、手付金320万円を支払いました。その時は、「先日はどうも」との話に始まり、徳岡さんから本件マンションについてのさらに詳しい説明を受けました。

これを受けて、住宅ローンが正式にOKになったうえで、3月18日に銀行で残金決済と登記・引渡を行いました。

9. なお、私と徳岡さんが売買契約をするより前だったか後だったかは覚えていませんが、池田さんから再度電話があり、ほかの物件の案内の話をされかけたことがありましたが、私は、本件マンションを塩川君を間に入れて購入することになっていたので、「他の物件が見つかったので、案内の方はもう結構です」と答えました。私としては、関学不動産（株）から本件マンションの情報を得て、案内もしてもらったことがあるのですが、いったん断ったうえで、友人の塩川君からたまたま話があったので買うことにした、といういきさつがあったので、そこから先はプライベートなことゆえ、池田さんに言う必要はないと思って、特に言いませんでした。池田さんから、「どこの物件にされたのか」といった質問があった

ような気もしますが、私は、特に答える必要もないと思って、「答えないといけませんか」と聞き返したところ、池田さんはそれ以上は言いませんでした。
10. そうしたところ、4月になってから、関学不動産（株）より、このマンションは関学不動産（株）が亀井さんに紹介して関学不動産（株）が仲介したものを、仲介業者を排除して取引したものにすぎないとして、仲介手数料相当額として売買代金の3％＋6万円である102万円（および消費税）の支払を求める内容証明郵便が送られてきたので、驚いています。

＜他に亀井直哉が所持する資料＞
不動産区分建物全部事項証明書
売買契約書
チラシ

資料―5

不動産売買契約書

売　主　徳　岡　宏　二　朗
買　主　亀　井　直　哉

　売主徳岡宏二朗と買主亀井直哉との間で、後記記載の不動産について、以下の条項により売買契約を締結したので、その証として本契約書2通を作成し、各々1通宛保有する。

（売買の目的および価格）
　第1条　売主は買主に対し、別紙物件目録記載の不動産（以下「本物件」という）を金3200万円にて売り渡し、買主はこれを買い受けた。

（手付金）
　第2条　買主は売主に対し、手付金として金320万円を本日支払い、売主はこれを受領した。
　2　残代金は金2880万円とする。
　3　手付金は売買代金支払に際し、その一部に充当する。手付金には利息をつけない。

（引渡しおよび所有権移転登記）
　第3条　平成16年3月末日までに、買主は売主に対し、本物件の引き渡しおよび所有権移転登記に必要な書類の交付を受けるのと引換えに売買代金全額を支払い、売主は買主に対し、売買代金全額の支払いを受けるのと引換えに、本物件の所有権移転登記に必要な一切の書類を交付するとともに本物件を引き渡す。

（売買対象面積）

　第4条　本物件の面積については、不動産登記簿の面積によるものとし、後日実測面積と不動産登記簿の面積が相違した場合も、売主・買主ともに売買代金の増減額を請求しない。

（共用部分および付属施設）

　第5条　本物件の共用部分および付属施設は、本物件を含めた一棟の建物の区分所有者全員の共有に属するものであり、これに対する買主の共有持分は、建物の専有部分の総床面積に対する本物件の床積の割合による。

（抵当権の抹消等）

　第6条　売主は、本物件の所有権の完全な行使を阻害するおそれのある抵当権、質権、先取特権、賃貸借その他の権利を、自らの費用と負担で消滅・抹消させたうえで本物件を買主に引渡すものとする。

（所有権移転時期）

　第7条　本物件の所有権は、買主が売買代金全額の支払いを完了した時に、売主から買主に移転するものとする。

（費用の負担）

　第8条　本契約書に貼付する印紙代は売主・買主がそれぞれ負担する。本物件の売渡しに要する書類作成費用は売主の負担とし、所有権移転登記に要する費用は買主の負担とする。

（収益および負担の帰属）

　第9条　本物件より生ずる果実および本物件に賦課される公租公課、マンション管理費・積立金等の負担は、引渡しの時をもって区分し、その前日までは売主に、当日以降は買主に属するものとし、売買代金授受の時に売主・買主間で精算する。なお、本物件の固定資産税・

都市計画税については、平成 15 年 4 月 1 日を起算日として、本物件の引渡時に売主・買主間で清算する。

(危険負担)
第 10 条　本物件が売買代金完済前に全部または一部について天災その他不可抗力により滅失または毀損したときは、その損失は売主の負担とする。
2　前項の場合に契約を締結した目的を達することができないときは、売主および買主は本契約を解除することができる。この場合、売主は受領済の手付金を買主に対し無利息にて返還する。

(管理規約等の承継)
第 11 条　本物件の使用についてのマンション管理規約並びに売主が積立済みの積立金その他マンション管理組合に関わる権利義務は、買主が売主からそのまま承継するものとする。

(手付解除)
第 12 条　買主は売主が本契約の履行に着手するまでは手付金を放棄して本契約を解除することができる。この場合、売主は買主に損害賠償請求をすることができない。
2　売主は買主が本契約の履行に着手するまでは手付金の倍額を償還して本契約を解除することができる。この場合、買主は売主に損害賠償請求をすることができない。

(違約金等)
第 13 条　買主の不履行により売主が本契約を解除した場合、売主は受領済の手付金の全部を違約金として取得し、なお損害がある場合は買主に対し損害賠償を請求することができる。
2　売主の不履行により買主が本契約を解除した場合、売主は受領済の手付金の全部を買主に返還するとともに、手付金と同額を更に違

約金として買主に支払わなければならない。買主は、なお損害がある場合は売主に対し損害賠償を請求することができる。

（住宅ローン特約）
　第14条　買主が本物件の売買代金に充当するために住宅金融公庫その他の住宅ローンを利用するときは、買主の側において当該ローンの必要書類を金融機関に提出したにもかかわらず、融資不可能な場合は、買主は本契約を無条件で解除することができる。但し、買主の故意または過失により融資決定の実現を妨げた場合はこの限りではない。
　2　上記融資（住宅ローン）交渉の期限は平成16年3月15日までとし、この間に融資の諾否を得るものとする。
　3　第1項本文に基づき買主が本契約を解除した場合、売主は受領済の手付金を買主に対し無利息にて返還する。

（その他）
　第15条　本契約に定めのない事項については、建物の区分所有等に関する法律、民法並びに慣習に従い、売主・買主ともに誠意をもって処理するものとする。

　　　　　　　　　平成16年1月　　日

　　　　　　（売主）住所

　　　　　　　　　　氏名

　　　　　　（買主）住所

　　　　　　　　　　氏名

物 件 目 録

（一棟の建物の表示）
　　所在　　　　　西宮市上甲東園8番地8
　　建物の番号　　エクセレント上甲東園
　　構造　　　　　鉄筋コンクリート造スレート葺地下1階付6階建
　　床面積　　　　1階　　494・39平方メートル
　　　　　　　　　2階　　519・66平方メートル
　　　　　　　　　3階　　519・66平方メートル
　　　　　　　　　4階　　519・30平方メートル
　　　　　　　　　5階　　476・97平方メートル
　　　　　　　　　6階　　404・93平方メートル
　　　　　　　　地下1階　633・41平方メートル
（敷地権の目的たる土地の表示）
　　土地の符号　　1
　　所在及び地番　西宮市上甲東園8番8
　　地目　　　　　宅地
　　地積　　　　　1467・90平方メートル
（専有部分の建物の表示）
　　家屋番号　　　上甲東園8番8の602
　　建物の番号　　602
　　種類　　　　　居宅
　　構造　　　　　鉄筋コンクリート造1階建
　　床面積　　　　6階部分　90・23平方メートル
（敷地権の表示）
　　土地の符号　　1
　　敷地権の種類　所有権
　　敷地権の割合　280448分の9376

資料—6

11／24（水）および12／1（水）のローヤリング・依頼者役マニュアル
（関学不動産㈱の担当者池田勤さん用）

授業進行案は別紙の通りですので、
1. 「関学不動産㈱の担当者池田勤の説明」の内容を頭に入れ、チラシ、不動産登記簿謄本（区分建物全部事項証明書）に目を通しておいて下さい。

 なお、チラシは、関学不動産㈱甲東園支店にファイルされていたもので、亀井直哉さんには、下の方の「上ヶ原リバブル㈱」の表示の箇所を写らないようにしてコピーしたものを渡しています。

 不動産登記簿謄本（区分建物全部事項証明書）は、4月中旬に上ヶ原リバブル㈱の村上さんから電話があったことを受けて、4月16日に法務局に行って取ったものです。問題となるのは、甲区第2番の平成16年3月18日に亀井直哉氏に売買を原因として所有権が移転しているというところです。

2. 役柄
 ①亀井直哉さんにこの物件の情報を最初に知らせてチラシを渡したのは自分であること
 ②その後も熱心に亀井さんにいろいろな物件を紹介したうえ、この物件の案内をセットして実際にも現地案内に同行したこと
 ③亀井さんは夫婦ともにこの物件を気に入っていたはずであり、1月15日に電話したときも、値段のことを気にしていただけで、この物件を有力な候補として引き続き検討するという意向だったはずであること
 ④2月3日に亀井さんに電話した時に、亀井さんが「他の物件が見つかった」という、結果的には嘘を言っていたことや、こちらからどのあたりの物件にしたのかという質問に対して、言葉を濁して「どこでもいいじゃないですか」と答えた様子からして、亀井さんは後ろめたい気持ちを持っていたはずであること
 といったいきさつから、自分は一生懸命亀井さんに良い物件を勧めて努力したはずなのに、裏切られたという気持ちを持っています。

 ただ、内心ではそう思っていますが、会社の仕事としてやったことであり、仲介が1件成立すれば歩合給がもらえるという自分自身の収入の面はあるものの、会社の担当者として、感情を表にはそれほど出さずに、弁護士と応対していただきたいと思います。営業マンとして押しが強いというイメージよりも、仕事熱心で人当たりはいい

という役柄です。

3. 会社としての意向

　本件は結局会社で最終的な決定をするわけですが、会社としては、客商売上のトラブルなので、亀井さんの側の出方次第ではあるものの、訴訟をするといったことはとりあえずは考えていません。しかし、今回のようなことを容認すると、不動産仲介業は成り立っていかず、示しがつかないので、亀井さんに仲介報酬相当額（現実の売買値段の3200万円×3％＋6万円及び消費税）は支払って欲しいと考えています。ただ、相手もあることなので、状況次第では満額とはいかないまでも、それなりにちゃんとした金額を支払ってもらえるのであれば、それで解決することはかまわないと考えています。

以上を前提に、

4. 第1回の弁護士との打ち合わせにおいては、

　上記のいきさつからして、自分は一生懸命やったので問題はないはずである、相手が後ろめたいことをしておりおかしいと思う、訴訟になれば勝てるのか、しかし訴訟は避けたい、相手はどう出てくるのだろうか、どのくらい解決まで時間がかかるのか等、見通し等について、つっこんで質問をして下さい。

　学生は、事実関係について補足質問をしてくるかも知れませんが、上記①～④のようなスタンスで、答えて下さい。

　学生から、なかなか仲介報酬相当額全額を請求するのは難しいと説明してくるかもしれませんが、この段階では容易に納得しないようにして下さい。どの程度払ってもらえればよいという限度はないかを、聞いてきた場合は、仲介報酬相当額全額が原則だと思うが、話し合いなので、ある程度の減額はありえないわけではない、その辺は専門の方の判断にまかせます、というようなスタンスで。

5. 第2回の打ち合わせにおいては、相手との交渉を経たうえでの再打ち合わせです。

　見通しについて質問するのはもちろんですが、弁護士役学生の説明にそれなりの説得力があれば、不本意な面はあっても、訴訟は避けて早期解決を図りたいとの希望に立って、いちおう説得に最終的には応じて下さい（このあたりは、途中経過をみながら現場で多少修正をお願いすることになると思います）。

資料—7

11／24（水）および12／1（水）のローヤリング・依頼者役マニュアル
（亀井直哉さん用）

授業進行案は別紙の通りですので、

1. 「亀井直哉の陳述」の内容を頭に入れ、チラシ、不動産登記簿謄本（区分建物全部事項証明書）、不動産売買契約書に目を通しておいて下さい。

    なお、「亀井直哉の陳述」では、関学不動産㈱側から内容証明で請求が来たということになっていますが、授業では時間の制約上、内容証明のやりとりは第1回の授業が終わった後で行うので、第1回のうちあわせの時点では、関学不動産㈱側から、それなりの内容の内容証明が送られてきたという想定で行って下さい。

    チラシは、関学不動産㈱甲東園支店からもらったもので、下の方の箇所は担当者の池田さんがコピーに写らないようにしてコピーしたものを渡されました。

    不動産登記簿謄本（区分建物全部事項証明書）は、3月18日に売買の決済をして1週間ほどして登記があがってきたので、登記を頼んだ司法書士に取ってもらったものです。

    不動産売買契約書は亀井直哉氏が法学部出身で、書式集を参考にして自分でパソコンで作ったものに、両者で署名捺印したものです。

2. 役柄

    ①この物件の情報は確かに最初は関学不動産からもらったもので、現地案内もしてもらったけれども、値段も高いし、特に気に入ったというわけでもないので、まもなく池田さんから電話があったときに、この物件は断ったつもりだったこと

    ②その後この物件を買ったのは、友人の塩川君から話があったからで、関学不動産に仲介してもらったとは考えていないこと

    ③後日池田さんから電話があった時に、「他の物件が見つかった」と言ったのは確かで、池田さんから「どこの物件にされたのか」という質問に対して、「答えないといけませんか」と答えたのは事実であるが、関学不動産とはもう関係ない話なので、ごちゃごちゃ言うと面倒だと思ったからで、後ろめたい気持ちは特になかったこと

    といったいきさつから、自分は塩川君の仲介でこの物件を購入したと思っているので、塩川君にお礼をするのならわかるけれども、関学不動産が仲介報酬相当額を支払えと言ってくるのは理解できない、という気持ちを持っています。

ただ、そう思ってはいますが、こんなことになるなら、池田さんから現地案内の話があったときに、塩川君に一言連絡しておけばよかった、そうせずに業者の案内で現地を見たりするんじゃなかった、という後悔の念を持っているほか、専門家ではないので、こういう場合に不動産業者に多少でもお金を払わなければならないことがあるのかどうかについては、よくわからないという不安も持っています。また、友人がからむことでこういうトラブルになるのはすごく嫌なことなので、早く解決したいという気持ちも一方にはあります。

　役柄としては、転勤してきた普通のサラリーマンで、法学部卒なので、理屈的なことはそれなりにわかりますが、自分自身のトラブルなので、事態を客観的にみることはさすがにできないという雰囲気で臨んで下さい。

以上を前提に、
3. 第1回の弁護士との打ち合わせにおいては、
　　上記のいきさつからして、自分は一旦断ったうえで、塩川君の仲立ちでこの物件を買い、ローンのことや契約書の作成その他自分でやったことなので、問題はないはずである、訴訟になれば勝てるのか、しかし訴訟は避けて早くトラブルは解決したい、相手はどう出てくるのだろうか、どのくらい解決まで時間がかかるのか等、見通し等について、つっこんで質問をして下さい。
　　学生は、事実関係について補足質問をしてくるかも知れませんが、上記のようなスタンスで、答えて下さい。
　　学生から、ある程度のお金は払わないと解決は難しいと説明してくるかもしれませんが、この段階では容易に納得しないようにして下さい。どの程度なら払えるかという上限はないかを聞いてきた場合は、自分としては支払わないといけないとは思っていないので、そこは専門の方の判断にまかせます、というようなスタンスで。

4. 第2回の打ち合わせにおいては、相手との交渉を経たうえでの再打ち合わせです。見通しについて質問するのはもちろんですが、弁護士役学生の説明にそれなりの説得力があれば、不本意な面はあっても、訴訟は避けて早期解決を図りたいとの希望に立って、いちおう説得に最終的には応じて下さい（このあたりは、途中経過をみながら現場で多少修正をお願いすることになると思います）。

194　第二部　報告論集　模擬法律事務所への調査と実践

授業風景
(2004 年度秋学期「ローヤリング」より)

報告論集 4

ローヤリングにおける試み（2）
——模擬調停ロールプレイを振り返って

池田直樹（司法研究科教授・弁護士）

はじめに

関西学院大学ロースクールにおける2004年度後期のローヤリング（週1コマ、90分、2単位、14回）においては、法律相談のモデル提示（ビデオ）、依頼者の面接技法（相続事案の学生によるロールプレイ、貸金についての俳優・ボランティアへの面談）、方針樹立（明渡事案について俳優との討議・説明）、交渉（俳優の依頼者を使った相手方との交渉）、離婚調停（俳優の依頼者と教員の調停委員）などのシミュレーション教育を取り入れた。本稿はその試みの中で、調停事案について紹介し、成果と課題を提示するものである。

1 調停の位置づけ

双方の利害の一致点を見いだすウィン・ウィン型交渉が一つの理想としても、限りある資源を奪い合うゼロ・サム型交渉も現実には多い。特に学生の交渉においては、双方が少しでも自己の依頼者の立場を有利にしようと過大な要求と自己に有利な論理をぶつけあい、それが感情的反発を拡大してデッドロック状態となりがちである。あるいは暗礁に乗り上げた場合に、依頼者を強力に説得しようとすると、依頼者から一体どちらの味方なのかと不信感を抱かれることもあり、進退窮まることがある。それに対して、公平な第三者のもと当事者がより主体的役割を果たす調停においては、

感情的な対立が緩和されるとともに、相手の立場や自分の問題点について「気づき」をもたらし、納得へと結びつける効果がより期待できる。代理人による当事者の説得のあり方にも違いがある[1]。

そこで、ローヤリングでは調停に3回の授業をあて、交渉とは異なる調停の機能を実地に学習させることとした。第1回は廣田尚久著「紛争解決学」をもとに現代におけるADRの役割、特に裁判官による法的判断を中心とする訴訟手続とは異なる、当事者双方の納得を得る解決手法について議論をした。その後にグループ分けを行い（1チーム5、6人）、それぞれに異なる資料（夫側の言い分、妻側の言い分）を提供し、双方に守秘義務を課し、模擬調停に臨んだ。

2　模擬調停事案の概要

62歳と58歳で長女は結婚、長男も近く結婚するという熟年夫婦の離婚事案。夫は元売れない歌手で、家事育児にはほとんど貢献せず、妻が小料理屋で家計を支え、子育てもしてきたという夫婦。ギャンブル好きの気ままな夫とは、夫の借金などを原因として5年前から別居しているが、夫はしばしば妻子方で食事をするなど行き来がある。妻は子供の自立をきっかけに離婚を決意したが、夫はここに来て老後の不安が強くなり、離婚に強く抵抗。また、夫婦共有名義の土地の上に妻名義の家屋があり、いずれも妻の小料理屋の収入で支払がなされた。妻は離婚の決断が遅すぎたことを後悔することがあったとしても夫婦でのやり直しは否定。財産分与について夫名義の土地（共有持分2分の1）についても妻名義への移転を求めている。夫は、離婚を争うとともに、土地の名義移転には応じられないという（実例を修正した事案）。

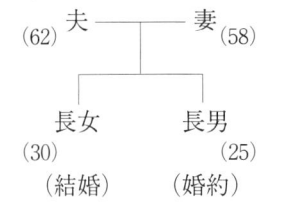

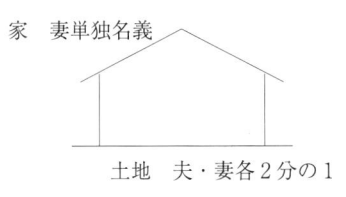

```
        夫 ─┬─ 妻
       (62)  │  (58)
         ┌───┴───┐
        長女    長男
        (30)    (25)
       (結婚)  (婚約)
```

家　妻単独名義

土地　夫・妻各2分の1

3 ケース設定上の意図

(1) 法的争点および経済的利害状況

　法的な意味での争点は①離婚事由の存否、②財産分与のあり方の2点である。
　①については、夫に理がほとんど見られない（借金、ギャンブル、浮気、家計や家事への貢献希薄、子の独立、別居5年）。夫は老後不安、プライド、そして家族を失う寂しさから離婚を拒否している。
　②については、財産分与の3側面から、夫がゼロとまでいえるかについては問題が残る。慰謝料的側面からすれば夫に分は無いが、夫婦財産関係の清算や扶養的側面からすれば、仮に夫名義の土地持分を妻に移転するとすれば、若干の清算金が出てくる可能性はある（ただし借金の清算や過去の養育費負担部分まで清算対象となれば何も残らない可能性もあり、結論に不確実性が残る）。

夫と妻での離婚をめぐる法的争点の状況

争点	夫	妻
離婚事由	圧倒的に不利	圧倒的に有利
財産分与	少しは認められる？	100％は困難か？

　このように分析すれば、仮に不調となって訴訟になったとき、夫は離婚を阻止することはまず無理であり、財産分与面でも妻の言い分が通る可能性もあるから、選択肢としては、調停において離婚で譲歩する替わりに財産分与面で妻からの一定の譲歩を引き出すことが法的にも経済的にも合理的といえる。

(2) 感情的な対立

しかし、調停では、当事者が持つ強い感情的要素や人生設計がそれぞれの決断に大きな影響を与える。

本件では、夫側におけるプライド（婚姻期間を通じて全く家族に対して貢献していないという妻の言い分）と老後の不安（今となっては頼る人が家族しかいない）を代理人や調停委員はキーポイントとしてくみ上げる必要がある。

他方で、妻側の感情面としては、子供の自立を契機に、「大きな子供」としての夫からも自由になりたいという人生のけじめの気持ちが強い。それが別居のまま婚姻関係を続けることへの拒否反応となっている。また妻にも大きな不安がある。夫がその持分を担保にギャンブル等で借金を作れば、築き上げたささやかな資産の維持に大きな支障が出るという不安である。

夫と妻での感情面での相違

争点	夫	妻
家族への貢献	自分の貢献も認めてほしい	自分が家族を支えてきた
老後の不安・人生設計	現状維持で不都合ないはず いざというときに妻らに頼りたい	離婚して自由になりたい 夫の借金の不安から解放されたい

(3) 付加的な交渉資源の発見

最後に、当事者の紛争を解決しうる資源についても考慮する必要がある。当事者の言い分だけに捕らわれると、離婚か離婚しないかといった二者択一か、財産の清算をめぐるゼロから100までの間での金銭的「調整」だけに焦点が絞られ、紛争解決の選択肢が狭くなる危険がある。それに対して、当事者が気づいていない他の要素を交渉要素に付加することで一気に解決に近づく場合がある。[2]

本件では、ひとつは、夫について2年後から年金が出ることである（時間軸を伸ばす視点）。もうひとつは夫と子供らとの関係、特に長男との関係がそれほど悪くないという点である（利害関係の空間を広げる視点）。老後不安という点でこれらの要素をどう調停で用いるかも「紛争解決」の手法として学生の創造性が問われるところである。

4　調停における当事者(俳優)、代理人(学生)、調停委員(教員)の役割

(1) 後見的モデルと自己決定モデル

　調停の目標は、「両当事者の納得による合意」にある。
　しかし、その合意に至る手法には大きく分けて2つのモデルがある。ひとつは、後見的モデルであり、当事者にとって善いと思われる解決案を調停者が当事者に対して積極的に説得していくスタイルである。それに対して、調停者（や代理人）は当事者間の交渉の障害を取りのけることによって、当事者間の話し合いを援助し、解決（自己決定）を促進するという自己決定モデルがある[3]。
　授業では、調停という手続を通じて、上記のような法的解釈、経済的利害、そして感情面での対立を緩和し、両者が相手方の気持ちに理解を示し、それなりの納得感を持って和解に至ることを、代理人や調停委員が援助すること、つまり自己決定モデルをベースとした。ただし、調停委員による案の提示という最終選択肢を用意しておき、伝統的な後見性も残した。自己決定を重んじるとしても、調停委員や代理人には、押し付けではない形で、紛争解決の資源を用いた解決案を出す役割があると考えるからである[4]。

(2) 当事者役（俳優）への指示

　調停シミュレーションにおいては、代理人（学生）が働きかける対象となる当事者（俳優）の役割が重要となる。調停が当事者の交渉と納得のた

めの手続である以上、当事者としての交渉の阻害要因が真に除去できていない場合や、当事者が納得できない場合には、調停による解決は実現できない。つまり、そういった環境や納得を作り出すことに代理人らが成功するか、失敗するか、代理人や調停委員のパフォーマンスによって結論が変わるという、台本なきシナリオとならざるを得ない。

とはいえ、最初から最後まで同じことを繰り返し、一切の妥協を拒む依頼者であっては、調停で解決することは困難であるから、調停の過程を通じて、学生からの働きかけや調停での協議にそれなりに納得すれば妥協をしてもらう必要がある。

そのため、俳優（男女）には、学生に配布した夫と妻の陳述書とともに、別途調停の進行に応じた対応の変化をお願いした「マニュアル」を手渡し、事前打ち合わせを行った。また、調停の途中においても教員からの指示に従っていただくことをお願いした。とはいえ、リアリティをもった模擬調停のためには、その当事者に俳優がなりきり、学生とのやりとりの中で自然な対応をすることが重要であり、調停の成功のためにその過程を不自然にゆがめるべきではない。「夢を追いかけ、自由きままに生きてきたが、老いを前にして家族に回帰しようとしている夫」の人物像と、「夫の夢のために子供のためにとがんばり続けたが、老いを前にして残りの人生を自分のために生きたいと思いつめている妻」の人物像を理解してもらい、俳優には、そういった状況における男と女の行動と発言を想定して、リアルに学生に対応するという大幅な裁量を与えることがポイントだと考えた。

(3) 代理人（学生）への指示

全学生が当事者とのコミュニケーションを体験できるように、各チームにおいて方針を打ち合わせたうえで、当事者との打ち合わせ、調停への同席については、2人ずつの担当者を毎回交代していくように指示した。他の学生はそれを傍聴し、気づいた点を記録して補充していく役割を負うこととした。しかしながら、初めての試みであったため、フィードバック用の評価シートは用意できていない。

また、陳述書には学生が必要と考える情報がすべて入っているとは限らず、学生は面談によって当事者から聞き取りをすることになるが、その際、出題者が想定していない質問が出る場合がある。そこで、追加的に欲しい情報については、依頼者への面談期日までに教員宛に各チームごとに質問書を出させることとし、教員においてそれに回答したうえで、当事者に対してもその内容を知らせた。

　学生に対する内容的な指示は特に行っていない。ただ、要件事実論を中心とした法的判断を行う発想ではなく、当事者の合意による紛争の解決のために、法規範以外の解決基準もありうること、依頼者の感情面への配慮を怠らないことを強調した。

5　授業の進行

(1) 依頼者と調停前の打ち合わせ

　以下は、実際に昨年秋学期に行った2つのクラスのうちの1つの展開に基づく。

　最初の打ち合わせは、すでに何度かの面談で事実聴取はほぼ終えている前提で、調停に臨む方針と重要な事実の再確認を行うという想定である。妻側は、離婚と夫名義の土地の移転と今後の面接の禁止という厳しい方針で臨むことを打ち合わせた。学生の聞き取りは、共通してメモを見ながら疑問点を拾っていくやり方で、話をする当事者へのアイコンタクトも少なく、話している相手への反応（うなづきなど）も少ない。語り手への共感が伝わらないため、当事者も話しにくそうである。撮影用の特別な横並びの配置を差し引いたとしても、コミュニケーションの基本的姿勢に問題がある。

　他方、夫側では、学生は比較的アイコンタクトも行い、夫の語りに耳を傾けているが、離婚の理由がわからないという夫の楽天的ペースに巻き込まれて、学生側が受動的になっている。「耳を傾け」ながらも、事件の見通しについて代理人独自の見解を持ち、夫に対して、たとえば「でも権利

証を無理矢理取り上げようとしたとき、奥さんはどう感じられたでしょうね」といった問いかけがなされていない。依頼者の楽観主義にひきずられて、「ともかく水に流して今のままやっていこう」という方針立案の甘さが目立った。

(2) 同席調停

　調停の手法としては交互方式が主流であるが、本件では実験的に同席調停から始めることとした。相手の言い分を自らの耳で聞き、自ら交渉主体となり、納得いく解決を図ることが調停の目的だからである。[5]

　調停委員の挨拶と手続きの説明の後、妻側代理人から妻の要求とその根拠についての総括的な発言、妻自身の離婚の理由の説明、代理人による財産関係についての補充と要求事項の総括が行われた。

　調停の目的からすれば、当事者に語らせることが重要ではあるが、当事者の緊張や論点の明確化を効率よく行う利点などから代理人の発言にも意味がある。授業では、妻代理人と妻自身とが交互に話しをし、論点と気持ちの伝達が円滑になされた。

　他方、夫側の代理人の冒頭の主張は、今さら離婚の必要性はないというものであり、「苦労覚悟で好きで一緒になったんやないか」という夫の楽観主義の焼き直しであって、妻の心には響かない。それに続く夫の言い訳は、妻の離婚の意思を固めるばかりであるが、本人はそれに気づいていない。そのことに気づかせる役割を夫側代理人が十分に果たせていないのである。もし、万が一にも妻に離婚を思いとどまらせるための最後の賭があるとすれば、過去のわがままに対する真摯な反省とやり直しへの誓いだろう。しかし、そういった詰めた事前の議論がなされていないため、夫のわがままばかりが目立つことになり、ついには「その鈍感さが嫌なんです」と妻に調停の席で言われてしまう。その後、代理人や調停委員を介さず両者直接の言い合いが続き、婚姻継続の困難さがより明確になる。

　そんな中で調停委員であった私は、双方の未来のビジョンに話題を転換した。ここでも現状維持の夫の展望に対して、妻の将来の生活像には夫が

入っていないことが明確になる。さらに、夫が現状維持にこだわる理由が老後の不安にあることがはっきりしてくる。しかし、それに対しても、妻は「結婚のストレスから解放されたい」と拒絶的である。なぜ今なのか、という問いに、妻は「今でも遅すぎる、早く楽になりたい」と述べるのである。離婚の意思の固い妻に、夫が未練がましく追いすがるという構図の中で、代理人も沈黙せざるを得ない。第1回同席調停は、双方のすれ違いを前提に、解決案を双方が次回までに用意するという宿題を与えられて終了する（第2回の授業もここで終了）。

(3) 方針の打ち合わせ（第3回）

妻側代理人は、夫側が離婚の条件として金銭的要求をしてくることを見越して、妻に対して限度額を聞く。ただ、妻への判断材料の提供が弱いため、妻も迷ってしまう。学生に相場感覚や費用の見通しを述べることは難しいが、まさにそのことを当事者は知りたいということを経験することになる。実際の授業は、訴訟を行う費用概算を考えて150万円という線となった。

他方、夫側代理人は、離婚がやむを得ない場合を仮定して、財産分与における要求額について夫から意見を聞く。代理人は妻側の言い分が全部通るリスクがあることを当初は述べたが、夫のペースに引きずられて2700万円の総資産の4分の1の600万円強という数字を提案し、夫の承諾を得た。このあたりは、学生の見通しや説得力の弱さが表れている。

(4) 交互調停

離婚の条件面の交渉となる2回目以降は、調停は相手方が同席しない場所でそれぞれが調停委員と協議する交互方式に切り替えた。

妻側は離婚、土地の名義移転、そして接触を絶つことを条件として維持したが、解決金として150万円を提示し、調停での解決への現実的歩み寄りを行った。他方、夫側代理人は、600万円という打ち合わせの数字を出さずに、夫婦の2700万円の総資産の半分を出発点として1000万円に近い

数字という曖昧な案を恐る恐る出した。600万円を「獲得」することを目標として、高めの数字から交渉を始めるという対応であるが、このような交渉態度が持つ「決裂」へのリスクを十分に認識していない。

実際、調停委員は、この提案を聞いて、やむを得ず調停が不調となる可能性が十分にあるとして、一歩引く姿勢を取った。数字に十分な正当性も現実性もないことは、代理人も夫も知っているはずであり、暗に再考を促したのである。

(5) 再度の打ち合わせ

妻側は、夫への金銭の意味づけについて話し合いを行った。詰めの段階では、総額だけではなく、何のためにお金を払うのかということをもう一度確認し、本人の意思を再確認することが重要である。

他方、夫側代理人は、ようやく説得モードになってきた。このままでは不調となり、訴訟となること、夫にとっては裁判を避けることの方が得策であることを初めて明確な意見として伝えた。そして、一人での生活の必要性という扶養的側面から、年金が出るまで月10万円程度、財産の1割の合計270万円という提案を用意することとなった。しかし、それが妻の預金の半分以上となる点への配慮はない。

(6) 交互調停と同席調停

双方からそれぞれ150万円と270万円という、調整可能だが決裂もありうる額の提示を交互に受けて、最終的に再度の同席調停を試みることになった。

双方からの相互譲歩へのインセンティブは、訴訟を避けるという点にあるが、他方で提案された数字にはそれぞれの意味付けがあり、単なる数字あわせでは解決しづらい点がある。

本件では夫の金銭主張の動機が経済的不安にあることに注目し、比較的関係を保っている長男からの手紙を最終的な解決のための道具に使った。

子供からの両親に当てた愛情に満ちたメッセージは、母に父の貢献を認めさせ、父に母の自由を認めさせる切り札になった。と同時に、子が父に対する扶養責任を明言することで、父の金銭的要求の必要性の度合いを下げることになったのである。

こうして調停は、夫が妻側の提案である離婚と土地名義の移転および150万円の清算金を受け入れて成立した。なお、今後一切の関係を絶つという項目は、あえて入れる必要はないだろうことに妻も同意した。

6　問題点と今後の課題

(1) フィードバックの必要性

当事者との協議、調停、協議、調停を別々の立場で繰り返す方式だと、2回の模擬調停では時間が足りず、フィードバックの時間がほとんどとれなかったのが実情である。

たとえば、夫側の代理人の行動を分析するとすれば、

① 離婚には応じられないという立場を終盤まで維持し続けたが、その展望ないし意図はどうだったのか（本人の納得のためなのか、それとも相手方を説得できる可能性があると見込んでいたのか）。
② 夫に離婚は避けられないということを理解させるとすれば、どのような働きかけがより効果的だったのか。
③ 600万円という事案からすれば過大な要求を出した意図は何か。この要求は依頼者の利益につながったか？
④ 270万円という最終提案は妥当だったか。妻側の立場からの分析は十分だったのか。夫への説得のやり方は十分だったか。

といった点について、議論すべきだった。

また、妻側の代理人についても、

① 離婚の相談におけるコミュニケーションのあり方に問題はなかったか？

② 妻の妥協への説得の材料として使った「訴訟における費用と時間」を具体的に説明できていたか？　他にも説得の材料はあったのではないか（夫の貢献がゼロとは言えないことなど）。
③ 夫の老後不安に対する解決策として、子供による扶養について十分に考えたか？

などがあげられる。

さらに、調停委員の対応について、学生に対して、
① 同席調停のあり方として、当事者に自由にやりとりさせることが適切か？
② 夫婦の過去のいきさつから、将来のビジョンに話題を切り替えた意図は何か？
③ 「今後一切会わない」という接触禁止条項をはずすように誘導したのはなぜか？
④ 夫側の1000万円に近い提案に対して、明確な意見は述べずに、不調を持ち出した意図は何か？　またそれは適切か？
⑤ 調停案を出すことはできるだけ差し控えるという趣旨は何か？　調停案を出すタイミングはどうか？

などの検討も必要だろう。これらは、模擬調停終了後に、メモやビデオをもとに時間をかけて行うべきだろう。

同時に、依頼者との打ち合わせ役や調停への出席者役以外の学生が、あらかじめ定められた分析視点からメモを作成し、当該学生に対してコメントを各セッション終了ごとに行うべきだろう。

(2) 進行や題材は適切か？

このように進行したセッションごとの即時的なフィードバックと、事後的な総括フィードバックを行うとすれば、今回のような多数回の打ち合わせや調停の繰り返しでは時間がいくらあっても足りないことになる。とはいえ、手続の一部だけを実践するというのも、中途半端である。

となると、教材の作り方ないし俳優への指示において、争点の単純化（たとえば離婚自体は早期に認めるなど）が必要なのかもしれない。あるいは、当事者との打ち合わせは授業外に行うという方式も必要かもしれない。さらには、取引型紛争の調停や近隣紛争の調停など、情報交換しながら、他の調停シナリオも開発していく必要がある。

(3) 当事者役をどう確保するか

シミュレーション教育を充実するためには、その意義と内容を理解した当事者役が不可欠である。常時俳優に依頼することは不可能であるから、今後は、前年度に授業を受けた上級生や卒業生の協力を得たり、あるいは近隣住民などを中心とした模擬依頼者を育成していく必要がある。[6] 後者については、ロースクールの地域貢献や一般市民に対する法教育などとも関連させていくべきであろう。

7 まとめ

筆者はローヤリングにおいて、交渉のみならず、調停シミュレーションをも取り上げる意味は大きいものと考えている。

第一に、現実の紛争において、対立する二者の交渉だけで解決することは困難な場合が多く、かといって主張・立証という形式を取らずに、あくまで協議により解決を図る手続としての調停の果たす機能は大きいからである。

第二に、紛争解決の専門家を目指す学生に対して、なぜ交渉では解決できなかったことが調停では解決できたのか、といった問いかけを通じて、紛争解決のシステムや代理人や調停委員の役割など、紛争解決の諸要素についてより深く考えさせることができるからである。

第三に、交渉の場合よりも当事者自身の手続への参加度が高い調停を通じて、依頼者との協働モデル（または依頼者中心モデル）を実体験することができるからである。

限られた時間の中で、教育効果を上げるための現実的対応としては、1つの事件において、交渉から調停へと発展していく教材の開発が必要であろう。本年は、親族間の紛争事案について、交渉を行ったうえで、民事調停を行う予定であり、追って機会を設けてその成果と問題点を公表したい。

【注】

1 　廣田尚久『紛争解決学　新版』（信山社出版、2002）は、私的自治から、当事者間の合意が紛争解決の基本に据えられ、同時に合意に至るまでの過程が重視される中で、ADRなどが視野に入ってくるという（15頁）。
2 　廣田、前掲書は、成文法のみならず、道徳や経済的合理性、ゲーム理論なども紛争解決規範と捉えることによって、紛争解決に用いる資源を多様化し、事案に応じた当事者の合意を調達していく手法や、その過程を学問化しようとしている（140頁以下）。
3 　山田文「現代型ADRの再生としての民事調停」『判例時報』1811号、3頁以下。
4 　レビン小林久子『調停者ハンドブック：調停の理念と技法』（信山社出版、1998）は、あくまで当事者を主体とし、指導型調停を控えることを基本とするが、アドバイス（特に法律家などの専門家）そのものを否定しているわけではなく、状況を見て方法を選択することを述べている（同15頁以下）。
5 　レビン小林久子、前掲書は、争いを忌み嫌わないこと、当事者の自己解決能力を高めること、当事者の視点を変えることといった視点から、アメリカで同席調停の技術が開発されたとし、同席調停を原則とする手法を紹介している（1頁以下）。日本でも井垣康弘「同席調停」、『現代裁判法大系　第10巻　親族』所収に紹介されているとおり、同席調停実務が試みられ注目されている。
6 　米国ロースクールのシミュレーション授業では、上級生が相談者となったり、地域のボランティアが模擬依頼者となって、法曹養成教育に協力しているところがある。筆者らが2005年2月に訪れたバージニア州のWilliam & Maryにおいても、初級ケースでは前年度受講した上級生が用意されたシナリオにそって相談者役となり、仕上げのケースでは学外のボランティアが相談者となって事件が進行していくプログラムが採用されていた。

報告論集 5

ロースクールにおけるシミュレーション教育と臨床(クリニック)教育

池田直樹（司法研究科教授・弁護士）

1 当大学におけるカリキュラム

　関西学院大学ロースクールにおけるシミュレーション型授業としては、ローヤリングと民事・刑事の模擬裁判がある。他方、臨床教育として、地域住民を中心として学内で法律相談活動を行うクリニックA、専門分野の事件（労働、女性、税務争訟、環境）を実務家の下で経験するクリニックB、そして法律事務所で2週間の研修を行うエクスターンシップを用意している。

　学生はこれらのうち、最低1科目履修することが求められている（選択必修）が、重複して履修することも可能である。なおシミュレーション科目は臨床科目選択の前提条件とはされていない。

2 各科目の概要

　シミュレーション授業では、学生は模擬弁護士として思考し、行動する。交渉、調停や裁判などを学校内でみずから担当することになる。他方、クリニックA（法律相談）は、教員の指導のもととはいえ、学生が主体になって依頼者から聞き取りを行い、回答を行うから、学生の主体性は高い。しかし、法律相談を越えて学外で代理人として活動することはない。クリニックBとエクスターンシップは司法修習における弁護修習に近く、学生は弁護士に付き添って実務を実地体験し、起案なども行うが、あくまで弁護

士の活動を傍聴し、ときに補佐するものである。

シミュレーション教育のうち、ローヤリングは別稿で報告したので、以下、クリニックについて紹介する。

	ローヤリング	クリニックA	クリニックB	エクスターン
事件への関与度	高い	相談場面は高い	部分的・補助的	部分的・補助的
対象活動	面接、交渉、調停など	面接	特定専門分野における実務	実務一般（実習先による）
対外的責任	低い	高い	場面による	場面による

3　クリニック教育について

(1)　クリニックA

本年度前期に初めて開講した本学を拠点とする法律相談活動である。

特徴としては、①法律相談およびそれに関する調査や文書作成等の援助のみを行い、事件としての受任を行わないこと、②学期中のみの非常設機関であり、施設も学校の教室を使う純粋の教育的プログラムであること、③法分野を特定しない一般的な法律相談活動であり、地域住民を主な対象としていることがあげられる。

相談の募集は、西宮市の広報誌と同窓会誌等への広告と市役所や裁判所などの市民相談窓口に対する広報活動によった。

今期の受講生は6名であり、2人ずつ3班に分け、初回のガイダンスと最終回のフィードバック以外の11回の相談日に、述べ31回（継続相談を含む。純件数では25件）の法律相談を受けた。

相談者は、まず事務室に予約の電話を入れ、相談内容の概要を説明し、事務はそれを相談票にまとめる。そこで特に教育目的に反するものと判断されなければ、予約となる。相談当日は、相談者は別々の部屋に通され、そこで教員から教育プログラムであることの趣旨説明と進行について説明を受けたうえで、同意書を提出していただく。ついで、教員は退室し、学

生2名（毎回主任を交替で務める）だけで相談者の事情を聴取する。なお、守秘義務は当然のことであるが、クリニック内部において議論を行う点については特にその解除を求めて同意を得ている。学生の事情聴取が終了したのち、一旦学生は退室し、待機用の教室に戻って2名の教員のいずれかと相談内容について議論を行う。教員の指導を受けたうえで、学生は相談者が待機する部屋に教員とともに戻り、教員が聞いている前で、相談者に対して、学生が回答ないしアドバイスを行う。教員は、必要があれば回答を補充したり、訂正を行う。

当初は、聞き取りの場面でも教員が立ち会っていたが、そうすると相談者はどうしても教員に対して相談を持ちかけてくる傾向が強い。そこで、途中からは面談については学生に任せることとした。その結果、相談時間が長引き、授業時間を常時オーバーすることとなったが、学生主体の活動となった。また、回答においても、当初は教員による介入が多かったが、後半になるにつれて、教員のコメント等は相談の終わり際に補充的に行うように心がけた。

相談内容は次のとおりであった（複数カウントあり）。
　　契約紛争　10
　　　　　会員契約の預託金請求2
　　　　　請負代金請求
　　　　　欠陥住宅の損害賠償
　　　　　借地契約解消に伴う明渡義務の履行
　　　　　借家の保証人の責任の限度
　　　　　委任契約の義務違反
　　　　　フランチャイズ契約における本部の責任
　　　　　代理店契約違反および競業禁止義務違反
　　　　　雇用契約に伴う積立金の返還不履行
　　相続　7　（遺産分割協議、将来の相続問題、成年後見など）
　　離婚・夫婦関係　3
　　近隣紛争

私道の法律関係
　強制執行
　不動産の管理と処分
　（なお、サラ金などの債務整理や破産事件はそもそも対象からはずしている）

　また、別の弁護士に既に相談をしており、セカンドオピニオンを求めてクリニックにやってきたと見られる人もいた。学生主体の運営で時間がかかり、回答が要領を得ないこともあったが、利用者には概して好評だった。時間がかかることをお詫びすると、「学生さんが時間をかけて熱心に耳を傾けてくれるのがありがたい。弁護士さんのところではそれがなかった」という相談者もあった。
　相談については１件ごとに事実の概要と問題点、回答の要旨を学生に書面でまとめさせた。また、事案に応じて、判例を調べてメモを作成して相談者に渡したり、内容証明の文案を作成したりした。
　問題点としては、まず相談の安定的確保がある。学期制・週１回の非常設クリニックであり、どれくらいの相談があるのかが予想できなかった。また、予約があっても、無料法律相談の傾向として、直前キャンセルも予想できた。そこで、各回の予約は３件ずつ目一杯入れることとした。ところが、学生にとっては、１週ごとに違う相談を行うことは、予習の負担以外に大変な精神的負担となったようである。結果的に毎回３時間近い授業時間となった。継続相談も一定の頻度で入ることからすれば、実施件数をもう少し制限して、じっくりと取り組むことも選択肢の一つである。ただし、宣伝しなければ相談が集まらない矛盾もあり、しばらくは模索が続くことになるだろう。
　６名の受講者のうち、１名を除いてローヤリングを選択していなかった。にもかかわらず、１回のシミュレーション授業のみで、本番の法律相談に入ったうえ、途中からは相談前半は教員が同席しない方式をとったため、依頼者とのコミュニケーションのあり方についての第三者的な分析と指導が不十分なままであった。

さらに、依頼者からのフィードバックを十分に受けなかった点も反省点である。「弁護士よりもじっくり話を聞いてくれた」「これから法曹になる人に、自分のような困った問題を抱えた人のことを真剣に考えてほしかったので、満足している」といった相談者の感想があったが、学内クリニックという特性を生かして、相談者からの協力を得て、コミュニケーションのあり方も含めて利用者からのフィードバックを組織化する必要がある。

他方、学生の感想の共通点は、人の話を聞くことの難しさと重要性を痛感したということである。ある学生は次のように述べている。

> クリニックAを履修したことによって、私は、法律家の武器である法律の勉強がそもそも全く足りていないことを再確認させられ、自己の対話能力に対する過信、事実を聞き出すことの困難さを痛感し、実務としての法律相談の難しさに不安を感じながらも、満足して帰ってもらえたことに対する喜びや、これでお金が貰えたらそれはかなり素晴らしいという将来に対する希望も得られた。

総体として、学生の学習意欲を高めるとともに、法的理論以外のコミュニケーション能力の重要性への気づきなど、大きな教育成果を収めることができたとともに、ささやかな地域貢献になったものと自負している。

(2) クリニックB

クリニックBは、将来のキャリア形成や公益分野での活動に興味がある学生を対象とする特定分野の実務経験を積むクリニックである。現在、労働、女性、税務争訟、環境の4つがある。定員は各2、3名までである。

筆者が担当した環境法クリニックの場合、5名の希望者から2名を選抜し、廃棄物処理施設建設禁止の仮処分の弁護団会議への継続的出席と調査、起案、それとは別の廃棄物処理施設に関する住民監査訴訟についての現地調査と法廷傍聴、電波障害事件の法廷傍聴と準備書面作成、化学物質過敏

症の原告との面談と陳述書作成、ダム建設反対の抗告訴訟の記録閲覧と担当弁護士の講義、西淀川公害訴訟を契機に設立されたあおぞら財団訪問など、環境分野に特化した密度の濃い活動を行ったうえ、最後に、法的テーマを選んだ小論文を提出してもらった。

問題点は、少人数しか受講できないことに加えて、学生の負担が大きい点があげられよう。法律事務所のみならず、裁判所や現地にも足を運ぶなど、多大な時間がかかるとともに、起案や調査などの負担も重い。司法試験を気にする3年生にとっては、チャレンジしてみたいが負担が不安な科目ということになろう。しかし、授業終了後も弁護団会議等への出席を希望するなど、選択者のモチベーションはきわめて高かった。

(3) 臨床プログラムの有用性

前掲・百年史の道あゆみ論文は、米国における臨床プログラムの意義・有用性について、①社会的有用性、②教育的有用性、③理論的（研究的）有用性、④実務的有用性をあげている[3]。

この観点からすれば、上記臨床プログラムは、学生の学習意欲を高め、自らの知識を現実の事件の文脈の中で再確認し、理解を深めるという教育的効果を発揮していると評価してもよいだろう。

また、社会的有用性についても、地域への無料法律サービスの提供やセカンドオピニオンの提供、公益分野への人材供給の可能性を高めるという意義をあげることができる。ただし、法へのアクセス障害の高い層（たとえば阪神間の外国人など）により積極的に宣伝するなど、社会的貢献を高める制度設計を考える余地は大いにある。

他方で、理論的有用性、実務的有用性については、これからの課題である。クリニックやエクスターンは、一部の実務家教員によって担われており、教育内容への研究者の関与はほとんど無いといって過言ではない。ロースクールの最先端の理論的成果が臨床教育プログラムを通じて実務で試され、あるいは最先端の実務的問題意識がロースクールにおける研究テーマとなるといった循環はまだ生まれていない。臨床教育の意義や重要性につ

いては、教員の中にも、あるいは学生の間でも、まだ共通認識は形成されていない。

4 シミュレーション教育と臨床教育との関係

(1) シミュレーション教育の意義と位置づけ

臨床教育を経験すると、「現実の事件にまさる教育の場はない」ことを教員も実感する。司法修習制度との整合性という我が国独特の問題はあるが、ロースクールにおいて、臨床教育の充実を一層図っていくべきことは間違いない。

しかし、そのことは、シミュレーション教育の必要性、有効性を否定するものではない。むしろ、我が国においては、当面、シミュレーション教育の充実にもっと努力すべきではないかというのが私の考えである。

第一に、米国の最先端の臨床教育では、受講生は、週の時間の大半をクリニックの活動にさき、学生が主体となった実習が行われる[4]。残念ながら、学生の代理人としての活動に制約があり、かつ選抜的司法試験を控えた我が国の学生に、このような本格的プログラムは適合しない。他方で、従来の司法修習や現行のエクスターンやクリニックでは、学生は、継続していく事件活動のほんの一こまに補助的に関与するにとどまってしまう。あるいは、そのタイミングや研修先によっては教育に適切な事件が十分に存在しない場合もありうる。

とすれば、可能な限り、一つの事件の発展経過に代理人として主体的に関与するという経験をより多くの学生に経験させるプログラムや、いくつかの事件の重要な場面を適正に配置して学生に経験をさせるプログラムなど、シミュレーション教育がより有効である。

確かに、シミュレーションと現実の事件は似て非なるものである。しかし、シミュレーション教材は、実務家教員が現実に経験した事件をもとにシナリオを作成するものであり、現実に根ざしたものである。また、必要に応じて模擬依頼者を配することによって、実際の事件と同じだけの流動

性を持たせることができる。さらに、グループないし模擬法律事務所を形成させることで、学生にチーム内での責任を分担させ、事件の進行や結果に対する緊張感を維持させることも可能である。現に、2004年度後期の交渉事例では、チームの異なる学生同士は昼食も共に取らないなど、緊張感を持った取組がなされた。

第二に、シミュレーション教育には、教材の設計や時間配分を教員が制御できるメリットがある。現実の事件では許されない、学生のトライ・アンド・エラーを見守りながら、適宜介入して、フィードバックを行うなど、教育効果をあげるための設計や運営が可能である。また、これも現実にはありえない、相手方との事後的な討議を通じて、複眼的な検討の重要性を実地に経験することができる。

第三に、法曹人口が増大していく中、懸念されている法曹倫理の維持・向上という困難な課題について、その立場・状況に立って考えてみるという経験を通じて、より深く内面化する効果を期待できる。

第四に、我が国の臨床教育の弱点である、実務と理論の発展のための実験の場を提供することができる点もメリットであろう。現実にはまだ存在していない裁判員制度の先取りによる模擬裁判はもちろん、陪審員による判断との比較など、社会科学では困難な「実験」の場を提供することが可能なのである。別稿で紹介した2004年度ローヤリングの模擬調停では、実務ではまだ主流とはいえない同席調停を試みた（私は実務経験19年になるが、当事者双方の同席調停は経験していない）。実務を所与のものとして、その「習得」対象として捉えるのではなく、最新の理論と（ささやかな）経験の中で、実務を批判的に検討して改善していく姿勢を身につけさせることも、ロースクールの使命であろう。

第五に、理論と実務との架橋や、関連専門分野（たとえばビジネススクール）との学際的な研究の場として、知的財産権紛争や企業買収交渉、国際人権問題などについて、シミュレーション教育を行っていくことも検討すべきだろう。ただし、その教育対象は、司法試験受験前のロースクールの学生というよりは、一定の実務経験を積んだ実務家や社会人のための生涯教育、高度専門教育という位置づけになるのではないか。

(2) 現状のカリキュラムと将来展望

 とはいえ、関西学院大学における現在の実務科目群のカリキュラムでは、シミュレーション教育と臨床教育が混在したまま、学生の自由選択に委ねられており、必ずしも双方の利点を組み合わせた統合的なカリキュラムとはなっていない（下図）。

2年前期	2年後期	3年前期	3年後期
法文書作成		ローヤリング	（ローヤリング）
	（クリニックA）	同 AB	同 AB
		エクスターン春	同夏
		刑事模擬裁判	民事模擬裁判

（括弧は制度設計からは予定外であるが履修可能であることを意味する）

 しかし、本来的には、シミュレーション教育を受けたうえで、臨床科目に進むことが望ましい。今年度からは、ローヤリングの受講生が大幅に増えたため、ローヤリングを受講したうえで、エクスターンやクリニックを受講する学生も増加すると思われる。

 最終的に本学が目指しているバーチャルローファーム構想のもとでは、法情報調査・法文書作成のコースをシミュレーション型授業に統合し、模擬法律事務所における模擬新人弁護士の業務の一環として、調査に基づく法的メモの作成や内容証明などの起案を行わせる方向性が検討されている。すなわち、2年生前期に現在、1クラス12人前後で行われている法情報調査・法文書作成のクラス分けを、各指導教員をパートナーとする模擬法律事務所と見立て、法情報調査・法文書作成などの課題の与え方も法律事務所の実務に模して行うとともに、面接や聞き取りなどの疑似体験も導入していきたい。そのうえで、現在のローヤリングは、その発展段階として、交渉や調停など、一つの事件を連続性をもって扱うプログラムとしたい。

たとえば、カリキュラムにあわせて、A法律事務所が提出した内容証明にB法律事務所が回答し、交渉を経たうえで、調停に進むといったイメージである。模擬裁判は、さらにその延長線上に位置づけられる。

なお、未修の1年生に対してシミュレーションプログラムを提供するかどうかは一つの検討テーマである。米国のNYUにおいては、1年次にローヤリング・プログラムが必修科目として配され[6]、William & Maryにおいても、1年から2年にかけて4段階にわたる9単位の法技能科目が統合的に設計されていることを参考にすれば[7]、未修者に対して、理論教育と平行して、シミュレーション教育を行うことは、理論のインプットに対するアウトプットの機会を提供することで教育効果を高めるとともに、理論学習の意味を事件の文脈の中で理解して学習意欲を強める意味は十分にあるものと思われる。

とはいえ、既修、未修という学生の二つの経路があり、ただでさえ過密な1年生のカリキュラムに別途シミュレーション教育を導入することは多大な困難を伴うであろう。「判例を使った学習でも、事実関係を一部変えてみて議論を行うことは常に行っているから、それもシミュレーション教育ではないのか」という研究者の意見もあったとおり、シミュレーション教育にも、具体的事例としての判例とその応用、仮装事例（当事者抜き）、仮装事例（当事者配置）、事例を通じた一連の手続というように段階がある。基礎学習中の未習者に対しては、学習進度に配慮した単純な事例を用いた初歩的シミュレーション事案を、演習科目などにおいて一部導入してみるといった工夫が現実的であろう。

5 最後に

我が国におけるロースクールでのシミュレーション教育に関しては、名古屋大学、南山大学、大宮法科大学院など多くの大学で先進的取組が進められているところである。

シミュレーション教育は、基礎的な理論教育を前提とし、実務と理論を架橋する優れた臨床教育と連動することで、より大きな効果を発揮する。

その意味で、シミュレーション教育を論ずることは、法科大学院における研究者教員をも巻き込む教育システムに関する論争であることについて注意喚起しておきたい。

同時に、研究者教員と実務家教員が協働している「要件事実教育」と並行し、場合によってはそれと対置される「統合型紛争解決教育」の1モデルを提供していることも強調しておきたい。

法的規範の論理的分析（だけとは限らないが）からもたらされる法的判断要素たる要件事実を、複雑な事実関係の中から選択し、抽出していく過程は、公権的な法的判断による紛争解決という手法においては、法曹にとって必須の思考・実践プロセスである。

しかし、その思考方法は、ややもすれば裁判官の判断効率至上主義となって、当事者が重要だと考える周辺事実の切り捨てにつながり（裁判官が考える争点に関連のない事項については尋問を許さないなど）、当事者の納得度を低下させ、紛争解決に実は逆行する場合すらある。判決が下って裁判官の面前から事件は消えても、紛争自体は解決されずに社会に残ってしまうのだとすれば、そのような「効率的」判断を下す裁判官は、司法制度全体からすれば、「非効率的な」仕事をしているのではなかろうか。それは臓器を見て、患者を診ない専門科の医師の姿に重なってしまう。

それに対して、統合型紛争解決教育は、紛争当事者と専門家との協働によって、紛争当事者が納得する紛争の解決を目指す。そこでは、法的規範に基づく判断を中心に据えながらも、より多様な紛争解決規範を用いて、柔軟な解決を図るための理論とスキルの習得が目標とされるのである。そこでは、もし依頼者が法的争点に関係のない事実主張にこだわるとすれば、それを頭ごなしに排斥せず、それはなぜなのか、紛争およびその人間性の全体像から分析し、より納得のいく解決を模索する姿勢が要求される。「事件」（医師の場合の病気ないし臓器）単位ではなく、人生の問題を抱えた「人間」（医師の場合の患者）を総合的に見る思考・実践プロセスも、ロースクールでの重要な教育テーマである[8]。

法的論理をとぎすませていく要件事実教育とともに、統合型の紛争解決教育を柱にすえたロースクール教育の充実のためにも、シミュレーション

教育についての研究、交流が今、きわめて重要だと考えている。

【注】

1 一般に「ロールプレイングや模擬法廷など、模擬的手法を通じて行う教育方法や、これを利用して実施する授業」（マーガレット・マーティン・バリー&ジョン・C・デュビン&ピーター・A・ジョイ著／日本弁護士連合会司法改革調査室・日本弁護士連合会法曹養成対策室編（道あゆみ・大坂恵理訳）『ロースクール臨床教育の100年史』（現代人文社、2005、35頁、以下『100年史』という）を言うが、ここではそういったシミュレーションを授業手法の主体として用いている授業に限定している。
2 前掲『100年史』所収の道あゆみ「法科大学院における臨床教育の有用性を探る」（166頁）によれば、臨床法学教育は、広義ではローヤリングなどのシミュレーション教育を含むが、典型的には現実に実務を経験するプログラムを指し、それにも学内クリニックと学外でのエクスターンがあると分類している。この意味では、関西学院大学のクリニックBはエクスターンにあたる。
3 前掲『百年史』169頁以下。
4 宮川成雄編著『法科大学院と臨床法学教育』（成文堂、2003）が紹介するジョージタウン大学の難民事件を扱うクリニックでは、学生は週平均35時間の執務を行うとされている。
5 関西学院大学では、丸田隆教授により、2004年12月、DV殺人事件の模擬刑事裁判において、一般市民から募集した裁判員と陪審員を同一事件で同時に配して評決を行ってもらい、その討議過程も含めた分析研究が現在進行中である。
6 前掲『法科大学院と臨床法学教育』、78頁以下。
7 前掲『100年史』、41頁以下。
8 Stefan H. Krieger and Richard K. Neumann, Jr., *Essential Lawyering Skills*, (Aspen publishers, 2003), p.15.

本研究科模擬法廷における模擬裁判
(2004 年 12 月 18 日) より

ロールプレイングを用いた実践的刑事実務教育の一事例
―― 神山啓史弁護士(第二東京弁護士会)の授業方法に学ぶ

川崎 英明 (司法研究科教授)

報告論集 6

1

　バーチャル・ローファームを用いてどのような刑事法教育ないしは刑事実務教育が考えられるのか、その素材として、かねてから、法学部の学生や司法修習生を相手にしてロールプレイングを用いた刑事実務の授業を実践している第2東京弁護士会の神山啓史弁護士を招いて、モデル授業をしてもらった。授業に参加したのは、刑事訴訟法を1年次で2単位履修した未修の学生10名である。

2

　第1日目は、「事実に争いのない傷害事件」を想定して、学生に弁護人役を割り振って、①当番弁護士としての初回接見、②勾留決定に対する準抗告の面接、③示談交渉、④被告人との打ち合わせ、⑤被告人質問、⑥弁論の6つの場面を設定して、それぞれの場面で、被疑者役(①の場面)、裁判官役(②の場面)、被害者役(③の場面)、被告人役(④と⑤の場面)、裁判官役(⑥の場面)をつとめる神山弁護士を相手にして、学生が弁護人として弁護活動を行うものであった。それぞれの場面が終了するごとに、神山弁護士が刑事訴訟法の活用のあり方を含めて弁護活動の問題性を指摘、解説する形で授業が行なわれた。4ないし5時間で、この6つの場面を網羅する授業が行われた。

第2日目は、「殺人の否認事件」を想定して、同じく学生に弁護人役を割り振って、①委員会派遣の弁護士としての初回接見、②検察官に対する抗議、③接見妨害、④被告人との打ち合わせ、⑤取調官尋問、⑥証拠採用に対する意見の6つの場面を設定して、それぞれの場面で、被疑者役（①の場面）、検察官役（②の場面）、警察官役（③の場面）、被告人役（④の場面）、警察官役（⑤の場面）、裁判官役（⑥の場面）をつとめる神山弁護士を相手にして、学生が弁護人として弁護活動を行った。その上で、それぞれの場面ごとに、神山弁護士が弁護活動の問題性を指摘、解説する形で授業が行われた。これも4、5時間の授業であった。

3

　事件のストーリーは神山弁護士の頭の中にあって、事前に学生には与えられていない。学生は被疑者との接見の中でのやりとりを通して、事実を引き出し、把握することになる。また、各手続段階でポイントとなる事実も、検察官役や裁判官役、取調官役を演ずる神山弁護士から、弁護活動を通して獲得することになる。模擬裁判のようにあらかじめ与えられた固定的な事実を前提とするのではなく、弁護活動に応じて変化する動的な事実に向かい合って、まさに事実を引き出して作り上げていく過程を弁護人役となる学生は追体験することができるわけである。それは生きた事件のバーチャルな追体験ということができる。その意味で、神山弁護士のこの授業方法は、バーチャル・ローファームを用いた新しい刑事実務教育の先駆的なモデル授業として評価できるし、模範とするに値すると、私には思われる。もっとも、こうした授業をやり切るには、教師の側に、被疑者役から裁判官役までをこなせるだけの刑事実務の認識と弁護技術が必要・不可欠である。その意味で、教師の側の実力が問われることになる。
　他方、授業を受ける学生にとっては、生身の事件と人間を相手にして具体的な弁護活動を行う形になるので、必要な情報を得るために被疑者・被告人とどうコミュニケーションを取るのか、傷ついた被害者とどう向き合うのかという、いわば一人の人間としての総合力が問われることになる。

のみならず、法的知識や法的思考を具体的事件の中でどう使えるかが問われ、まさに書物と授業の中で養った力を現実に使いこなせるかどうかが試されることになる。それは、学生に対しては何のために刑事訴訟法を学んでいるのか、また養った法的知識や思考がどう生かせるのかを体得させ、自らの血肉とさせる上で、大いに有効性の認められる教育方法である。学生の感想を聞いても、このことは確認できた。未修の学生が果たしてこうした授業に対応できるのかについて、不安がなかったわけではないが、学生たちは事前に刑事弁護の学習を集団的に行っており、そうした努力もあったのであろうが、十分に対応できているように思われた。この授業方法は、そのまま刑事訴訟法や刑事実務の授業に生かすことが容易であり、大いに活用できると思われる。

4

　授業内容はビデオに収録してDVD化しており、刑事実務の授業だけでなく、刑事訴訟法の講義や演習でも使えるようにしている。
　参考のため、以下、第1日目に行なわれた「事実に争いのない傷害事件」の授業内容を文章化したものを添付する。

資料―1

模擬刑事弁護授業 DVD

事実に争いのない傷害事件

講　師：　神山　啓史弁護士

トラックⅠ
1：オープニング画像
2：事実に争いのない傷害事件

トラックⅡ
1：神山弁護士自己紹介

トラックⅢ
1：■①当番弁護士としての初回接見
2：講義（①当番弁護士としての初回接見）

> 2005年2月4日
> 当番弁護士出動依頼
> 被疑者　　神山　啓史
> 罪　名　　傷害
> 拘束場所　西宮署

＜設定＞
　　事務所で当番弁護士として待機中に、弁護士会から「当番弁護士の依頼があったので出動してください」との上記内容のファックスが届いた。
　　この程度のことしかわからない。これが実務である。

☆弁護士としてどのように対応すべきか？
　　→西宮署に接見に行く。
　　参考資料は何を持って行ってもかまわない。

☆本当は接見時間に制限はないが、研修のため15分の接見指定で接見をしてみよう

3：ノート（①当番弁護士としての初回接見）

> ＜設定＞
> 2005年（平成17年）2月4日、次のとおり当番弁護士の派遣要請があった。
>
> > 2005年2月4日
> > 当番弁護士出動依頼
> > 被疑者　　神山　啓史
> > 罪　名　　傷害
> > 拘束場所　西宮署
>
> この要請に基づき、西宮警察署に接見に赴くことになった。
> （本来時間制限はないが、研修として15分程度とする。）

4：実習（①当番弁護士としての初回接見）

＊当番弁護士を呼んだ経緯

　被疑者は、今日裁判官に「10日間勾留する」と言われて、困ったなと思っていたら、そのときに当番弁護士のことを聞いたので呼んだ。

＊被疑者の供述概略

逮捕日時について

　2月2日午前0時半頃に、友達と居酒屋で飲んでいたら、横にいた他のお客さんとトラブルになり、僕が目の前にあったビール瓶で隣の人を殴ってけがをさせた。店の名前は七輪亭。場所はよくわからない。だいぶ酔っ払っていて、隣の人と言い合いになってかーっとしたのは覚えているが、どこを何発殴ったかはよく覚えていない。一緒にいた友達二人が、警察官が来たときに「お前えらいことしたなぁ」と言っていたので、自分がやったことには間違いないと思う。居酒屋の店長が警察に連絡したらしく、その場で逮捕された。

被疑者の要望

（被）今日、裁判官から「10日間出られない」と言われたが、早く出ることはできないか。
（弁）勾留の判断に対する異議の申し立てはできるが、裁判官が判断するので必ず出られるとは限らない。最大限努力する。
（被）お願いする、是非やってほしい。
（弁）神山さんは今どこに住んでいるのか。
（被）両親が京都に住んでおり、京都市左京区の吉田にいる。両親と妹の4人家族。それで出られるか。
（弁）まず正式に私どもを神山さんの弁護人として依頼してもらう必要がある。

（被）もうつらいし、お願いして出られるなら頼みたいが、見込みはどうか。
（弁）勾留質問のとき、裁判所ではどう言われたか。
（被）本当に殴ったのかと聞かれたので、「ハイ間違いありません」と答えた。
（弁）勾留理由は。
（被）言ったかもしれないが覚えていない。
（弁）隣にいたお客さんを殴ったことは認めているのか。
（被）認めている。刑事は、「どこを何発殴ったとか詳しく言え」と言うがよく覚えていない。
（弁）釈放された場合は、京都の家に戻るのか。
（被）はい。
（弁）釈放されるには、罪を認めて、もう逃げない、友達に偽証を頼んだりしないことが必要だが。
（被）そんなことはしない。それで出られるのか。
（弁）裁判所に申し立てをする。

5：講評（①当番弁護士としての初回接見）
　＊接見見学の感想（よかった点、改善点、自分ならこうするなど）
　　　友達の連絡先
　　　お酒をどのくらい飲んだのか（心神耗弱、心神喪失）
　　　取り調べに対する心構えの教示
　　　捜査段階でどのようなやり取りがあったのか
　　　弁護人の役割説明→信頼関係の構築（どのように？）
　　　　　　　↓
☆優先課題は何か　当番弁護士を呼んだ理由を聞き出して、それに対して真摯に対応すること。
　　　→早く出たい（その理由は？）
　　　→準抗告または執行停止を検討する
☆勾留決定に対する準抗告（刑訴法429条1項2号）を念頭に置いたときに、必要な情報は何か
　　　→早く出たい理由（2月8日にLS入試がある）、職業（大学4年生）、年齢（22歳）、家族、健康状態（問題なし）
　　　→勾留される理由（刑訴法60条の3要件）に関連すること
　　　　①定まった住居を有しないとき
　　　　②罪証を隠滅すると疑うに足りる相当な理由があるとき

③逃亡しまたは逃亡すると疑うに足りる相当な理由があるとき
　→ビール瓶の行方（押収済みで、自分の指紋がついていると思う）、目撃者である友人2名は取調べを受けているのか（一緒に警察に連れてこられたので多分受けている）、被害者との関係（初対面）、けがの状況（鼻骨骨折全治3週間）
＊情報の取り方　捜査機関からの事情聴取

トラックⅣ
1：■②勾留決定に対する準抗告の面接
2：講義（②勾留決定に対する準抗告の面接）
　＊今後の方針決定→準抗告の申立て準備
　　午後8時、事務所に戻った。手元には弁護人選任届。
　　・スケジュール調整（調整できた）
　　・目撃者である被疑者の友人に連絡
　　・現場の店に行って話を聞く
　　・家族に連絡→呼ぶ
　　・難しい事件であれば、他の弁護士に応援を求める
　　・準抗告の準備（申立書作成、証拠収集：住民票、LS入試のあることの証明）
　　・被疑者の主張する事実の裏付け
　　・両親の上申書
　　・被害感情に配慮し、被害者への連絡は急がない
☆準抗告申立書を書いてみよう
　　理由のポイントを挙げてみよう

　下記3：ノートの内容説明

3：ノート（②勾留決定に対する準抗告の面接）
```
＜設定＞
2月4日の初回接見後、被疑者から弁護人として選任を受けた。
2月5日（土）、令状部に勾留決定に対する準抗告の申立てをし、
2月7日（月）、裁判官と面接することとなった。
```

4：実習（②勾留決定に対する準抗告の面接）
（裁）準抗告の申立書は読んだ。口頭で補充があるということなら、どうぞ。
　＊裁判官の視点

①勾留の理由に元々住所不定はつけていない。
②罪証を隠滅させると疑うに足りる相当な理由
　本人は、「自分は酒を飲んでいてよく覚えていない」との供述。
　どこをどう殴ったのかはっきりしないということであり、本人供述が固まっていないため、友人との口裏合わせの可能性、被害者に働きかける可能性がある。
　LS入試があるというが、それをわかっていて飲酒の上に傷害事件を起こしているのであり、自業自得である。
　ビール瓶で殴られた被害者は鼻の骨を折り、全治3週間の重いけがを負っている。
③逃亡または逃亡すると疑うに足りる相当な理由
　大学生であることは記録上明らかだが学校にちゃんと行っているか（成績は？）。
　両親が身元引受人になるということだが、本当に両親のところに住んでいるのか。
　両親の仕事は何か。
　本人は本当に逃げないのか。
　前科がある（同種の傷害事犯　罰金2回→公判請求される可能性が高い）常習犯。
　↓
　今日中に決定を出すので、学校の成績、本人の上申書などの書類を午後3時までに補充せよ。判断材料とする。

5：講評（②勾留決定に対する準抗告の面接）
　再犯を起こさせないために身柄を拘束してよいとは刑事訴訟法には書かれていない。
　→たとえ薬物事犯であっても、しばらく頭を冷やすために勾留してよいということにはならない。

☆自分が裁判官だったら、この準抗告の申立てを認容するか？
　準抗告の申立ての趣旨：
　　「原裁判を取り消し、検察官の勾留請求を却下する旨の決定を求める」
　午後3時に上申書、成績などの資料がすべて揃ったとすると準抗告の申立てが認められるという意見あり

　★罪証を隠滅させると疑うに足りる相当な理由（刑訴60条1項2号）があるか
　　・目撃者が第三者ではなく被疑者の友人であるこのケースでは、口裏合わせの可能性がある。
　　・―被疑者が事件の詳細をはっきり覚えていないこともあり、被害者の供述と一致

しない状況下では相当な理由なしと判断するのは困難である。
というように、一般に裁判官は、幅広く罪証隠滅を疑うに足りる相当な恐れを考える。
　★逃亡しまたは逃亡すると疑うに足りる相当な理由（刑訴60条1項3号）があるか
　　大学生だから逃亡しないとはいえないという裁判官もいるが、実際上、本件のような執行猶予事件で逃亡するとは考えにくい。
　　弁護側から出す証拠は自由に作れるので、説得力を増すために労を惜しまず収集できる証拠は収集し、作れる上申書は作って、裁判官からいろいろ指摘を受けても答えられるように準備しておくことが重要である。身柄拘束を考える上で一番大事なのは、現に今ある情報を総合して考えたときに、弁護士として、刑訴法60条の要件がないと思えるときは争うということである。
　　→これが適正手続を守るということである。当該場面において適正手続の保障とはどういうことかを考える。今回の場合でいえば、60条の要件があるか、もう一度検討し直してみる必要がある。

<u>トラックⅤ</u>
1：■③示談交渉（被害者の父）
2：講義（③示談交渉（被害者の父））

> 公訴事実
> 被告人は、平成17年2月2日午前0時30分頃、……所在○○○店内において、村木太郎（当22歳）の顔面をビール瓶で殴打し、加療3週間を要する鼻骨骨折の傷害を負わせたものである。

＜設定＞検察官と交渉したが再度の罰金刑にはしてもらえず、公判請求された。準抗告も棄却され、勾留が続いているが、起訴後も引き続き弁護を依頼されている。着手金は30万円くらいである。

☆どういう弁護方針でどういう作業をするか（全学生）
　★目標は執行猶予
　・どの程度飲んでいたかにより、心神耗弱が認められたらその線で押したい
　　→しかし、そこまでは行かないという設定
　・まじめな大学生であることを印象づけるために成績や毎日学校に行っている等の証拠をそろえる。
　・三週間のけがだが、被害者との間で話し合い・示談をして、被害感情を和らげる。

・酒の席だったということをよい情状にする（暴行の故意はあるが、酒の勢いでの偶発的犯行であることを主張・立証）。
・被害者に過失はなく、正当防衛は成立し得ないという設定である。
・本人に反省を促し、日記などを書かせる。
・両親に普段のまじめな生活状況や、今後の監督約束を証言してもらう。
・二度と酒を飲まないと誓わせる。

起訴段階では勾留されたままであり、起訴後勾留に切り替えられている。すぐに保釈請求をして、保釈は通ると仮定。

トラブルの原因：被告人が阪神ファンであるのに対し、被害者が巨人ファン。被害者に「阪神は馬鹿だ。今年は全然だめだ」などと言われ、カッとして事件を起こしてしまった。今では一方的に自分が悪かったと反省している。

☆これからやるべきこと
　①被害感情を和らげるための示談交渉
　②情状証人（家族等）の準備：父
　③裁判官が一番気にするのは何か→誰が見ても常習性がある（酒を飲んだら暴行する）
　　もうやらないということをどうやって納得してもらうのか
　　　→本人の約束。身にしみていることを示す。
　　　→被告人質問で今の心情、決意を述べてもらう。

☆まず①示談交渉を実習してみよう
　下記３：ノートの内容説明

３：ノート（③示談交渉（被害者の父））

＜設定＞
被疑者は下記のとおり起訴された。

　公訴事実
　被告人は、平成17年2月2日午前0時30分頃、……所在○○○店内において、村木太郎（当22歳）の顔面をビール瓶で殴打し、加療3週間を要する鼻骨骨折の傷害を負わせたものである。

保釈請求中だが、まだ拘置所に勾留されており、深く反省している。
被害者の父、村木一郎が「会いたくない」と言っているところを無理にお願いして

被害者・村木宅を訪問し、示談交渉を行なうこととなった。
被害者は被告人と同じく大学生で、父はやくざではない。
また、被告人の父は公務員、母は主婦で中流家庭であり、ある程度のお金は用意できるがそれほど高額なお金は用意できない。被告人の妹は高校生である。

4： 実習（③示談交渉（被害者の父））
（村木宅応接間）
（父）どうしても会いたいということなので来てもらったが、何か。
（弁）我々は息子様、村木太郎様に怪我をさせた神山から依頼された弁護人で、神山の件でお詫びとお話をしたいと思いお時間をいただいた。
（父）悪いやつの弁護をしているな、それで。
（弁）この度は事件に巻き込まれたということで、本人の父親と本人ともどもお詫びをしているので、代わりにそれを伝えに来た次第である。
（父）神山のご両親が苦労をされているのはよくわかるが、神山は全然反省していないのではないか。
（弁）神山は現在も勾留されており、反省している。
（父）刑事に聞いたところ、前にも同じような事件を起こして2度も罰金を食らっている。常習犯でしょ。
（弁）そうだ、前も同じような事件を起こしていて反省はしていたのだが……。
（父）反省していないのではないか。していないからまた事件を起こしたのではないか。
（弁）今回のことはお酒の席ということもあって……。
（父）酒の席だからといって、うちの息子は鼻の骨を折っている。入院はしないですんだが、今も2階で寝ている。
（弁）そこで、ご提案だが、神山の方とこちらの被害者の方で和解……。
（父）和解はできない。
（弁）ご両親も本人も反省しており、まずお詫びをしたい。
（父）神山の両親が大学生の親として苦労されているのはよくわかるから、お詫びは受けるが、許すつもりはない。常習犯だろう。息子は骨が折れて学校にも行けず、まだ通院加療が続いており、許すことはできない。
（弁）お気持ちもごもっともなのだが……。
（父）もっともだろう。
（弁）もっともなのだが、神山も太郎さんと同じく大学生で、今後卒業して働くなり、将来があるということで、何とかお話をしていただけないかと思っている。同

　　　　年代のお子さんをお持ちの親御さんとして、わかっていただけるのではないか
　　　　と。
（父）出来心で初めてやったというのならともかく、一度でも罰金刑を受けていれば
　　　　反省するチャンスがあったはずだ。本人に社会人としての自覚を促すためにも
　　　　許すわけにはいかない。
（弁）もう二度としないと反省し、約束している。
（父）本当に先生方はそんな話を信じているのか。
（弁）大学生で甘いところもあった。親もその点は認めている。卒業間近にこんなこ
　　　　とを起こし、大変反省している。
（父）本人が反省しているという証拠はあるのか。
（弁）日記を書かせている。
（父）どんな日記か。また、具体的にどのような用意をしているのか。
（弁）両親が用意する。
（父）いくら払ってくれるのか。何を払ってくれるのか。治療費は、傷害事件で保険
　　　　がきかないのだから払ってもらうつもりだ。今すぐ治療費5万5000円を払っ
　　　　てもらえるのか。
（弁）今すぐは無理だが、和解の交渉として……。
（父）和解しないと治療費を払ってくれないのか。そんな馬鹿なことはないだろう。
（弁）治療費は支払うが、今日は準備がない。
（父）では、先生のところに振込先を通知すればいいか。
（弁）はい。治療費だけではなくて慰謝料を神山の両親が用意している。
（父）もらうつもりはないが、もらったら裁判に何か出したりするのだろう。
（弁）はい、和解が成立すれば……。
（父）神山のために先生方ががんばる気持ちはわかるが、今も息子や私の気持ちとし
　　　　てはそういうことをしてやるつもりはない。

5：講評（③示談交渉（被害者の父））
＜設定＞
　結局20万円の示談金を支払った。
　被告人が反省していることにつき、最終的には被害者の父が理解して被害者本人を呼んできてくれ、被害者本人が「被告人の両親を通じてお見舞いのお金・治療費を受け取り、被告人も深く反省しているようなので厳しい処分は望みません」というような上申書を書いてくれた。

トラックⅥ

1：■④被告人との打ち合わせ
2：講義（④被告人との打ち合わせ）
　下記3：ノートの内容説明

3：ノート（④被告人との打ち合わせ）

> ＜設定＞
> 公判を1週間後に控え、すでに保釈されている被告人を事務所に呼び、被告人質問の打ち合わせをすることとなった。
> （本来時間制限はないが、研修として15分程度とする。）

4：実習（④被告人との打ち合わせ）
（弁）1週間後の裁判で、やったことについては争わないが、執行猶予判決を受けるためにどうしたらよいか打ち合わせをする。同種前科もあり、裁判所に二度としないということを信用してもらうのは難しいが、どうすればいいと思うか。
（被）もうやらない。
（弁）そういう態度では信じてもらえないと思う。今後たとえば二度と酒を飲まないと誓えるか。
（被）やはり、もう飲んではいけないだろうか。
（弁）適量、泥酔しないことを心がけるべきだ。
（被）今回も泥酔したわけではないが、仲間と飲みに行くのが好きなのでつい飲んでしまった。あまり飲まないのも悪いと思い飲んでしまった。確かに前にも2度同じことをやっているし、先生方がもうやめた方がいいというのであれば、やめてもいいのだが。
（弁）前回嫌疑を受けたときは、なんと言ったのか。
（被）前回も前々回も警察には連れて行かれたが、相手のけがが全治3日程度と軽かったこともあって、父が迎えに来たら、すぐに家に帰ることができ、あとから罰金を払っただけなので甘く考えていたことは間違いない。
（弁）親御さんには怒られただろう。
（被）父親には怒られた。
（弁）その後お酒は減らしたのか。
（被）気をつけてはいたが、ちょっとしたことがきっかけでカッとなってしまい、本当に悪いことをしたと思っている。
（弁）口で言うだけでは信じてもらえない。

- （被）どうしたらいいのか。僕は刑務所に行くのか。
- （弁）行かないようにどうしたらいいか考えよう。お酒の件では病院などに行ったのか。
- （被）意志が弱いだけだ。父にも刑事にも叱られた。「適当なところでやめればいいのに馬鹿か」と言われた。
- （弁）前回までは相手が軽いけがですんでおり、自分も反省が甘かったが、今回は相手のけがも重く、勾留もされ、裁判の結果次第では、決まっていた大学卒業や就職もだめになり、刑務所に入ることになる。実刑判決となると人生が悪い方に進む。今回は深く反省したということを裁判所で話すべきだ。準備はできているか。
- （被）保釈されて父親・母親にも同じようなことを言われた。合計15日間くらい警察にいて、本当につらかった。今回は身にしみた。今回の事件後は、友達と飲みに行っても酒は飲んでいない。友達も理解してくれているので酒を勧めたりはしない。がんばっている。なので、これからは酒をやめる……酒は一切飲まない様にした方がいいということにする。と法廷では言う。
- （弁）そういうのはちょっと……。
- （被）では、やめる。今回の事件後は飲んでいないし、できると思う。具体的にはどうしたらいいのか。
- （弁）言うだけではなく何か書く。形に残す。
- （被）書いたらいいのなら、いつでも書く。
- （弁）気持ち次第だから……。
- （被）裁判というのはどのような形で進むのか。今のような話は僕が意見のようにずっと述べるのか。
- （弁）弁護人から被告人に対して質問をする。
- （被）先生から質問があり、それに答えていけばよいのか。
- （弁）そうだ。具体的には前回、前々回のことについて聞くので、軽微だった、甘く考えていたということを言ってもらう。その後、今回はどれだけ反省しているのかということについて、前回とは違って相手にひどいことをした、15日拘束されて骨身にしみてわかったということを言ってもらう。
- （被）わかった。
- （弁）被害者に対してはどうしていこうと思っているのか。
- （被）先生方に努力していただいて、被害者には、寛大な処分を望むという書類まで書いてもらった。ただ、今は被害者の方も顔を見たくないといっておられるそうなので、先生方の方から了解が出れば、自分でお詫びに行きたいと思う。

（弁）では、そのことについても聞くので、時機を見てお詫びに行くことも法廷で述べるとよい。

5：講評（④被告人との打ち合わせ）
☆他に被告人と打ち合わせをしておきたいことはないか
　＊今後、どうするつもりか
　→LS受験が今年はできなかったが、来年がんばる。両親も応援してくれると言っている。
　＊検察官からの尋問への対応
　　たとえば、本当に反省しているのか、などと厳しく聞かれることが予測される。これに対してどのように対応すればいいのか。全く無防備でいることもまずいし、弁護人が全部話を作って言わせると裁判官にはわかってしまう。
　→もう少し本人の反省を深めさせておきたい。まだ1週間あるので何か課題を与える。日記を書いているのであれば、弁護人が見せてもらってチェック。なかなかいいことを書いていればもう少し深めさせるなど。

<u>トラックⅦ</u>
1：■⑤被告人質問
2：講義（⑤被告人質問）
　下記3：ノートの内容説明

☆弁論のポイントを起案してみよう
3：ノート（⑤被告人質問）

> ＜設定＞
> 手に入っている弁護人側に有利な材料は、下記のとおりである。
> 書証：＊被害者との関係で、治療費の領収書、慰謝料20万円の領収書、上申書
> 　　　＊被告人本人に関するものとして、本人の誓約書（もう酒は飲まないという誓い。なお、日記は内容があまりよくないので出さない）、学校の成績表（まじめに勉強していて、LSを受けるだけの学力を備えていて、それに嘘はないということを示す。）
> 　　　そのほかにもあれば、自由に挙げてよい。
> 証人：＊情状証人として父（打ち合わせ済み、尋問済みの設定。法廷でも、今回のことで息子を厳しく叱った。過去二度もやって今回またやったということについて父親としての指導が甘かったと反省している。息子が酒をやめると

言ったので、厳しく指導監督していくと答えた。）
　　＊被告人質問
以上を前提に、弁護側立証を行うこととなった。

4：実習（⑤被告人質問）
　　（裁）検察官、立証は以上でよいか。
　　（検）はい。
　　（裁）弁護人、立証はいかがか。
　　（弁）被告人質問を。
　　（裁）特に書証等はないか。
　　（弁）治療費の領収書、示談金の領収書、被害者及び両親からの上申書、被告人の誓約書を提出したい。
　　（裁）検察官ご意見は。
　　（検）同意。
＊情状証人は取り調べが終わった設定にして、被告人質問へ
　　（裁）では、被告人質問をどうぞ。
　　（弁）勾留されて、つらかったか。
　　（被）はい。
　　（弁）そのときに何を考えたか。
　　（被）被害者に大変なけがを負わせて馬鹿なことをしたと思った。
　　（弁）前科2犯の時とはどう違うのか。
　　（被）初め2回の罰金をもらったときは、相手のけがも軽く、親が迎えに来たらすぐに勾留もなしに帰れたので甘く考えていた。今回は、身柄を拘束されて本当につらかったし、いつまでも馬鹿なことをしていてはいけないと身にしみた。
　　（弁）保釈後にお酒を飲んだか。
　　（被）友人と居酒屋に行ったことはあるが、ウーロン茶しか飲んでいない。お酒は飲んでいない。
　　（弁）友人は、今回の事件のことを知っているのか。
　　（被）知っている。特に今回の事件の時に一緒にいた二人の友人は事情をよくわかっているのでお酒を勧めたりしない。
　　（弁）今後、またお酒を飲むつもりがあるか。
　　（被）両親や弁護士と話をして、酒を飲んで失敗ばかりしているので、やめる決意をした。
　　（弁）被害者に対してどんな気持ちを持っているか。

（被）僕と同じ大学生で知らない人だったが、いきなりビール瓶で殴られたりしたら僕もカッと来るし、本当に申し訳ないことをしたと思う。すまなかった。
（弁）その気持ちをどのようにして伝えたらいいと思うか。
（被）直接会って伝えなければ行けないと思うが、弁護士さんによるとまだ僕のことについて気持ちが落ち着かないようなので、被害者の許しが出たら直接謝りに行きたいと思っている。
（弁）将来についてどう考えているか。
（被）LSの試験は受けられなかったが、もう一度一生懸命勉強して来年また受けたいと思うし、親父も応援してくれると言っている。
（弁）以上。

（裁）では、検察官どうぞ。
（検）もう二度とお酒を飲まないと言ったが、事件後も一度居酒屋へ行ったのか。
（被）2回行った。
（検）どういう気持ちで行ったのか。本当にやめる気があるのなら、行かないということもできるのではないか。
（被）友達と話をしたりするのは好きなので、それまでやめることはできないが、酒だけは飲まないようにしている。
（検）言葉だけだ。本当にやめるという気持ちがあるのか。具体的にどういうことをしているのか。
（被）飲んでいない。
（検）お酒を飲まなければいいという問題ではない。あなたは今回ビール瓶で相手の顔面を殴っている。今回は鼻骨骨折ですむだが、まかり間違えば相手が死ぬような行為だということをわかっているのか。
（被）はい。大変危険なことをやったと思う。
（検）それを二度としないようにしたいのであれば、裁判までの短い間ですらお酒を飲む危険のあるようなところに近づかないということができないのはおかしいのではないか。
（被）そうかもしれない……。

トラックⅧ

1：■⑥弁論
2：ノート（⑥弁論）

> ＜設定＞
> 論告：反省をしていない。
> 　　　きわめて危険な行為をしている。
> 　　　常習的に犯行を繰り返しており、再犯のおそれが極めて高い。
> 求刑：懲役10月

上記のとおり、検察官から論告求刑があった。
これを受けて、弁護人として弁論を行なうこととなった。
（1人5分程度で弁論のポイントを述べることとする。）

3：実習（⑥弁論）
☆1人5分程度でポイントを述べよ

1人目：
　被告神山は被害者に重傷を負わせており、社会的に見ても非難される行為であった。今まで二度同じような事件を起こしており、反省していないとの批判も否めない。しかし、今回長期にわたって勾留される中で、自分のしたことを深く反省し、上申書にも書いたとおり、今後はお酒を飲まない、被害者があってくれるのであればすぐにでも謝罪に行きたいと言っており、すでに示談金を支払っていることからも反省の態度が行動として示されている。今後は、来年LSを新たに目指すべく、こつこつ勉強する予定であり、同じような過ちは繰り返さないと思われる。父親も、今までの甘さを反省し、厳しく監督すると証言している。友人等もお酒を勧めないということで周りの環境においても同じような事件が起きることは考えられない。今回の事件については寛大な処罰をお願いしたい。

2人目：
　被告人は罪状を素直に認めて、深く反省している。この反省は日記等にも書いており、被害者にも伝えたところ、寛大な処分を望むとの上申書をもらっている。被告人は常習犯ともいえるが、前回のような甘い反省ではなく、自分の弱い性格を自覚して二度とお酒に手を出さないと誓っている。両親や友人たちも彼の性格を理解し、二度と彼に酒を飲ませないとして彼の更生に非常に協力的な態度を示している。被告人は大学でも優秀な成績を修めており、将来有望である。両親もLS受験を応援するまじめな両親である。是非寛大な処分をお願いしたい。

（裁）被告人、最後に何か述べておきたいことは。
（被）今回は本当に馬鹿なことをしたと反省している。もう酒は飲まないでがんばる。

4：講評（⑥弁論）
＊情状事件で裁判官は何を一番知りたいのか。
　弁護士の目から言えば、自分が扱った事件をきっかけに本人が更生してくれるのが一番うれしいことである。弁護人は、被告人が反省しているということをどうやって公判で示すのか、「今まではこうだったが、これからはこう変わる」ということを立証するためには、今まではなぜこうだったのかという原因、障害は何だったのかということを究明し、これを取り除くことによって今までとは違うということが必要である。そう考えると情状弁護はかなり裾野が広く、いろいろな方法が考えられる。何か一つでも事情を変えることにより、今までとは違うことが期待できるという形がもっとも説得力があると思われる。
　被告人本人に一度の裁判で深く感銘を与えれば、再犯を防ぐのに役立つ。ところが本件のように執行猶予が見え見えの事件では、弁護士が高をくくって、どうせ執行猶予だし、少々反省しようが、情状証人をそろえようが、示談交渉をしようが、結論はあまり変わりないと考えると、手を抜いてしまう。すると弁護人は楽だが、しわ寄せは本人に行く。1回目、2回目の罰金と同じように考え、「15日間の勾留はつらかったが、保釈にもなったし、検事にきついことを言われたがたいしたことない」というように考えが甘くなる。だから、初犯で初めて裁判にかかるような事件に出会ったときこそ、徹底的にやる必要がある。たとえば、被告人質問も厳しく準備し、先ほどのように酒をやめさせるというところまでいったのはよい例で、他に家族、親類縁者の傍聴などにより本人にプレッシャーを与える。両親に隠しておく、情状証人を隠しておく、被害弁償もまじめにしないというのでは、感銘力が乏しくなり、再犯を促すとまでは言わないが、再犯を防止する役に立たない。結果がある程度見え見えでも、弁護を一生懸命行うことで、本人にプレッシャーを与える。弁護士の先生が自分のことをよく言ってくれたから、かっこ悪くて二度とできないなと思ってもらいたい。
　間違ってはいけないのは、弁護士がお説教を始めてしまうことはよくないということである。弁護士バッジは、人格的にどうのというものでないから、説教すると反発を与える。弁護人としての仕事を一生懸命、丁寧にやるという姿が本人の気持ちを変えるプレッシャーになればいいという気持ちで情状弁護に取り組むことが重要なのではないか。

トラックⅨ

1：■⑦判決言い渡し
2：実演（⑦判決言い渡し）

　　（裁）それでは開廷する。被告人前へ。神山被告人でしたね。では、被告人に対する傷害被告事件につき、ただいまより判決を言渡すこととする。

「主文、被告人を懲役10カ月に処する。この裁判確定の日から3年間、その刑の執行を猶予する。

　以上が主文である。以下理由を述べる。当公判廷が取り調べた証拠により起訴状記載のとおりの事実、すなわち平成17年2月2日の村木太郎に対する傷害事件、加療3週間の鼻骨骨折の傷害事件を認定した。これに刑法204条その他相当法条を適用の上、この主文の刑を決めたわけだが、その量刑の理由は以下のとおりである。

　被告人は、酔余の上、被害者と口論となりビール瓶で相手の顔面を殴りつけたというものであって、その経緯はあまりにも安易で軽視できるものではなく、対応も危険極まりないもので、また生じた結果も先ほど述べたとおり加療3週間の鼻骨骨折と重いものがある。そして何より、被告人はこれまで2度にわたり罰金刑に処せられていながらそれにも懲りず、またしても今回同様の犯行に及んだものであって、強い反省を求められ、安易には軽視できるものではない。ただ一方で、被告人が初めて勾留もされ、今回また反省の態度を深め、今後は飲酒も控え、二度とこのような行為に及ばない旨を誓っていること、被害者との間で示談も成立し、嘆願書も提出されていること、父親も当公判廷に出廷して被告人の監督を誓ってくれたこと、また先ほど述べたとおり、罰金前科あるものの公判請求は今回が初めてであり、また被告人は若く本人の努力次第で今後の立ち直りも期待できること、その他諸般の事情を考慮し、今回に限ってはその刑の執行を猶予することにした」

　わかりましたね、被告人。今回執行猶予というのは決して無罪ではない。もし3年以内にまた何か法に触れる行為があれば、今回のような行為であればもちろん、それ以外のことであっても、たとえば窃盗、薬物、交通事件であってもこういう裁判で有罪になれば次は原則実刑判決、つまりすぐに刑務所に行きなさいという判決が出る。そうなると今回の執行猶予も取り消され、懲役10カ月という刑でも服役しなければいけない、要するに次また事件を起こしたら実刑判決を受けるとともに今回の10カ月の刑も加わった期間刑務所に行くことになる。そういうこともなく3年無事に経過したら、この10カ月の言い渡しもなかったことになるが、ただ誤解してほしくないのは、3年経てば効力を失うといっても、別にまたもう一回やってもう一回猶予がつくわけではなく、前科としては考慮されるから、3年経過後であってもこういうことの二度とないように。もしこういうことがあったらそのときは実刑ということもある

から、その辺は勘違いないようにしてほしい。そして何よりあなたが今後法律家を目指しているということなので、今のような調子であれば仲間として迎え入れることに対して非常に躊躇を覚えるので、こういうことの二度とないような人間になって今後生活できるようにしてほしい。

　これで判決の言い渡しを終わる。

トラックⅩ

1：■⑧総評
2：神山弁護士による総評その1
　3時間程度の間に、当番弁護士の出動から公判の判決まで行くというのはなかなか至難の業であったが、皆さんの協力でうまくいった。
　これが僕が頭の中で考えているロールプレイに基づく刑事弁護の実務を勉強するというやり方である。今回は15回それぞれの場面が設定されている内の2場面、1回目と3回目を実施した。

＜質疑応答＞

＊被告人質問での再主尋問は可能だが、今回の内容程度であればしなくていい。よほど立て直さなければならないことがある場合のみ実施する。あまりフォローしてもいやらしくなる。被告人にしゃべらせるべきことと、弁護人が主張すべきことは分けて考えなければならない。つまらないことをいうやつだというイメージがつくよりは、弁護人が弁護人として主張してやることで足りる。

＊示談交渉は特に性犯罪などで非常に困難だが、事実に争いがないのであれば、被告人の罪を少しでも軽くしてやりたいとの思いでやっている。そのためのひとつの材料として被害感情が考慮される、被害が補償されているかという事実が考慮されるとすれば、そういう要素の事実を積み重ねるという仕事も情状弁護の役割のひとつであろう。被害者を救済するという立場ではなく、被告人の情状弁護に有効だとわかっていながら、仕事をせずにおくのは不十分な弁護だと思っている。弁護に役に立つとわかっていながら、忙しいからとか面倒くさいからやらないということがあってはいけない。マニュアル世代は無理強いをしがちで、よく問題になるが、無理強いはすべきではない。

＊準抗告の請求時等で、実務的にいじわるな裁判官への対処法はない。もっとも、裁判官は実際にはあまりしゃべらない。ポーカーフェイスで、「先生方の意見は十分に

考慮したうえで決定したいと思う」と言うだけのことが多い。自分は個性でラフに反応する。「裁判官はそう言われたが、その見解はおかしいと思う。なぜならば……だからだ」などというように反論することも必要である。反論すべきなのに、媚を売って反論しないなどというのはよくない。現実問題として、下手に反論すると心象を悪くしないか、悪く考えられて被告人に不利にならないかと考え、遠慮する人が多い。言葉遣いは丁寧でなければならないが、伝えるべきことは伝えた方がいい。たとえば、裁判官の指摘を受けて証拠が不十分なところがあると思ったら、素直に認め、反省させるために勾留しておいた方がいいのではないかなどと言われたら、刑事訴訟法上再犯の恐れがあるから勾留できるという規定はないからそれはおかしいということを、きちんとした形で言うことが大切である。問題は、刑事訴訟法の勉強をきちんとしておいて、きちんと話ができるよう持っておくべきということである。

3：先生方の感想
　＊徳岡先生
　一回目の接見時、出たいという被疑者に対し、学生は努力する姿勢を見せたが、実務家としてはNO！という考えしか浮かばなかった。やれるはずの努力をしない理由を作ってきたのではないかと反省した。LS学生のポテンシャルの高さに感動した。
　＊小倉先生
　来年度既修者の模擬裁判を担当する予定。実際に場面を設定してやってみることで法律の知識は使うものだという点で勉強になった。また、教員による的確な指摘を織り込むことで理解が深まるという点を参考に、今後取り入れたいと思う。
　＊川崎先生
　本当は既修者にやってもらった方がうまくいくのではと心配だったが、大変よくやったと思う。これからのロースクールのあり方についてのひとつの資料にしていくわけだが、ケース・コンストラクション、事実が与えられているのではなく、ケースは弁護人が作り上げていく。民事の場合はよく当てはまるが、刑事の場合もそうで、どのような事実をどうえぐり出し法廷の遡上に乗せるかという点で刑事弁護が大きな役割を果たす。そういう観点で物事を見ていくことは大変重要だと考えている。前期の刑事模擬裁判でぜひ生かしてほしいと思う。
　もう一点は、準抗告との裁判官の面接の中で頭の中で勾留理由は何かを押さえた上で、そこにどういう事実を結び付けていくのか。法律論がきちんとないと、事実も意味を持たない。また、どういう事実を見つけるかにおいても、法律論をきちんと持っていないといけないということも、この授業を通してよくわかったと思う。

4：神山弁護士による総評その2

　こういうやり方についてはいろいろ意見もあるし、改善していかなければならないところもあるだろうが、自分自身はこれまでやってきて、実務家は自分の目で、耳で、足で情報を取ってきて、その情報の中でしかものを考えられない。したがって、情報の取り方が偏っていたり、不十分だったりすると、情報を検討した結論を間違えてしまう可能性がある。もともと結論を出すための材料であるはずの情報を偏らずに、なおかつ多く、できればより深く取ってくる作業が必要であり、その技術を身につけるのはとても大変である。

　偉そうに言っているが、大きな事件があって、弁護団から現場に行って来い、目撃者がいるかもしれないと言われる。たとえば交通事故でひき逃げ等があり、轢いた車について争いがあるという事件になると、事件現場周辺の家一軒一軒に聞いて回り、いろいろと事情を聞かせてもらう。刑事と立場は違うが、似たような仕事をすることになる。

　大学の法学部で伝聞法則や伝聞証拠など習うが、書面に書かれたものや又聞きしたものは直接見聞した人に対する質問、反対尋問を経ていないから間違いが生じる可能性があると教えられる。ところが、実務家になって、バッチをもらうと偉そうになってしまい、なかなか生で調査に行ったりすることが億劫になってくる。これは恐ろしいことだ。むしろ、バッジをもらった実務家であるからこそ、警察官から出てきた調書に書かれている内容は本当にそのとおりなのか、あるいは警察官が出してきたAさんに関する調書はあるが、ひょっとしたら他にもBさんがいるのではないか、Cさんも見ているのではないかというようなことを探しに行くことによって、直接自分の目で確認するという作業が必要になってくると思うが、なかなかそこに労力をかけることは難しい。なぜなら弁護士はエリートだから、労力をかけることに見合う結果が出るかと先に考えてしまう。結果が出るならばやるが、結果が出ないならやらないという判断に陥りがちである。

　準抗告に関する裁判官との面接シーンで、（今回の学生が）あれほど食い下がったのは画期的だと思う。修習生ならば食い下がらない。なぜなら、裁判官の実務について教えられることが逆効果となって、刑訴法の理念を説いても無駄であるという意識が強いからである。しかし、自分が信じる刑訴法や憲法の規定が正しくて、その理念が間違っていないということであれば、そこは争ってしかるべきだと思う。ところが、準抗告に取り組まない修習生に理由を聞くと、今のケースでは準抗告は通りにくいから、無駄に終わる確率が高いからと答える。無駄に終わる確率が高いから刑事弁護をやらないならば、刑事弁護などほとんど無意味ということになってしまう。99.98％は有罪だから、「私は無罪です」と言ったところで、99.98％負ける。見込みを客観的

に査定することは必要だが、自らが信じるところにしたがって違法だと思えば争うし、事実が間違っていると思えば争うし、というような信念や勇気が必要になってくるだろうと思う。

　その一端が、今日の3時間程度でわかってもらえるとは思わないし、またすぐにわかってもらうようでは困るが、その一端が示されれば僕の授業はよかったのではないかと思う。

　明日は引き続き朝10時から今日とは全く違う事件を取り上げて、3時間でひとつの事件をやりたいと思う。今日はどうもご苦労様でした。

授業科目への取り入れ
――刑事模擬裁判におけるシミュレーション教育の試み

小倉哲浩（司法研究科教授・神戸地方裁判所判事）
巽　昌章（司法研究科教授・弁護士）
黒田一弘（司法研究科助教授・弁護士）

報告論集 7

1　平成17年度刑事模擬裁判の実施状況

(1)　概要

　刑事模擬裁判は刑事系の実務基礎科目の一つであり、3年生春学期における選択科目として開講されている[1]。

　担当教官は、小倉哲浩（裁判官）、巽昌章（弁護士）、黒田一弘（弁護士）の3名であり、平成17年度の受講生は8名であった。

　三つの事件（それぞれ第1事件、第2事件、第3事件と称した）の記録を教材として用い、8名の学生を、3名、3名、2名の3グループに分け、各事件につき、順次、裁判官役、検察官役、弁護人役を入れ替えつつ担当させた。

　各事件における被告人役及び証人役はいずれも教官が担当した。

(2)　第1事件の実施状況

　教材として、司法研修所監修『刑事第一審公判手続の概要―参考記録に基づいて―平成13年版』（法曹会、2001年）の参考記録（強盗致傷被告事件）を使用した。

　この参考記録は、犯行態様に争いがあり、強盗致傷が成立するか、窃盗

及び傷害の成立にとどまるかが争点となり、被害者の証人尋問も行われた事案に関するものである。この記録に基づいた司法研修所制作の公判手続実演ビデオがあり、受講生らにまずこのビデオを視聴させ、公判手続についての具体的なイメージを持たせ、次回に行う手続の実例を示した[2]。その上で、記録に沿って、冒頭手続から判決言渡しに至る公判手続を行った。

(3) 第2事件の実施状況

教材として、法務省法務総合研究所『法科大学院教材　事件記録教材第2号業務上横領被疑事件　第1分冊・第2分冊』（法務省法務総合研究所、2004年）を用いた[3]。

この教材は、事実関係に争いのない業務上横領事件の勾留期間満了日までに作成された捜査記録であるが、検察官役のみならず、裁判官役及び弁護人役の受講生にも当初から同様の記録をあらかじめ配付し、それぞれのグループの活動内容を全員で検討しつつ手続を進めた。

公判前の活動としては、検察官役による起訴状作成、公判提出証拠の整理、弁護人役による被告人の父親との面談や被告人との接見[4]、裁判官役による事前準備の主宰等をそれぞれ行い、各手続の都度、教官らが講評・指導をし、必要が有れば修正を加えるなどし、接見場面では、弁護士教官が被告人との模擬接見を行ってみせるなどもした。

公判活動では、第1回公判期日において冒頭手続から書証の取調べまでを行い、第2回公判期日で情状証人である被告人の父親の尋問と被告人質問を行い結審し、第3回公判期日に判決言渡しを行い、それぞれの段階で教官からの指導を加えた。

(4) 第3事件の実施状況

教材として、教官のうち1名が担当した事件の記録に変更を加えて作成した強盗致傷事件の記録を使用した。

まず、検察官役のみに記録を渡し、検察官役が起訴状の作成及び公判請

求予定証拠の選別を行い、裁判官役及び弁護人役が起訴状を受け取り、弁護人役は更に公判請求予定証拠の開示を受けた。そして、弁護人役は、被告人との接見を行いその主張内容を確認し、検察官役は別室で被害者に対して証人テストを行った。その後、裁判官役の主宰による事前準備を行い、求釈明や証拠開示に関するやり取りなども行われた上で公判の進行予定を決め、公判手続に移った。

公判では、被告人が共犯者と共謀して被害者2名に暴行を加えて金品を強取したという強盗致傷の起訴事実に対し、被告人は共犯者と傷害の共謀はしたが強盗の共謀はしていないと主張し、強盗致傷罪の成立を争い、第1回公判期日で被害者の証人尋問まで行い、第2回公判期日では共犯者の証人尋問と被告人質問を実施し、第3回公判期日で、論告、弁論、被告人の最終意見陳述と判決言渡しを行った。

その進行の過程では、教官からは一定の範囲で書証の同意ないし撤回の指示を与えたほかは特段の指示をせず、原則として受講生らの判断で手続を進行させ、講評については判決言渡し終了後にまとめて行った。

2　刑事模擬裁判の意義

模擬裁判は、学生らが主体となって手続全体を実際の事件の進行と同様の形で行うものであり、裁判実務についてのシミュレーション教育そのものとして、裁判実務の在り方を理解し、習得するために有意義なものであるといえる。

しかしながら、実務修習を経ている司法修習生ですら模擬裁判で手続を円滑に進行させることは容易ではなく、ロースクールの学生らが裁判手続全体を自らの判断で進行させていくことにはかなりの困難が予想された。

そこで、今回は、模範となるビデオを視聴した上でシナリオ通りに行う第1事件、受講生全員が共通の情報を得つつ教官から指導・修正を適宜受けながら罪体の争いのない事件を扱う第2事件を経て、実際の手続にできるだけ近い形で罪体に争いのある第3事件を実施するというように、徐々に手続に馴れさせながら難易度を上げていくという方法をとった。

受講生らのアンケートの回答結果を見ても、このような手法は好評であり、実際、受講生らは、第1事件、第2事件を経ることで、罪体を争う第3事件においても自らの判断で主体的に手続を進めていくことができた。

また、模擬裁判については、「興味や学習意欲を喚起する手段であるという点に第一次的な意味があると考えられる[10]」との指摘もあったが、具体的な事件に対する実体法の適用や手続法の実践を行うことで、それまで学んできたことの意義を理解し、これを深めることができたと思われ、受講生らに対するアンケートの回答結果でもそのような趣旨の感想が見られ、学習意欲の喚起にとどまらない効果を生み出すことができた。何より、法曹養成を目的とする法科大学院においては、法曹と同様の活動を主体的に実践することができるようにすることは究極的な教育目標であり、その意味からしても、刑事模擬裁判は法科大学院の教育目標に適ったものであり、その教育効果の点でも見るべきものがあったといえる。

3 刑事模擬裁判の課題

模擬裁判は、個別的な事案を扱うものであることから、実体法及び手続法に関する実務上の問題について網羅的・体系的に触れることは難しい。その点は、刑事模擬裁判以外の刑事系科目で基本的に対応することとなるが、別途開講されている刑事裁判実務Ⅰ・Ⅱの講座や刑事模擬裁判が選択必修科目又は選択科目とされていることから、個々の学生らに対して常に補完を期待できるものではない。

また、成績評価の在り方も検討課題と考えられる。模擬裁判は、基本的にはグループで活動を行うことから、受講生らに対する個別の成績評価をどのように行うかが問題となったが、今回は、最後に筆記試験を行い、これに平常点を加味することで成績評価を行った。この点は、模擬裁判という科目の性格上、筆記試験を行うことでの成績評価が好ましいのかは、なお検討の余地があると思われる[11]。

また、3年生を対象とした科目であることから今年度は既修の学生のみの参加であったが、次年度は未修の学生も加わることから参加者が倍増す

る可能性もあり、その場合にはグループ分けの在り方や役割分担の見直しも不可欠となる。

その他、具体的な実施方法等についても改善すべき点は多々あると思われ、課題については枚挙にいとまがないが、これらを克服していくことで、より実践的で教育的効果の高いものへと改善されていく余地は大いにあるといえる。

【注】

1 刑事模擬裁判のシラバスは下記のとおりである。

	テーマ・ねらい	講義の内容（概略）
1	ガイダンス	刑事模擬裁判の実施要領の説明、担当決定
2	第1事件①	強盗致傷事件についての裁判実施例のビデオ視聴
3	第1事件②	学生らによる上記事件について公判手続の実施 検討及び講評
4	第2事件（自白事件）①	検察官役作成の起訴状の検討 弁護人役による被告人との接見等 裁判所による事前準備
5	第2事件（自白事件）②	審理〜冒頭手続から書証の取調べまで 検討及び講評
6	第2事件（自白事件）③	審理〜人証、被告人質問及び論告・弁論 検討及び講評
7	第2事件（自白事件）④	判決言渡し 第2事件全体の検討及び講評
8	第3事件（否認事件）①	弁護人役・被告人との接見 検察官役・証人予定者との事前テスト 裁判官役・事前準備実施についての検討
9	第3事件（否認事件）②	裁判所による事前準備（審理計画の策定）
10	第3事件（否認事件）③	審理〜冒頭手続から証人尋問まで
11	第3事件（否認事件）④	審理〜証人尋問及び被告人質問
12	第3事件（否認事件）⑤	審理〜論告、弁論、判決言渡し
13	第3事件（否認事件）⑥	第3事件についての検討及び講評
14	筆記試験	

2 　公判手続のイメージを持つには実際の法廷を傍聴することが効果的であるが、他の講義の受講との関係もあり講義期間中の法廷傍聴を企画するには至らなかった。ただ、幸いにして今回の受講生らの多くは3月に別途企画した刑事裁判傍聴に参加した者が多かった。
3 　本教材では被告人の父親が既に死亡していることになっていたが、情状証人役を男性である教官が担当することから、父親が生存しているものとして一部記録の内容を変更した。
4 　設定上、被告人は勾留中であることから、アクリル板を設置した机を介して接見を行った。
5 　検察官役は被害者の証人テストの時点では被告人の公判での主張内容や供述調書の不同意となる範囲が分からないので、事実全般について確認することとなった。また、共犯者の証人テストは、争点が明らかになった後、電子メールを用いて行われた。
6 　この事前準備においては、新たに施行される公判前整理手続と同様、争点に踏み込むことを許容するものとした。
7 　第3事件の公判手続は刑事模擬裁判を受講していない学生らも自由に傍聴できるものとした。
8 　論告及び弁論の内容は、その数日前までに裁判官役に伝えておくこととした。
9 　第3事件の公判手続の状況はビデオ撮影も行い、講評時にこれを用いるなどもした。
10 　財団法人日本法律家協会法曹養成問題委員会編『法科大学院を中核とする法曹養成制度の在り方』44頁（商事法務、2003年）。
11 　ただし、筆記試験を行うことで、模擬裁判を行ったことにより理解したはずの手続全体の在り方についての知識を確認し、これを定着させることができ、その後の講評とも併せ、前述の網羅性、体系性についての問題を補完することができる面もある。

編集後記

　本書には、第一部として、2005年10月1日に行われた関西学院ロースクール主催の第1回国内シンポジウム「変わる専門職教育——シミュレーション教育の有効性」における基調報告、パネル報告および質疑応答の内容が、第二部として、これまでの関西学院ロースクールで実践されてきたシミュレーション教育の経験・課題・展望を論じる論考がおさめられている。

　昨年の第一回国際シンポジウム「正義は教えられるか」（2006年3月に関西学院大学出版会から公刊された）は、理論と実務、知識とスキルを兼ね備えた高度専門職業人として育っていく学生がその職業的意識と社会的責任を体得していくためには我々にいかなる教育が求められるかを、真摯にかつ熱心に論じたものである。このような試みは、きわめて斬新でかつ野心的であった。そのパネルディスカッションでは、とくにロースクールにおける倫理教育、社会的使命に関する教育が取り上げられ、その一環として、シミュレーション教育の果たしうる役割についても言及がなされた。本書は、「正義は教えられるか」で提起されたロースクールにおける教育論を展開するうえで、シミュレーション教育に関するこれまでの関西学院ロースクールの経験がどれほどの意味をもち、様々な課題の中でそれをどう展開していくべきかを、正面に据えて論じたものである。

　なお、本書の内容を鳥瞰する意味では、とくに第二部の報告論集で展開されている細川研究員による「専門職教育とシミュレーション」はすぐれた論考であり、本書で展開されているシミュレーション教育を学際的かつ多面的に捉えた上で、最後に各授業でのシミュレーション教育の導入を提唱されている。したがって、蛇足の域を出ないのであるが、とりあえず編集者としての主観を交えつつ本書の内容を概観しておきたい。

　このシンポジウムでは、まず池田教授が「関西学院大ロースクールによるシミュレーション教育の実践」と題した報告を行ない、ローヤリング科目で行われてきた実践を紹介しながら、実務系科目をシミュレーション教

育中心に統合することをめざし、疑似体験を通じた学生の能動的学習をはかりつつ、現実に近い緊張感での法曹倫理への理解をより深化させることが求められている、と指摘している。

パネル報告として、最初に、神戸大学医学部の秋田教授は、「疑似患者 SP を使った医療面接――神戸大学医学部でのシミュレーション教育の現状」として、医療におけるインフォームドコンセントの重要性とともに、それを実質的に支える医師のコミュニケーション技法が、より専門化・特化する基礎医学の中で意味をもちうるためには、全人的医療ないしは総合的診療としての臨床医学の不可避性・不可欠性を強調されつつ、当該医学部で実践されている SP（模擬患者）によるシミュレーション教育の意義とメリットを論じられている。それを受けた形で、岡山 SP 研究会の前田氏は、「疑似患者の立場から見たシミュレーション教育」として、模擬患者を養成する過程を具体的に説明されながら、患者として演技することとともに患者として感じたことを素直に医師に伝えるというフィードバックの重要性を説得的に論じられている。

つぎのパネル報告として、慶応大学ビジネススクール許斐教授は、「生きた経営教育――ビジネスゲーム」として、企業の現場で経営上の意思決定を行う擬似的状況を作り出し、生きた情報分析能力と迅速で的確な意思決定を行う能力を高めるために行っているビジネスゲームの内容を紹介するとともに、その意義を多面的に論じている。

最後のパネル報告として、名古屋大学ロースクールの藤田教授は、弁護士として自ら担当された事例に基づき名古屋大学ロースクールのローヤリング授業で行われた体験を取り上げ、シミュレーション教育の効果と問題点をそれぞれ指摘されながら、ロールプレイにおけるフィードバックの重要性をとくに強調されている。

これらの基調報告・パネル報告に続き、質疑応答がなされた。そこでは、これまでの報告内容がさらに深められる議論が展開されている。秋田教授があらためて全人格な医療に不可欠なシミュレーション教育の存在を鮮明に浮かび上がらせる指摘を行っていること、さらに許斐教授がビジネスゲームを通じて「自己の能力の欠如や欠点を自己認識すること」が経営に不可欠であると指摘されていることが、とくに印象に残るものであった。

第二部では、まず関西学院ロースクールが平成 16 年度に「法科大学院

等専門職大学院形成支援プログラム」申請書で触れられた「理論と実務の架橋」をはかるための教育プロジェクトとして疑似法律事務所構想を摘示している。つぎに、最初に触れたように本書を概観できる内容ともなっている細川研究員による「専門教育とシミュレーション」、亀井教授による「ローヤリングの試み (1)──疑似交渉ロールプレイを振り返って」、池田教授による「ローヤリングの試み (2)──疑似調停ロールプレイを振り返って」でもって、これまでのローヤリングの経験を批判的に検討されている。さらに、池田教授による「ローヤリングにおけるシミュレーション教育と臨床（クリニック）教育」において、クリニック教育のなかでのシミュレーション教育の意義・機能・課題、カリキュラムでの実施構想などを検討されている。

　さらに、川崎教授による「ロールプレイングを用いた実践的刑事実務教育の一事例──神山啓史弁護士（第二東京弁護士会）の授業方法に学ぶ」、小倉・巽・黒田教授による「授業科目への取り入れ──刑事模擬裁判におけるシミュレーション教育の試み」でもって、それぞれのシミュレーション教育の実践例がおさめられている。

　申すまでもないことであるが、本書の出版に当たっては多くの方々の熱心な取り組みと協力を頂いた。関西学院大学ロースクール形成支援プログラム推進室の研究補佐である藤井明子さんには、原稿集めから編集・校正に至るまで、大変なご苦労をおかけし、おそらく彼女の尽力なしには、本書の刊行も覚束なかったものと思われる。また、本書の出版については、関西学院大学出版会の田中直哉さんに大変お世話になった。

　最後に、本書の刊行に協力いただいたシンポジウム参加者、論説寄稿者、さらにそれを支えてくださったすべての方々に、この場をお借りしてお礼を申し上げたい。

2006年8月22日

編集責任者　西 尾 幸 夫
（司法研究科教授）

シンポジウム開催当日プログラム

関西学院大学ロースクール（法科大学院）
形成支援プログラム 国内シンポジウム

変わる専門職教育
シミュレーション教育の有効性

2005年10月1日（土）13：00～17：00
【会場】関西学院大学西宮上ケ原キャンパスB号館103教室

基調報告　　　　　池田　直樹　（関西学院大学大学院司法研究科教授・弁護士）
パネリスト発表1　秋田　穂束氏　（神戸大学医学部附属病院総合診療部教授）
パネリスト発表2　前田　純子氏　　　　　　　　　（岡山SP研究会代表）
パネリスト発表3　許斐　義信氏　（慶應義塾大学大学院経営管理研究科教授）
パネリスト発表4　藤田　哲氏　　（名古屋大学大学院法学研究科教授・弁護士）

パネルディスカッション
コーディネーター　　亀井　尚也　（関西学院大学大学院司法研究科教授・弁護士）

〈法科大学院等専門職大学院形成支援プログラムとは〉

文部科学省が、法科大学院をはじめとする各種専門職大学院の教育内容、方法の開発等に取り組む優れた教育プロジェクト（取組）を選定し、重点的な財政支援を行うことで更なる活性化を促進し、国際的に通用する高度専門職業人の養成を推進する事業です。平成16年度が初の試みであり、当法科大学院の「模擬法律事務所による独創的教育方法の展開」は、教育高度化推進プログラムに採択されました。

※本書の執筆者および発言者の役職位はすべてシンポジウム開催時のものです。

国内シンポジウム報告書

変わる専門職教育
シミュレーション教育の有効性

2006年10月10日初版第一刷発行

| 編　者 | 関西学院大学法科大学院
形成支援プログラム推進委員会 |

発行者	山本栄一
発行所	関西学院大学出版会
所在地	〒662-0891　兵庫県西宮市上ケ原一番町1-155
電　話	0798-53-5233

| 印　刷 | 協和印刷株式会社 |

©2006 Kwansei Gakuin University Law School Support Program for Professional Graduate School Formation
Printed in Japan by Kwansei Gakuin University Press
ISBN 4-907654-94-4
乱丁・落丁本はお取り替えいたします。
本書の全部または一部を無断で複写・複製することを禁じます。
http://www.kwansei.ac.jp/press